上田 廣美

シン会社法プラス

信山社

は し が き

　『シン会社法プラス』（以下，本書）は，司法試験受験や法科大学院進学せずに企業への就職を目指す一般の大学生や，企業でビジネスに従事している方が広く「会社法」を学ぶための教科書である。本書の最大の特徴は，制定法としての会社法（平成17年7月26日法律第86号）だけでなく，東京証券取引所のコーポレートガバナンス・コード，金融庁のスチュワードシップ・コードおよび国連の持続可能な開発目標（SDGs）等を概説している点にある。前者はハード・ロー，後者はソフト・ローと言われるが，近時の企業実務はハード・ローに従い適法に処理するだけでは不十分であり，ソフト・ローへの理解と対応が求められている。しかし，大学法学部で制定法中心に学んだ学生が企業に就職し，かたやリーガルマインドを学んでいないビジネスマンが実務に携わっているという実態がある。

　筆者も，法学部卒業直後，上場企業法務部で米国における著作権訴訟や反ダンピング訴訟を担当した。その後，在職中に大学院法学研究科で学び，大学教員に転職して研究教育者となったが，今度はその傍らプライム市場に上場する会社の社外役員を経験した。法務部員・研究教育者・会社役員と3つの立場で「会社法」と向き合った結果，実を結んだのが，本書である。

　「理論と実務は車の両輪であり，理論で解けない実務はない。」これは修士課程の指導教授の言葉である。ハード・ローとソフト・ローは相互補完的関係にある。本書は，これらを一冊で両方学べる。だから，『シン会社法プラス』なのである。

　本書は，筆者にとって初めての単著による教科書執筆である。先輩方のすぐれた著作や官公庁・団体機関 HP から多くを引用させていただき，できうる限り，注記に記載し厚く御礼申し上げたい。また，本書執筆の機会をいただいた信山社の皆様には，重ねて深い感謝の意を表したい。

　2024年（甲辰）立春

上田　廣美

第 **1** 部

ハード・ローとして
会社法を学ぶ

第1章

株式会社制度の意義

1 企業とは何か

わたしたちは毎日の生活で「企業」や「会社」と関わり，とくに就職活動をするときや財産形成のために投資をするとき，「会社」，そのなかでも「株式会社」を強く意識することになる。では，「企業」とは，「会社」とは何か考えてみよう。

「企業」とは，**営利行為を継続的にかつ計画的に行う独立した1つの経済主体**であると定義されている。企業には，国や地方公共団体が営む公企業や，営利を目的としない非営利企業（たとえば協同組合など）も存在するが，企業の多くは，私人が営む私企業として，企業の構成員（出資者）への利益の分配を目的とする営利企業である。これらの営利企業には，自然人が単独で営む個人企業もあれば，複数の者が出資する共同企業もある。この共同企業のうち，法律によって設立され法人格を付与されたものが法人企業であり，このうち，会社法によって設立された法人が，「会社」である。つまり，企業のすべてが「会社」ではないが，「会社」はすべて「企業」であり，法人企業である。したがって，「会社」とは，**営利を目的とした共同企業のうち法人格を有する権利義務の帰属主体**であるといえよう。わたしたちが，企業という用語と会社という用語をほぼ同じ意味で日常的に使っているのは，すべての「会社」が「企業」であるからにすぎない。

2 会社とは何か

会社法2条1号によると，会社法の定める「会社」には，**株式会社**，**合名会**

社，合資会社，合同会社の4種類がある。「会社」は，法人であり（3条），その住所は**本店の所在地**にあり（4条），会社がその事業としてする行為およびその事業のためにする行為は**商行為**であり（5条），その名称を商号とし，それぞれ商号中に株式会社，合名会社，合資会社，合同会社という文字を用いなければならない（6条）。［例：●●株式会社，株式会社○○○○］

　では，企業活動は「会社」の形態で行われるのであろうか。すでに述べたように，会社は，**共同企業**であるから，会社の構成員が複数いることが想定される。これらの**会社の構成員**は**出資**を行い，営利を目的として事業を営むことになる。事業が成功すれば利益が生まれ，逆に負債を負うこともあろう。かりに，個人企業として経営者が個人でビジネスを行っている，いわゆる個人事業主の場合，利益も損失も経営者の個人財産に帰属する。ところが，会社法人としてビジネスを行っている場合，こうした損益のすべては会社法人に帰属し，事業主である経営者の個人財産と会社財産の区分ができる。利益があれば会社法人に対して課税が行われ，負債は会社財産をもって処理される。構成員が複数いる場合，会社法人として1つの権利義務の帰属主体にしておけば，ビジネスに関する権利義務関係が対外的にも明確になる。こうしたことから，企業活動は法人を**設立（法人成り）**して，「会社」の形態で営むことになる。

3　会社の形態（その1）── 持分会社

　すでに述べたように，会社法は，4種類の「会社」の形態を定めている。これらは出資の単位に**株式**という**割合的単位**を用いる株式会社と，株式を用いない会社の形態を持分会社に大きく分かれ，合名会社・合資会社・合同会社の3種類が**持分会社**に分類される。

　会社の構成員として出資を行う者を**社員（株式会社の場合は株主）**といい，会社の形態により社員の責任の負い方には違いがある。会社は出資者と別個の法人格を有するから，会社債権者に対する支払いは**会社財産**をもって弁済される。しかし，かりに会社が会社財産を越えた負債を負い，会社債権者への弁済が困難になり，ひいては会社の経営を危うくする場合はどうであろうか。そうした場合，社員が会社債権者に対して会社財産を越えた分を社員の個人財産から支払う無限責任まで負わされるか，それとも，社員は会社に出資して会社財

〔会社の形態〕

産となる出資額を限度とし，会社財産を越え
た分を個人財産から支払う必要はないとする
有限責任でよいか，という問題が生じる。前
者のように会社債権者に対して自分の出資額
を越えて責任を負う社員を**無限責任社員**とい
い，後者のように自分の出資額を限度として
それ以上の責任を負わない社員を**有限責任社
員**という。このような構成員（社員）の責任の負い方の違いは，会社の形態に
より相違がある。まず，持分会社に分類される3種類の会社をみていこう。

　合名会社　構成員である出資者が無限責任社員だけで構成される会社であ
り，合名会社の社員は個人で会社の債務につき連帯して直接の無限責任を負う
（580条）。このように合名会社の社員は自分の出資額を超えて，他の社員とと
もに連帯して会社債権者に対する弁済義務を負う重い責任がある一方，各自が
業務執行も行う機能資本家である。家族や志を同じくする者たちによる少人数
の会社経営に適している。しかし，社員の信頼関係が変化したり，さらなる資
金調達が必要になったりした場合は経営が難しくなる恐れがある。なお，太平
洋戦争以前，有名な財閥の持株会社は合名会社の形態をとっていた。現在は，
地方銘菓，味噌，酒造（蔵元），発酵食品など伝統的な老舗などで残っている
のみである。

　合資会社　構成員である出資者に無限責任社員と有限責任社員の両方がお
り，前者は合名会社の同様に会社債権者に対して直接無限責任を負うことにな
るが，後者は合資会社の定款に記載された出資額を限度とする間接有限責任し
か負わない。現在は，合資会社も合名会社と同様に僅少となっている。太平洋
戦争以前の財閥の持株会社のうち，三菱財閥は合資会社の形態を採用してい
た。このように，合名会社も合資会社も今では稀有の存在となったが，地方の
伝統的な名産品を製造する企業が残っている。

　合同会社　構成員である出資者が有限責任社員だけで構成される会社であ

り，社員は合同会社の定款に記載された出資額を限度とする間接有限責任しか負わない。この点は後述する株式会社と同様である。合同会社は会社法の施行により新たに設けられた会社形態で，国税庁の2014（平成26）年度の調査によると約39,400社が存在している。大企業同士や大学・研究機関等が参画するさまざまな共同事業や子会社事業・ベンチャー事業などで合同会社の形態が利用されている。最近は地域再開発の大型プロジェクトや邦画の製作委員会が合同会社の形態を用いる例がある。

> **★ Plus　幻の「有限会社」**
>
> 　みなさんは，△△△有限会社，㈲▲▲▲，という会社名を見かけたことがあるだろう。じつは，以前は有限会社法に基づいて設立された会社形態として「有限会社」が認められていた。会社法の施行に伴い，有限会社法は廃止され，あらたに有限会社を設立することはできなくなった。しかし，すでに設立されていた有限会社は，このときから「特例有限会社」として存続することになった。これらの特例有限会社は，いつでも，定款を変更して株式会社に商号変更の登記を行えば，名実ともに株式会社となることができる。

4　会社の形態（その2）── 株式会社

　わが国では，国際的な大企業から中小企業，株式を公開していない企業も含めると約231万社の**株式会社**が設立されている。そのうち3851社（2022年12月調べ）が東京証券取引所に上場されており，株式取引が行われている。なぜ，株式会社の形態が選ばれるのか，その理由を考えてみよう。

　まず，持分会社との相違から考えると，1つには，出資の単位として株式という割合的単位を採用している点が考えられる。持分会社では，社員は各自ひとかたまりの持分をもっており，社員が出資した額により1個の持分のサイズがそれぞれ異なる。このため，持分を譲渡しようとする場合や取引をしようとする場合は煩雑になる。これに対して，**株式**という**割合的単位**を設定すれば，1株，10株と，持分を株式の保有数で表示できることになり，株式の譲渡や取引をするとき便利なだけでなく，ある株主の持分が株式会社のなかでどれだけの割合を占めるのかもわかりやすくなる。よって，株式会社が選ばれる理由の

1つとして，**株式制度**があげられる。

　つぎに，**株主有限責任の原則**（104条）が考えられる。株式会社の社員（＝株主）は，出資した額，つまり株式の**引受価額**を限度とした**間接有限責任**しか負わないので，会社債権者に対する弁済義務が株主に直接生じることはない。この間接有限責任制度は，合同会社にも採用されているが，株式会社は，さらにもう1つ選ばれる理由を持っている。

　それは，**株式譲渡自由の原則**（127条）である。社員の出資により会社財産は形成されるので，かりに出資金の払戻しがみだりに行われると会社財産が減少して会社債権者への弁済ができなくなる。そこで，株式会社は，株主に対して原則として出資金の払戻しは行わないこととした。つまり，株式を発行して得た資金は株主に返還する必要のない株式会社の自己資金として会社財産に充当される。一方，株主にとって出資金の払戻しに代替するなんらかの**投下資本の回収の手段**が必要となる。そこで，会社法は，株式譲渡自由の原則を定めた。これにより，株主は保有する株式を他者に有償で譲渡（売却）することで，自分の出資した財産（投下資本）を取り戻すチャンスを得たことになる。もっとも，譲渡の際の金額や条件で売却益がある場合もあれば，逆に損をしてしまうこともある。しかし，会社法の規定により譲渡に制限が課せられる場合を除いて，株式の譲渡は自由である。このため，投資家の株式による投資意欲が高まり，会社の資金調達方法としても株式制度は利便性が大きい。

　これらの3つの制度により，株式会社の形態が選択され，とりわけ，広く資金調達を行ってダイナミックな事業や新しい事業を展開しようとする企業や起業家に選ばれる結果となったといえる。本書では，資本主義経済社会の重要なアクターである株式会社について，ハード・ローとしての会社法だけでなく，企業活動に必要な自主規制やルール（ソフト・ロー）についても学んでいくことになる。

5　株式会社の資本に関する原則
　株式会社には，株式制度・株主有限責任制度・株式譲渡自由の原則のほかにも，いくつかの特徴的な原則がある。株主が有限責任しか負わない株式会社では，会社債権者にとって会社財産が頼みの綱となるため，会社の資本について

3つの原則がある

資本充実・維持の原則　会社の資本の額に相当する財産が実際に存在することが必要である。株式会社の資本金の額は，設立または株式発行の際に株主となる出資者が会社に対して払込みまたは給付した財産の額であるので，出資者が現実に資金の拠出を行い，資金が会社に保有されなくてはならない。このため，会社法は出資の履行に関する規定（34条等）を定めている。

資本不変の原則　会社の資本の額を定めても，会社がその額を自由に引き下げることができれば，会社財産の減少につながる。このため，会社はいったん定められた資本金額を容易に減少できない仕組みが設けられている（447条・449条）。逆に資本の増加は比較的容易である（450条）。資本不変の原則は，資本金額の変更のうち，その額の減少については増加より厳格な規定を定めていることを意味する。

資本確定の原則　現在では，資本確定の原則は，最初に会社を設立する際，会社の定款に出資される財産価額またはその最低額を記載しなくてはならない（27条4号）という意味に解されている。昭和25年まで，わが国では，会社は定款記載の資本金に相当する株式全部を引き受ける必要があるとされていた。しかし，昭和25年商法改正により，授権資本制度が導入され，会社は設立時に定款記載の発行可能株式総数の一部を発行すれば足り，事業成長などにより資金調達が必要な場合には，取締役会の権限で新たに株式が発行できるようになった。いまでは資本確定の原則は，会社が設立されたときの財産価額またはその最低額に対する出資を求めるにすぎない。

6　営利社団法人としての会社
　すでに述べたように，会社は営利社団法人である。ここでは，その意味について検討する。

◆営 利 性

　商法4条1項によると「商人とは自己の名をもって商行為をすることを業とする者をいう。」とされている。会社法5条では「会社がその事業としてする行為及びその事業のためにする行為は商行為とする」とされている。これを合わせると，会社も商人であり，その行為は商行為である。商行為の営利性については直接明記されていないが，商人が業として行う行為が有償性を有することは，たとえば，商人の報酬請求権（商法512条）や利息請求権（商法513条）から導かれる。株式会社は株主に対して利益を分配するので，まさに営利性を目的とすることになる。

◆社 団 性

　会社は共同企業であるから，複数の者が特定の共同目的のために集合した団体であるから，社団といえる。社団の構成員たちは，社員（株主）として，共同目的の達成のために出資や事業活動に協力する。では，社団を構成するには常に複数の2名以上の構成員が必要であろうか。会社を設立して起業する構成員を発起人というが，旧商法時代（平成2年まで）は，株式会社を設立するときの発起人の最低人数は7名と定めて，社団性を明確にしていた。しかし，会社法では，発起人の数に制限はないので，1名でも会社を設立できるようになった。また，会社は，成立後構成員である株主がたった1名になったとしても存続できる。つまり，株式会社は発起人が1名でも設立され，株主が1名でも存在できるのである。こうした株式会社を**一人会社**という。では，社団性という意味はなくなったのであろうか。これについては，たとえ一人会社でも，構成員である株主が保有する株式を複数名に譲渡することにより，あるいはあらたに発行された株式を引き受ける者が加わることにより，将来的に構成員である株主数が増加する可能性は否定できない。そこで，社団性という特徴に影響はないと解釈されている。一人会社とは，株主が1名（1社）しかないという意味なので，個人企業と同じレベルのベンチャー企業から，企業グループの完全子会社として運営されている企業まで，その規模は様々である。

◆法 人 性

　会社法は「会社は法人である」（3条）と明確に規定している。株式会社を含むすべての会社は，会社法の定める手続きにしたがって，設立を行い，法人格を有している。法人となる，いわゆる法人成りのメリットは，対外的な権利義務関係が法人に帰属することになるので，会社法人としてビジネスを行えば，構成員の個人財産と会社財産が分離され，会社の管理運営が明瞭になることはすでに述べた。一方，法人格をめぐる問題も存在している。

　その1つに法人格否認の法理がある。法人格否認の法理とは，特定の法律関係に限って会社の法人格の独立性を否定し，会社とその構成員（株主）を同一視して解決を図る，という裁判所の法理である。会社とその構成員が別個の法人格であるという仕組みを隠れ蓑にして利用するケースに対し，この法理を使って公平な解決を図るというものである。これには，実態は構成員（株主）の個人営業にすぎず，会社が名ばかりである法人格の形骸化の場合と会社が違法または不当な株主によって道具のように用いられている法人格の濫用の場合がある。法人格の否認の法理は，法律に明文化されているわけではないので，裁判法理として慎重に適用されている。あくまで特定のケースの解決のため当該会社の法人格を否認するにすぎず，当該会社の設立無効や不存在を意味せず，当該会社は有効に存在し続ける点に注意したい。

★ Plus　法人格否認の法理（最高裁昭和44年2月27日判決）

　実質はAの個人企業にすぎないY社が，Xから店舗を借りる契約を結んだところ，契約期間が満了後してもXに明け渡さなかった。XはAを被告として店舗の明渡しを求める訴訟を提起したところ，Aが店舗をXに明け渡すという内容の裁判上の和解が成立した。しかし，契約はXとY社間で締結されており，店舗はY社の名義で賃借しているのでAが行った裁判上の和解の効果はY社に及ばないとして，Y社は明渡しに応じなかった。このためXはY社に店舗の明渡しを求める訴えを起こした。

　本件の争点は，事実上の経営者である出資者（株主）と法人成りした会社は，別個の法人格ではあるが，法人格が形骸化している場合あるいは法人格が濫用されている場合は，例外的に法人格を否認して，会社名義でなされた行為を個人の行為とみなして相手方の救済ができるか，という点である。最高裁は「X

とAとの間に成立した裁判上の和解は，A個人名義でなされたにせよ，その行為はY社の行為と解し得る」と判示し，法人格が形骸化された場合として法人格否認の法理を用いて相手方の救済した判例と位置づけられている。

　法人格否認の法理は，あくまで本件の解決のみに用いられたにすぎず，Y社の設立が無効となるわけでないことに注意したい。

　もう１つは，法人である**会社の権利能力**の範囲の問題である。法人は，わたしたち自然人と違い，法律によって法人格を付与されているから，その権利能力も法律の範囲内で認められているにすぎない。会社の場合，会社法の設立手続に従って法人格を付与されるから，設立のファーストステップである定款に記載される会社の目的に拘束されることになる。では，会社は定款に記載された会社の目的事項以外の行為は活動できないのであろうか。たとえば，電力を発電し供給する旨を会社の目的事項として定款に記載した場合，環境保護団体に寄付することは目的の範囲外の行為になるのであろうか。それとも，会社の目的を達成するために必要な活動であれば，定款記載の文言と一致しなくても会社の目的の範囲内の行為と認めるべきであろうか。判例は後者の立場にたつ（☞ Plus　八幡製鐵政治献金事件）。つまり，会社の目的の達成のために客観的にみて必要な行為は目的の範囲内と解されており，目的外の行為として会社の行為が無効とされることは少ない。また，実務的には会社の目的に関する定款の文言にも工夫がされるようになった（☞ **Plus**　定款に記載される「会社の目的」）。

★ Plus　八幡製鐵政治献金事件（最高裁昭和45年6月24日大法廷判決）

　株式会社の定款には，会社の目的を記載しなければならない（27条1号）。八幡製鐵株式会社の定款は「鉄鋼の製造および販売にこれに附帯する事業」という文言で会社の目的を記載していた。昭和35年3月，同社の代表取締役Yは，同社を代表して自由民主党に政治資金350万円を寄付した。いわゆる企業の政治献金である。同社の株主Xは，この行為は同社の定款で定められた会社の目的の範囲外の行為であるとして，Yに対し会社に対して350万円の損害を賠償する株主代表訴訟を提起した。会社は定款で定められた目的の範囲内においてだけ権利能力を有する（民法34条）から，政治献金が目的の範囲外の行為であるとすると，会社は政治献金を行う権利能力を持たないことになる。

　本件では，政治献金は定款の目的の範囲内の行為と解すべきかが争点となっ

た。最高裁は「会社による政治資金の寄付は，客観的，抽象的に観察して，会社の社会的役割を果たすためになされたものと認められるかぎりにおいては，会社の定款所定の目的の範囲内の行為である。」として，Xの主張を退けた。最高裁は，会社を「社会的実在」とし，その行為は，社会通念上の期待にこたえるべく，間接ではあっても会社の目的遂行のうえに必要なものとすることを妨げないと考えた。よって，本件の政治献金は八幡製鐵株式会社の定款の目的の範囲内の行為であると解されたものである。

★ Plus　定款に記載される「会社の目的」

　株式会社の設立（詳細は第8章参照）のファーストステップとなる「定款」には，会社の目的として，「当会社は，次の事業を営むことを目的とする。①○○の製造，②○○の販売，③○○の輸出……」と具体的な列挙があり，その末尾に「前各号に附帯関連する一切の事業」という文言の記載を行うのが一般的である。この文言により，①から③の示す製造・販売・輸出ではない，たとえばメセナ活動や社会貢献活動も，製造・販売・輸出という具体的な事業目的を達成するために必要な会社の事業活動の一部と解することができ，会社の目的内の行為に取り込むことができる。

　こうした工夫で，いまや災害復興支援やSDGsへの取組みなどに多くの株式会社が参画している。さらに，「ビジネスと人権」「社会的企業（ミッション企業）」など，近時の動向については，本書第2部で取り上げる。

7　会社法の誕生とその構造

　会社法は平成18年5月1日に施行された法律である。それ以前は，明治時代に成立した商法典の「第2編会社」として，時代に応じて度々改正を繰り返してきた。そして平成17年の商法改正によって，商法典から分離して，単行法としての「会社法」が誕生した。その結果，商法典には総則・商行為・海商が残った。このほか，決済手段に関連する「手形法」「小切手法」，株式取引等に関連する「金融商品取引法」などが会社法と関連性の高い法律である。なお，会社法は，私法の一般法である民法に対して会社制度に関する特別法と位置付けられる。会社制度は法律によってはじめて設定されるものであるから，会社法は強行規定の条文がほとんどで，その強行規定に違反しない範囲で当事

者の自由が認められる任意規定は少なくなっている。つまり，会社の私的自治の範囲はけっして多くはない。

　会社法は，第1編総則，第2編株式会社，第3編持分会社，第4編社債，第5編組織変更，合併，会社分割，株式交換，株式移転および株式交付，第6編外国会社，第7編雑則，第8編罰則で構成されている。このうち，重要な部分は第2編株式会社であるが，株式会社制度を正しく理解するためには，条文の順序通りではなく，株式会社のシーンに即した分野ごとに学んでいくことになる。

　まず，株式会社の運営に関するシーンは，会社法第2編第4章（295-430条）の部分がこれに相当する。いわゆる株式会社の運営機関の構造に関する部分であり，会社法の中核をなす。本書では，第2章・3章「株式会社の機関」で学ぶ。つぎに重要なのは，会社財産を形成しビジネスを展開するための株式と資金調達のシーンであり，会社法第2編第2章と第3章，第4編の部分がこれに相当し，本書では，第4章・5章「株式」と第6章「資金調達」を通じて学ぶ。さらに，M＆Aや企業再編など会社間で行う合併や事業譲渡など機動的なシーンがあり，会社法第2編第5章の部分がこれに相当し，本書では，第7章「組織再編」を通じて学ぶ。最後に，株式会社の設立と他の会社形態への変更のシーンがあり，会社法第2編第1章，第8章，第9章および第5編の一部の部分がこれに相当し，本書では，第8章「会社の設立・組織変更」で取り上げる。また，株式会社にはその財務状況や業績を明らかにして，それを開示するシーンがあり，会社法第2編第5章の部分がこれに相当する。この部分は，第2部のソフト・ローの部分と関連があるので，本書では，第9章「会社の計算」として第1部の最後で学ぶこととしている。

★ Plus　世界の会社制度

　世界の会社制度はどのようになっているのであろうか？　世界各国それぞれが自国の法律，いわゆる会社法に相当する法律によって，会社法人の設立を認めている。とくに，広く資金調達しダイナミックな活動を目指す株式会社の形態は，各国共に同質性の高い法制度を有している。とはいえ，各国それぞれ特徴もある。

たとえば，アメリカ合衆国の場合，会社法は「州法」であるから，会社は設立する州の会社法によって法人格を付与され，事業活動を展開する。株式会社の場合，社外取締役による経営者のモニタリングが重視されるという特徴を有し，日本でも指名委員会等設置会社（後述）のように米国型の制度を取り入れる大企業も多い。

　カナダの場合，会社法は「州法」だけでなく，「連邦法」も整備されている。フランス語圏の州（ケベック州）では，ローカルな事業活動を行う企業は州法により，幅広い事業活動を行う企業は連邦法により，それぞれ会社を設立する傾向がある。これに対し，英米法の影響を受けている英語圏の州（オンタリオ州）では，州法で設立された会社が国際的な事業活動を行っている場合もある。これは，英米法を母法とする会社法が定款の自由度が高く，利便性があるためと言われている。

　ヨーロッパでは，各国がそれぞれ会社に関する法律（会社法）を国内法として制定している。ドイツでは株式会社（Aktiengesellschaft）のほか，有限会社（GmbH）が多く存在する。フランスでは株式会社（Société par actions）のほか，合資会社の出資単位に株式を導入した，株式合資会社（Société par action en commandite）が存在し，国際的な高級ブランド企業の創業家の維持に一役を買っている。

　一方，ヨーロッパ連合（EU）は，経済活動を行うための EU 域内移動の自由を，加盟国の国内法で設立された会社法人にも認めている。このため，会社の本店を他の加盟国に移転する場合，お互いの国内法と EU 法（条約）の解釈をめぐり対立が生じることがあり，EU 法によって設立される EU 法人「ヨーロッパ会社（Societas Europaea, SE）」制度の導入により高い利便性を目指している。この「ヨーロッパ会社」は，EU の東方拡大で加盟国となった中欧諸国（ポーランド，ハンガリー等）の利用ほか，EU 域内で事業活動を営む企業グループの持株会社（親会社）として利用されるケースが多い。また，「ヨーロッパ会社」は，すでに EU 加盟国で設立されている会社が組織再編（合併）や組織変更によって設立される会社形態であり，まったく新たに設立することはできないという特徴を持っている。

★ Plus　海外企業の日本における地位 ──「外国会社」

　海外企業がわが国で事業活動を営むことは当たり前の時代になった。取引先，投資先だけでなく，就職先として海外企業と関わる場合も増えている。では，こうした海外企業の地位を会社法はどのように扱っているのであろうか。

　会社法2条2号は「外国の法令に準拠して設立された法人その他の外国の団

体であって，会社と同種のもの又は会社に類似するもの」を外国会社と定義している。これによると，かならずしも法人格を付与されていなくても，会社と同種または類似であれば外国会社に該当することになり，たとえば，外国法で設立されたパートナーシップ，リミテッド・パートナーシップも外国会社と解されよう。そこで，会社法は，日本において事業を行う外国会社は，外国会社として認許され（民法35条），とりわけ継続取引を行う場合は外国会社として登記を行わなくてはならない（818条・933条）とした。外国会社の登記は，日本の法律によって設立された会社の設立登記と同様である。日本における代表者の氏名・（日本国内の）住所，どこの国の法律で設立されたのか（設立準拠法），株式会社と同種・類似の場合は貸借対照表の公告方法等を記載する。一方，インターネット等による電子商取引が発展したため，外国会社は日本国内に営業所を設置する義務がなくなり，そのかわりに代表者の（日本国内の）住所が外国会社の日本における営業所・支店の所在地とみなすことができるようになった。

　これとは別に，擬似外国会社という概念がある。これは，わざわざ外国法にもとづいて会社を設立して，定款に記載する本店の所在地を設立した国の住所にしておき，もっぱら日本で事業を行うことを主たる目的とする企業のことで，ペーパー・カンパニーとも呼ばれている。定款記載の本店所在地には，郵便受けのみ設置されていたり，あるいは1つの事務所を複数の会社がシェアしていることが多く，設立した国において全くビジネスの実態が存在しないこともあり，あきらかに日本法の適用を回避する目的で用いられる。会社法は，こうした擬似外国会社が日本での継続取引を行うことを禁止した（821条）。外国会社としての登記を行うか，日本法にもとづく会社をあらためて設立することになる。

第2章

株式会社の機関(1)

1 総　論

　第2章と第3章では，会社法学習の基本となる株式会社の機関について学ぶ。「社長」，「株主総会」，「取締役」，「取締役会」，「監査役」そして「執行役」といった様々な用語はすべて会社法に定義されている専門用語であり，法的な位置づけが定められている。これらは，株式会社を運営していく上でのアクターであり，これらを**株式会社の機関**と呼んでいる。

◆機関とはなにか

　株式会社をはじめとする会社は法人である（3条）から，わたしたち自然人のように肉体や手足がない。さりとて，会社法人の名義で権利義務を行使するためには，結局，一定の自然人の意思決定や行為がその会社法人の意思決定や行為であるとする仕組みが必要となる。そこで，会社法は，このような意思決定や行為を行うべき者（1名，複数名の場合，または会議体）を機関として定め，機関または機関の構成員が，その機関の権限の範囲内で行った意思決定や行為の効果は会社に帰属するとしている。会社法には，様々な機関が定められ，それぞれの権限が細かく規定されており，株式会社の運営は，会社法の定める複数の機関によって行われ，会社全体の意思決定や行為が形成されていることになる。

　では，どのような機関があるのか，概観しておこう。すべての株式会社に存在する機関は，出資者（株主）の集合体である**株主総会**と会社を経営する**取締役**である。株式会社に出資しているのは株主であるから，会社の所有者は株主

である。所有者である株主自身が経営を行う所有と経営が一致している株式会社も存在するが，大規模な資金調達を資本市場で行う株式会社の場合，会社経営は経営者に委ねたほうが効率的であろう。そこで，現代の企業の多くは，所有と経営が分離しており，経営者による株式会社の支配がみられる。しかし，会社法は，会社を経営する取締役の選任・解任の権限を株主総会に定めている。つまり，所有者である株主が経営者を選出することになる。この構造は，株式会社の大原則である。

このようにして，株主総会によって選出された取締役は，株式会社の所有者である株主から会社の経営を任された者として会社と**委任関係**になる。よって，取締役は，善管注意義務を負うことになり，会社法の定める権限を行使して誠実かつ忠実にその業務を執行して，その義務を果たすことになる。そして，任務懈怠やその義務に違反した場合は，会社に対して責任を負うことになる。取締役が複数いる場合は，**取締役会**が設置され，合議による業務執行の決定とその監督を行う。株式を上場している株式会社は，取締役会の設置が義務付けられているので，そうした会社の取締役は取締役会という合議体の構成員としてその職務を行うことになる。社長とて，代表取締役として取締役会の決定に基づいて業務を執行し会社を代表しているにすぎない。

さて，行為者本人のセルフチェックシステムにはおのずと限界があり，他者によるチェックやパフォーマンスの評価のシステムが必要なことは，良く知られている。これは，**コーポレート・ガバナンス（企業統治）**においても枢要な部分であり，経営学の立場から多様な議論がなされている。会社法は，業務執行を行う機関に対して，監督あるいは監査する機関を定めている。これらの代表的なものとして，**監査役**，**監査役会**，**会計監査人**があり，取締役会も代表取締役の業務執行の監督を行うことになる。

このうち，わが国の特徴的な制度であり，今日まで多くの株式会社に設置されてきたのが，監査役である。監査役は株主総会で選任される。つまり，株主総会は，経営を行う取締役と，それらの職務執行を監査する監査役をそれぞれ選任することになる。監査役は，業務執行者（取締役）を兼任することはできず，独立した存在として監査を行うことになる。一定規模（大会社）の公開会社は，監査役会の設置が義務付けられている。こうした大会社においては，会

社の計算書類（貸借対照表・損益計算書など）のほか有価証券報告書など監査の内容も複雑になり専門家の知見が必要となることから，会社法は，会計監査人の設置を義務付けている。会計監査人は，公認会計士または監査法人からなる専門家であり，株主総会によって選任される。

◆株式会社の機関設計の選択 ── 株式会社の形態

　すべての株式会社には，株主総会と取締役が必要であるが，会社法の範囲内で，このほかの機関との組み合わせを選択して，機関設計をすることができる。選択した機関設計は定款に記載し登記を行う。現在，代表的な機関設計としてあげられるのは，取締役会の設置を前提とした，**監査役（会）設置会社**，**指名委員会等設置会社**，**監査等委員会設置会社**である。日本的なマネジメントモデルといわれる監査役（会）設置会社に対して，指名委員会等設置会社はモニタリングモデルとよばれ，国際的なレベルで事業活動を営む大企業に採用される傾向がある。ただし，零細会社を含めると前者の方が会社数は圧倒的に多い。機関設計の選択については，第3章で詳しく学習することになるが，まず株式会社の機関について詳しくみていこう。

2　株 主 総 会

◆株主総会の権限

　株主総会の権限は，取締役会のない会社と取締役会設置会社では大きく異なる。まず，六法をひもとき，会社法295条を参照してほしい。第1項には「株主総会は，この法律に規定する事項及び株式会社の組織，運営，管理その他株式会社に関する一切の事項について決議することができる」と定められており，これは取締役会のない会社のための規定である。第2項をみると，「前項の規定にかかわらず，取締役会設置会社においては，株主総会は，この法律の規定する事項及び定款で定めた事項に限り，決議することができる」と定められている。つまり，株主総会の権限は，取締役会がない会社では万能的な権限を有するが，取締役会設置会社では，会社法と当該会社の定款で定めた事項に限り決議できるにすぎないのである。もっとも，会社法は，株主総会でしか決議できない事項として，①定款変更や合併など会社の根本にかかわる変更，②

取締役等，会社の機関の選任・解任，③募集株式の有利発行など株主の利害に大きくかかわる事項を定めているので，株主総会が会社の最高の意思決定機関であることには変わりはない。

　むしろ，注意したいのは，会社法の書きっぷりにある。会社法の条文には295条のように，取締役会を設置していない場合を最初に置き，「前項の規定にかかわらず」として，但し書きや第2項以下で，取締役会設置会社の規定を置いている条文が少なくない。たしかに，零細会社や大企業の子会社まで含めると取締役会のない会社は無数にある。一方，本書の学習者の皆さんは取締役会設置会社についての情報を求めているであろう。法律学の学習において条文を確認することは学びの基本であるが，会社法の場合は，第1項以外も確認することが肝要である。

◆株主総会の招集

　株主総会は，いつ・どのくらいの頻度で・どこで，開催されるのであろうか。また，誰が招集するのであろうか。

⑴　招集の時期と招集権者

　株主総会には，毎年1回必ず開かれる**定時株主総会**（296条1項）と必要に応じていつでも招集することができる**臨時株主総会**（296条2項）がある。定時株主総会の開催時期については，我が国の場合，事業年度が3月末で終了する株式会社がほとんどなので，その3か月後の6月に定時株主総会が集中する傾向にある（☞第4章「基準日制度」90頁参照）。臨時株主総会は，会社の合併や定款の変更など，株主の判断が必要な重要な問題が事業年度内に生じた場合に開催される。

　株主総会の招集権者は取締役である（296条3項）。ただし，一定の要件を満たす株主は株主総会の招集を会社に請求することができ（297条1項・2項），同項により請求を行った株主は裁判所の許可を得て株主総会を自ら招集することもできる（297条4項）。このように，会社法は，株主側にも招集権を認めている。

(2) 招集の決定

　株主総会の招集をする場合，取締役は，株主総会の①日時および場所（298条1項1号）を，②目的である事項があるときは当該事項（同2号），③株主総会に出席しない株主が書面によって議決権を行使することが可能な場合はその旨（同3号），④株主総会に出席しない株主が電磁的方法によって議決権を行使することが可能な場合はその旨（同4号），⑤そのほか法務省令で定める事項（同5号）を定めなければならない。

　まず，近時，問題となったのは「場所」（同1号）である。会社法では，株主総会は物理的な会場である「場所」を定めて招集することを前提としており，会社の社屋やホテル・コンサートホールなど物理的な会場に株主が来場して開催されている。この「場所」には仮想空間は含まれないと解され，「場所の定めのない」，いわゆるバーチャルオンリー株主総会は，会社法上認められていない。ただし，物理的な会場で株主総会を開催したうえで，株主のオンライン参加や傍聴を併用する**ハイブリッド型株主総会**は実施することができる。なお，**産業競争力強化法**の改正により一定の場合，**バーチャルオンリー株主総会**が解禁された。

　日時と場所が決まったら，つぎは議題である。取締役は，株主総会の議題を決定しなくてはならない（同2号）。取締役会設置会社では，あらかじめ株主総会の議題として決定された事項しか株主総会で決議できない（309条5項）ので，議題の決定は重要である。さらに，当日，物理的な会場に出席しない株主に対して書面（書面投票）または電磁的方法（電子投票）によって議決権の行使を認める場合はその旨を決定する（同3・4号）。これらの制度により，取締役会設置会社の株主には次のようなメリットがある。まず，株主は，株主総会の目的事項である議題，あるいは議題に関する具体的な提案内容である議案を，招集通知により事前に知ることで，株主は議決権の行使につき熟慮し判断することができる。書面または電磁的方法による議決権の行使の機会があれば，当日会場に出席しなくても株主としての意思表示ができる。そこで会社法は，株主数が1,000人以上の株式会社については，**書面投票制度**（311条）を義務付けている（298条1項3号・2項）。このほか**電子投票制度**（312条）は株主数にかかわりなく導入することができる（同条1項4号）。このように，取締役

会設置会社や株主数が多い会社の株主に対しては，株主総会における様々な便宜が工夫されている。

⑶　招集の通知

さて，株主総会の開催が決定されると，公開会社の場合は株主総会の会日の2週間前までに，非公開会社の場合は1週間前までに，**招集通知**を株主に対して発しなければならない（299条1項）。株主への到達ではなく，発信主義の立場をとる。招集通知には，すでに述べた298条1項に掲げる各号の内容が記載されて，株主への通知が行われる。

実務的には，招集通知とともに**添付書類**が株主に送付される。この添付書類には，**参考書類**と**書面決議用紙**がある（301条1項・2項）。前者は，株主総会に出席せずに書面または電磁的方法で議決権行使を行う株主が議案についての賛否の判断を下すのに必要な情報を記載することが，会社法施行規則によって求められているため，議案に関する詳しい情報が掲載されている。後者は郵送することを想定して，郵便はがき形式の投票用紙となっている。また，取締役会設置会社では，計算書類や事業報告も招集通知に添付される。このため，郵送書類はかなりのボリュームになってしまうのが実情であった。また，誤植や災害等で会場の変更があった場合など，追加書面の送付など実務の工数は膨大であった。そこで，**ウェブ開示制度**が導入され，定款に定めを置く場合には，一部の添付書類の内容はインターネット上での閲覧が可能とし，その URL を株主に通知することによって，当該内容に関する添付書類を株主に提供したとみなすことになった（会社法規則94条・133条3項・4項，会社計算133条4項・5項，134条5項・6項）。

さらに，こうした株主総会資料のペーパーレス化を推進するため，会社法が改正され，株主総会資料の**電子提供制度**が新たに導入され，上場会社はこの制度を義務付けられることになった。電子提供制度により，会社は，株主総会参考書類の内容である情報について電子提供措置（自社のホームページへの情報掲載等）をとる旨を定款で定めることができ（352条2），株主に対して電子提供措置をとっている旨を通知した場合，個々の株主の承諾にかかわらず会社は株主総会参考書類等を適法に提供したものとみなされる（352条の4）。これによ

り，令和5年以降の株主総会資料ではダイナミックな紙削減が実現されることになった。しかし，インターネットの利用が困難な株主に配慮して，株主は会社に対して電子提供措置の対象である事項を記載した書面の交付を請求することができる（352条の5）としている。

★ Plus 招集通知モデル

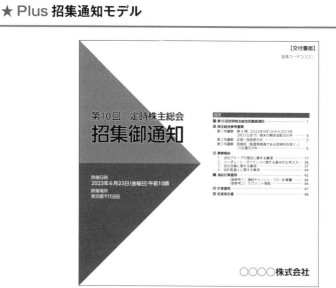

◆株主提案権 ── 議題と議案

　株主提案権とは，株主が自ら議題を提案し，また議案を提案する権利をいう。公開会社の場合，総株主の議決権の1％以上または300個以上の議決権（それぞれ定款による引き下げは可能）を6か月前から引き続き保有する株主は，取締役に対し，株主総会の会日の8週間前までに（定款によりこれより短くすることも可能），一定の事項を株主総会の目的とするよう請求することができる（303条）。これを**議題提案権**といい，一定の要件を満たした株主（少数株主）は，取締役が招集する総会においても，自らの議題を提案する権利が認められる。

　取締役会が設置されていない会社の場合は，保有数か保有期間の要件はなく，株主は単独株主権として，議題の提案ができる。取締役会設置会社の場合は，議題・議案の内容は取締役会が決定するため，株主総会の招集の請求権と同様，ある一定の要件を満たす株主のみが行使できる少数株主権とされている。

　このほか，株主は，株主総会の会場において議案を提出することができる（304条）。たとえば，「取締役選任の件」という議題において，取締役（会社）が「X氏」を候補者とする議案を上程していた場合，株主は修正提案として「Y氏」を候補者とする議案を提出することができる。また，株主は取締役に対し，株主総会の会日の8週間前までに（定款によりこれより短くすることも可能）当該株主が提出する議案の要領を（自己以外の）株主に通知するよう請求

することができる（305条）。これを**議案提案権**という。自己の議案の通知請求は，取締役会が設置されていない会社では単独株主権であるが，公開会社の場合は，上記の議題提案権と同様に，総株主の議決権の1％以上または300個以上の議決権（それぞれ定款による引き下げは可能）を6か月前から引き続き保有する株主の少数株主権である。なお，取締役会設置会社では，株主がこのような請求できる議案の数は10までという制限がある（305条4項）。実務的には，株主に提供される招集通知や参考書類に，議題・議案が記載される際，株主による提案として記載され，書面決議用紙にもその旨記載されることになる。

★ Plus 株主提案権とモノを言う株主

【株主提案があった場合の株主総会招集通知の例】

定時株主総会招集通知

●議 案

〈会社提案〉

第1号議案 剰余金の処分の件
第2号議案 取締役（監査等委員である取締役を除く。）10名選任の件
第3号議案 監査等委員である取締役3名選任の件
第4号議案 補欠の監査等委員である取締役1名選任の件
第5号議案 当社株式の大量取得行為に関する対応策（買収防衛策）の更新の件

〈株主提案〉

第6号議案 取締役（監査等委員である取締役を除く。）2名選任の件

<株主提案>

第6号議案は，株主1名からのご提案によるものであります。
以下は，提案株主から提出された議案の要領及び提案理由等を原文どおり記載しております。

第6号議案 取締役（監査等委員である取締役を除く。）2名選任の件

1．本件議案の要領
　○○○○○○○○○○○○○○○○○○○○○○○○○○○○○○。

2．提案理由

3．候補者の氏名、略歴等

候補者番号
1　甲
（　年　月　日生）
［所有する当社株式数］
0 株

候補者番号
2　乙
（　年　月　日生）
［所有する当社株式数］
0 株

4．当社取締役会の意見
　取締役会としては、本議案に反対いたします。

5．反対の理由

以 上

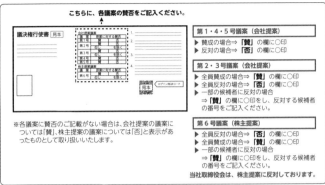

【株主提案があった場合の議決権行使書の例】

こちらに、**各議案の賛否をご記入ください。**

議決権行使書 見本

第1号議案
第2号議案
第3号議案
第4号議案
第5号議案
第6号議案

ログイン用QRコード
見本

第1・4・5号議案（会社提案）
▶ 賛成の場合⇒ **「賛」** の欄に○印
▶ 反対の場合⇒ **「否」** の欄に○印

第2・3号議案（会社提案）
▶ 全員賛成の場合⇒ **「賛」** の欄に○印
▶ 全員反対の場合⇒ **「否」** の欄に○印
▶ 一部の候補者に反対の場合
　⇒ **「賛」** の欄に○印をし、反対する候補者の番号をご記入ください。

第6号議案（株主提案）
▶ 全員反対の場合⇒ **「否」** の欄に○印
▶ 全員賛成の場合⇒ **「賛」** の欄に○印
▶ 一部の候補者に反対の場合
　⇒ **「賛」** の欄に○印をし、反対する候補者の番号をご記入ください。

当社取締役会は、株主提案に反対しております。

※各議案に賛否のご記載がない場合は、会社提案の議案については「賛」、株主提案の議案については「否」と表示があったものとして取り扱いいたします。

◆株主の議決権

(1) 一株一議決権の原則

　わたしたちの民主主義社会では，なにか物事を決めるときは，構成員の人数を基本として多数決を用いることが多い。これに対し，会社法は，会社法は「株主は，株主総会において，その有する株式1株につき1個の議決権を有する」（308条1項）と定めている。これは，株主の人数ではなく，保有する株式数によって決議されることを意味する。株式会社にたくさん出資して株式を大量に保有する株主が株主総会を支配する。株主の出資額に応じて会社の意思決定に対する影響力が決まる。株主総会では，株主1名1議決権ではなく，**一株一議決権の原則（単元株制度では1単元1議決権となる）** が用いられている。これが，**資本多数決の原則**である。わたしたちの社会は，民主主義社会であると同時に，資本主義経済であるからだ。

　一方，一株一議決権の原則に対する例外も会社法は規定している。たとえば，自己株式，相互保有株式があげられる。自己株式とは，会社が保有する自らが発行した株式をいう（113条4項）。会社が自己株式の保有する仕組みについては本書第5章で学習するが，ここでは株主総会の議決権について考えてみよう。かりに，会社が自己株式を用いて議決権を行使したらどうであろうか。会社側が策定した議案に自ら賛成することができ，株主総会の決議の公正さを歪めることになりかねない。取締役の選任に関する議案では，株主が取締役を

撰ぶという株式会社の基本すら危うくなる。ゆえに、自己株式に議決権はない（308条2項）。

相互保有株式とは、A社がB社の株式を保有し、B社もA社の株式を相互保有している所謂「持ち合い」の状態をいう。かりにA社がB社の総株主の議決権の4分の1（25％）を超える株式を保有し、B社がA社の総株主の議決権の4分の1（25％）を超える株式を保有しているとしよう。この場合は、B社は保有するA社の株式について、A社は保有するB社の株式について、お互いに議決権を行使できない（308条1項括弧書き）。なぜなら、A社（B社）はB社（A社）に対し、それぞれ支配的立場の株主であり、お互いの株主総会で議決権を行使すると馴れ合いが生じ株主総会の決議の公正さを歪めるからである。

⑵ 議決権の行使方法

株主総会における議決権の行使方法は、**株主本人**が、株主総会の会場に**出席して議決権を行使する**ことを基本とする（図1）。しかし、総会の会日に会場への出席ができない株主に対して、会社法は次のような3つの行使方法を設定している。

代理人により議決権の行使することができる（310条1項）。この方法では、当該株主または代理人が、代理権を証明する書面（委任状）を株式会社に提出し、株主の意思を確認するため、代理権の授与は株主総会ごとに毎回行うことになる（同2項）。事務的にも煩雑となることから、会社が株主総会に出席することのできる代理人の数を制限することができる（同5項）。実務的には、定款をもって代理人も株主であることを定める場合がある。

これに対して、議決権を有する株主数が1000名以上の株式会社において義務付けられているのが**書面投票制度**（298条2項）である（図1）。インターネットがなかった時代から郵便を利用して、株主総会の招集通知に封入された郵便はがき形式の議決権行使書用紙（図2）にマークして返信する仕組みが用いられてきた。この制度は株主数1,000人以下の会社でも任意的に導入することができる（298条1項3号・311条）。

さて、インターネット時代を迎え、株主数に関わらずすべての株式会社は、取締役（取締役会設置会社では取締役会の決議）により、株主総会に出席しない

株主は電磁的方法により議決権行使をすることを認めることができることになった（298条1項4号・312条）。この**電子投票制度**（図1）は、書面投票制度と違い、株主数に下限はなく、その導入は任意であり義務ではない。実務的には、すでに書面投票制度を実施している株式会社は、従来の書面投票用紙の加えて、電磁的方法による議決権行使方法の導入を選択して、議決権行使ウェブサイトのURLや株主パスワードなど設定し、招集通知を郵送する際、株主総会の会日に会場出席しない株主に議決権行使を呼びかけている（図3）。現状では、こうした上場会社の株主は、当日会場に株主本人が出席しなくても、書面投票制度または電子投票制度により、事前に議決権を行使できる。しかし、

〔図1〕

〔図2〕

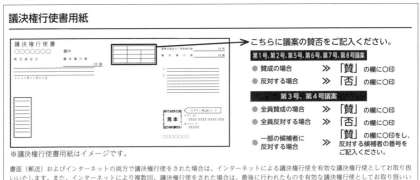

すでに学習したように会社法はあくまで，物理的な会場への株主本人の出席を基本としており，場所の定めのない株主総会を認めていない点（298条1項1号）に注意を要する。したがって，こうした事前の議決権行使はどんなに便利でも，当日会場で行われる事業報告（ビデオなど映像の場合もある）や株主の質問に対する会社側の回答を確認しないまま，株主は議決権を行使することになる。

◆株主総会の議事運営

株主総会は，会社にとっても，株主にとってもビッグイベントであり，有名企業の株主総会の模様はテレビニュースでも報道されることが多い。会社法は

〔図3〕

株主総会の議事運営は議長が行う（315条）と規定しており，一般的には，代表取締役が株主総会の議長を務める旨を定款で定めている場合がほとんどである。議長につき，定款に定めがない場合は，株主総会の冒頭で議長の選出を行ってから，議事が開始されることになる。

　議事運営の流れについては，会社法に具体的な規定はなく，それぞれの企業の慣習や文化によることになる。実務的には次のような流れが一般的である。まず初めに，議長は株主総会の秩序を維持し議事運営に関する一切の権限が議長にあることを確認したうえで議事が開始される。これにより，議長の命令に従わない者や総会の秩序を乱す者を退場させる権限を議長はもつことになる。議事進行は，冒頭の議長の選出・権限の確認に続き，株主の定足数の確認が行われる。続いて，当該会社の事業報告，監査役（または監査委員会，監査等委員会）の監査報告，会計監査人の監査報告のあと，いよいよ株主総会の議題・議案が上程される。これにつき，議長ないし担当する取締役等から株主に対して説明がなされ，株主との質疑応答が行われ，十分な審議が尽くされたと議長が判断すると，いよいよ決議（採決）が行われることになる。

　各議案の賛否は，この時までに，書面投票と電子投票による事前の議決権行使の結果が集計されているので，これに当日会場出席の株主の議決権が合計されることになる。会場での議決権の行使方法は，挙手または拍手による場合が一般的である。実務的には，書面投票と電子投票による事前の議決権行使の結果で，すでに趨勢が判明している場合がほとんどであるため，当日会場における議決権行使により決議が覆ることは稀である。ただし，事前の議決権行使の結果が微妙である場合や，当日会場に決議に影響を及ぼすような議決権を保有する株主が出席している場合は，会場でマークシートを用いるなどして，正確な集計が行われるケースも散見されている。

　決議が無事に終わると，退任・新任の役員の紹介などが行われ，議長の判断で株主総会は終了となる。

◆取締役の説明義務

　さて，このような議事運営のなかで，会社法がとくに規定しているのは，**取締役の説明義務**（314条）である。取締役のほか，会計参与・監査役・執行役

も，同様に株主から特定の事項について説明を求められた場合は当該事項につき説明すべき義務がある。しかし，会社法上，取締役の説明義務は，株主の質問権ではなく，あくまで取締役の義務として規定している点が重要である。株主の質問事項が，株主総会の目的である事項に関係がない場合，説明により株主の共同の利益を著しく害する場合やその他正当な理由がある場合は，説明する義務はない（314条但し書，会社規71条）とされている。

　では，株主からの質問に対し，取締役の説明義務は，いつ発生し，どの程度の説明を行えば義務を尽くしたと解されるのであろうか。実務的には，特殊株主（総会屋）等による不規則な質問や発言により株主総会の議事進行をみだりに遅延するのを防ぐ必要もある。これについては，取締役の説明義務は，株主総会の会場において株主から説明を求められて初めて発生するとされている。かりに，株主の質問状が事前に会社に届いていたとしても，会場であらためて株主から質問がないかぎり義務は生じないとする裁判例がある。また，説明の程度についても，一般的な株主が合理的な理解や判断ができる程度であればよく，かならず質問者である株主が納得するまで続ける必要はなく，説明義務違反ではないと考えられている。質問の打ち切りは議事進行を司る議長の権限でもあるが，一方，株主のコーポレートガバナンスへの関心は高まる傾向にある。株主総会において，株主に質問の機会を与え，議題・議案に対する疑問を解消すべく取締役が説明を行い，経営に理解を求めることは大切であり，近時では株主総会を経営者と株主の対話のフォーラムとしてとらえる立場がある。株主総会を中心に積極的に発言や提案をおこなう株主を「モノを言う株主」「アクティビスト」と呼ぶことがあるが，こうした株主には客観的かつ建設的な質問を行うことが期待されている。

◆株主総会の決議

　株主総会の決議は原則として資本多数決によって採決されるが，決議する事項の重要性に応じて決議要件が重くなる仕組みとなっている。重要な決め事にはより多くの賛成が必要ということである。この仕組みにより，1回の株主総会で，様々な議案を処理することができる。

　株主総会決議を要する事項か否かは，会社法の個々の条文に定められている

が、その決議要件は、あらためて会社法309条に記載されているので、学習者には少々わかりづらくなっている。ここでは、決議要件ごとに概説しておく。

　①　**普通決議**　定款に別段の定めがある場合を除き、定足数として議決権を有する株主の議決権の過半数を保有する株主が株主総会に出席しており、その出席した当該株主の議決権の過半数（単純多数決）をもって決議する（309条1項）。普通決議は、取締役等会社役員の選任・解任の決議、取締役の報酬等についての事項を定める決議、利益処分に関する決議など、を対象とする。定足数は定款で排除・軽減することができる。ただし、会社役員の選任・解任の決議の場合は、定足数として議決権を有する株主の議決権の3分の1までしか引き下げることができない（341条）。

　②　**特別決議**　当該株主総会において議決権を行使できる株主の議決権の過半数を有する株主が出席しており、その出席した当該株主の議決権の3分の2以上（特別多数決）にあたる多数をもって決議する（309条2項）。特別決議は、より重要な決議事項、たとえば、会社の定款変更、合併など組織再編の承認等の決議、を対象とする。3分の2以上の多数ということは、かりに3分の1以上の反対があれば可決できないことを意味する。つまり、議決権の過半数を保有しなくても、3分の1以上を保有すれば、会社の重要な決議事項を否決できる。このため、買収や経営改革を迫る投資家にとって、対象とする株式会社の発行済株式の過半数ではなく、まず3分の1以上を保有することが、実務上大きな意味をもつことを留意しておくとよい。

　③　**特殊決議**　当該株主総会において議決権を行使できる株主の半数以上（株主の頭数）がおり、当該株主の議決権の3分の2以上にあたる多数の賛成を要する（309条3項）。特殊決議は、株主の利益に極めて重大な影響を与えるような一定の事項、たとえば株式会社が発行する株式の全部に譲渡制限にする旨の定款変更を行う決議、などをその対象とする。特殊決議では、議決権数だけでなく、株主の頭数（人数）も要件としている点に注意したい。

◆株主総会決議に瑕疵があった場合の対応

　さて、株主総会の決議が行われたとしても、その手続や内容に何らかの瑕疵があった場合はどのような対応が必要であろうか。瑕疵のある決議の効力を否

定すると，すでにこの決議にもとづいて法律関係が発生している場合は影響が大きい。そこで，会社法は決議の瑕疵を争う訴訟制度を設けている。

① **決議取消しの訴え**（831条）　招集の手続，決議の方法が法令・定款に違反，または著しく不公正な場合（同条1項1号）や決議の内容が定款に違反，または著しく不当な場合（同項2・3号）など，瑕疵の程度が比較的軽い場合を対象とする。提訴権者は株主等（取締役，監査役など含む，828条2項1号）であり，提訴期間は株主総会決議の日から3か月間に限定されている。これは決議の効力を早期に確定して法的安定性を確保するためである。なお，被告は会社である。判決の効果は，訴えが認容された場合は，当該決議はさかのぼって無効となる（遡及効・対世効）。

② **決議不存在確認の訴え**（830条1項）　手続や方法の瑕疵の程度がきわめて重大で，決議と認められるものが外形的にも存在していない場合を対象とする。たとえば，過去の裁判例として，株主総会の決議が物理的に存在しないのに，決議があったかのような議事録が作成され登記までされたという事案（最判昭和38・8・8），一部の株主が勝手に会合して決議した事案（東京地判昭和30・7・8），代表権のない取締役が取締役会の決議にもとづかないで株主総会を招集した事案（最判昭和45・8・20）などがある。上記①とちがい，提訴権者や提訴期間に対する制限はなく，決議の不存在を確認する利益が存在する限りは，誰でもいつでも訴えを提起することができ，訴えが認容されれば判決の効果は対世効を有する。ただし，確認の利益を欠く訴えは裁判所により却下される。

③ **決議無効確認の訴え**（830条2項）　欠格事由のある取締役（331条1項）を選任する決議を行った場合や違法な計算書類等を承認した場合など，決議の内容が法令に違反するなど，上記①よりも瑕疵の程度が重いと考えられる場合を対象とする。上記②と同様，提訴権者や提訴期間に対する制限はなく，無効を確認する利益が存在する限りは，誰でもいつでも訴えを提起することができ，訴えが認容する確定判決の効果は対世効を有する。一方，新株発行を決定した株主総会の決議の無効確認の訴えは確認の利益を欠くとした裁判例がある（最判昭和40・6・29）。新株がすでに発行されている場合は，会社法828条1項2号による新株発行無効の訴えによらなければならないからである。

3　取締役・取締役会・代表取締役

　すでに述べたように，取締役（社外取締役）・取締役会・代表取締役の権限や職務内容は，株式会社がどのような機関設計を用いているかによって異なる。ここでは，取締役会設置会社であり，かつ監査役（会）も設置されている機関設計を採用している株式会社を想定して学んでいくことにしたい。取締役会設置会社のうち，監査役のいない指名委員会等設置会社や監査等委員会設置会社については，第3章で詳しく解説する。

◆取　締　役

⑴　取締役の権限

　株主総会と同様に必ず設置されているのが，取締役である。定款に別段の定めがある場合を除いて，取締役は会社の業務を執行し，取締役が2名以上いる場合，会社の業務はそれら取締役の過半数をもって決定することになる（348条1項・2項）。ただし，株主総会の招集に関する事項など348条3項に記載されている事項に関する決定は，取締役が複数いる場合はかならず多数決による決定が必要であり，決定を経ず各取締役に委任することはできない。

　また，取締役は，代表取締役その他会社を代表する者が定められていない場合，会社を代表する。こうした場合，取締役が複数いれば各自が会社を代表するが（349条1項・2項），定款・定款にもとづく取締役の互選または株主総会の決議により，代表取締役を定めることができる（同条3項）。したがって，実務的には，取締役会のない会社で複数の取締役がいる場合は，いずれかの取締役を代表取締役に定めて，取引先など対外関係において権限と責任の所在を明確にすることが望ましい。

⑵　取締役会との関係

　株式会社に取締役会が設置されている場合，取締役は取締役会の構成員として取締役の職務を行うことになる。取締役会は会議体であるから，合議により取締役会の意思決定が行われる（362条2項1号）。公開会社の場合は，かならず取締役会が設置されているため，法令もしくは定款に株主総会の権限とされている事項をのぞき，取締役会は会社の意思決定に関する広範な権限を有する

ことになり，その機関の構成員として取締役が存在することになる。取締役会は代表取締役を選出（362条3項）し，代表取締役は取締役会の決定に従って業務を執行する（363条1項1号）。取締役会は業務を執行する取締役（業務執行取締役）として選定された者に対してその権限を与えることもできる。

　整理すると，取締役会の機能は，業務執行の決定とその執行の監督（362条2項2号）である。取締役は，その構成員として合議による意思決定と業務執行の監督を行う一方，ある者は代表取締役として，あるいは取締役として業務執行を行うことになる。

(3)　取締役の選任・任期・終任

　取締役は，**株主総会で選任**される（329条1項）。取締役が欠けた場合に備えて，補欠の役員（補欠取締役）を選任しておくこともできる（同条3項）。取締役の資格を株主に限ることは定款をもってしてもできない（**資格株の禁止**331条2項）。取締役は自然人でなければならず，会社法人は取締役になれない。

　取締役の欠格事由として，法人のほか，会社法，破産法など会社に関連する法律違反の罪を犯し，刑の執行が終わり，または刑の執行を受けることがなくなった日から2年を経過しない者，これ以外の罪を犯して禁固以上の刑に処せられ，または刑を受けることがなくなるまでの者（執行猶予中の者は除く）などが定められている（331条1項）。なお，会社法の改正により，成年被後見人もしくは成年被保佐人に該当する者も取締役となることができるようになった。

　取締役会を設置しない株式会社の場合は，取締役は1名以上いればよいが，取締役会を設置する場合は，最低3人以上の取締役を選任しなければならない（331条5項）。なお，会議体を構成するときの最低人数は3名と覚えておくとよい。監査役会をはじめ，指名委員会等設置会社の各委員会や監査等委員会設置会社の監査等委員会も最低人数も3名である。合議の際，採決が可能だからだ。

　取締役の任期は，指名委員会等設置会社および監査等委員会設置会社を除いて，2年である。定款または株主総会決議で任期を短縮することも可能である（332条1項）。実務的には，1年すなわち事業年度毎に株主総会で選任を行い，

経営者に対する株主の信任を求めている会社も少なくないが，再任される場合も多い。公開会社でない株式会社（指名委員会等設置会社および監査等委員会設置会社を除く）は定款によって最大10年まで任期を延長することができる（同条2項）。

取締役の終任には，任期の満了，欠格事由の発生，辞任，解任のほか会社の解散の場合がある。任期の満了後も再び株主総会で選任されて再任されることがある。取締役と会社の関係は委任関係であるので（330条），取締役はいつでも自分の意思により委任関係を終了させ辞任することができる。

問題は，取締役の自らの意思ではない**解任**であろう。解任は，株主総会決議と他の取締役の訴えによって生じる。株主総会は，いつでも・理由の如何にかかわらず，取締役を含む役員の解任することができる（解任権，339条1項）。株主は，株主総会の決議により，経営者たる取締役を選任すると同様に普通決議をもって解任する権限を持つ。一方，支配株主など多数派の株主が賛成しない限り解任決議は可決されない。そこで会社法は，6か月前より引き続き総株主の議決権の3％以上を有する株主（当該取締役を解任する議案について議決権を行使できない株主や当該取締役を除く）は，株主総会決議の時から30日以内に裁判所に訴えをもって当該取締役の解任を請求することができる（854条1項1号）とした。発行済株式（その会社と解任対象の取締役を除く）の3％以上の数の株式を6か月前より引き続き保有する株主も同様である（同2項）。支配株主ではない少数株主に対して，あらためて解任をもとめるチャンスを付与することで，支配株主と経営側に偏重した会社のガバナンスを是正する機会が設けられている。これに対し，正当な理由なく解任された取締役は，解任によって生じた損害の賠償を会社に対して請求することができる（339条2項）。取締役の解任をめぐっては，その正当な理由が問題となった裁判例も多い。何が不正行為であり，法令もしくは定款に違反する行為であるかという事実認定をめぐり争いがあるからである。

(4) 社外取締役

社外取締役については，指名委員会等設置会社や監査等委員会設置会社の機関設計を選択した場合は必須とされている。令和元年会社法改正により，監査

役会設置会社であっでも，公開会社かつ大会社であり，有価証券報告書の提出を義務付けられている株式会社（いわゆる上場会社）は，取締役のうち1名以上の社外取締役を置かなければならないとされた（327条の2）。また，東京証券取引所に上場する会社に対しては，同取引所のコーポレートガバナンス・コードの改訂（2021年6月）により，「プライム市場上場企業において，独立社外取締役を3分の1以上選任，必要な場合には過半数の選任の検討を慫慂（しょうよう）」とされた。これにより，会社役員の人材を社外に求める傾向がさらに高まっており，弁護士・公認会計士のほか大学教員等の専門知識を有する者や有識者，異業種の経営者が社外役員として数多く選任されている。なお，社外監査役を務めた者が当該株式会社の社外取締役に選任されることも可能である。社外取締役の役割は，そもそも監査役のいない指名委員会等設置会社や監査等委員会設置会社と監査役設置会社と相違があるので，第3章および第2部で詳しく学習する。

　社外取締役は会社法2条15号に定義されているが，逆に，取締役に選任されても社外取締役とみなされない場合を整理するとわかりやすい。すなわち，現在または過去10年間に当該株式会社（子会社も含め）の業務執行していた者，当該株式会社の支配株主，親会社等の取締役や業務執行者，兄弟会社の業務執行取締役等，当該株式会社の取締役・業務執行者・支配株主の配偶者や2親等以内の親族は，社外取締役になることはできない。かりに，取締役に選任されても社外取締役の数にカウントされないことになる。

(5)　**取締役の義務**

　取締役と会社の関係は**委任関係**である（330条）。委任関係は民法に規定されており，このため，取締役は**民法644条の定める善管注意義務**をもって職務を執行する。さらに会社法は，取締役は法令および定款ならびに株主総会の決議を遵守し，会社のために忠実にその職務を行う**忠実義務**を負う（355条）としている。

　さて，この2つの義務の関係であるが，それぞれ別のもの（異質）ではなく，忠実義務は善管注意義務をより明確にしたものであり，忠実義務は善管注意義務のなかに含まれている（同質）とする学説が多数説になっている。判例

もこの立場にたち，忠実義務は，「民法644条に定める善管注意義務を敷衍（ふえん）し，かつ，いっそう明確にしたにとどまるのであって，通常の委任関係に伴う善管注意義務とは別個の，高度な義務を規定したものではない（最大判昭和45・6・24）」としている。

つぎに，会社法は**競業避止義務**（356条1項1号）と会社に対する**利益相反取引**に関する規定（同項2号・3号）を定めている。

競業取引とは，「自己または第三者のために，自らが取締役を務める株式会社の事業の部類に属する取引を取締役が行うこと」をいう。取締役が競業取引を行おうとするときは，取締役会に当該取引の関する重要な事実を開示してその承認を得なければならない（365条1項）。取締役会のない会社は，株主総会において開示を行って承認を受けることとなる。このように，競業取引にはあらかじめ会社の承認が必要となる。かりに会社の承認を得ずに取締役が競業取引を行えば，競業避止義務違反となり，当該取引によって取締役または第三者が得た利益の額は，会社は被った損害額と推定され，取締役は損害賠償を請求される（423条2項）。競業取引は，取締役の立場を利用して，自分自身，または第三者ともに会社のビジネスと同じ分野で事業活動を行う行為である。そして，自分が取締役を務める会社のビジネスチャンスを奪って犠牲を与えることになる。そこで，会社法は，あらかじめ会社の承認を受けた場合にかぎり，競業取引を行うべきとした。

取締役甲が売主，甲が取締役を務める会社が買主となって，取引が行われる場合，両者の利益は売主と買主として相反することになる。これを**利益相反取引**という。このような場合も，競業取引と同様，取締役会（取締役会がない会社では株主総会）への開示と承認を要する（365条1項2号）。さらに，間接的な場合，たとえば，取締役の個人的な債務を会社が債権者に対して保証するような場合も同様である（同項3号）。利益相反取引について，会社の承認が得られれば，民法108条の定める自己契約・双方代理には該当しなくなる（365条2項）。では，利益相反取引において，会社の承認を得ずに取引が行われた場合，当該取引は当然に無効となるのだろうか。とりわけ，**間接取引**のように，会社と第三者の取引について会社の承認がない場合は当然に無効とすれば**取引の安全**を害しかねない。そこで，取引の相手方が悪意であったこと，つまり取引の

相手方である第三者が当該取引は会社の承認を得ていないことを知っていたこと，これを会社が立証した場合は当該取引を無効とする**相対的無効**の立場でバランスを図る解釈がなされている。

★ Plus　山崎製パン事件（東京地裁昭和56年3月26日判決）

　X社は関東地方中心に展開するパン・菓子類の製造販売会社である。YはX社の創立以来の代表取締役である。ところが，Yは，X社と同じ関東地方の同業他社であるA社の株式をB社から譲り受け，会社法上の取締役の地位ではないもののA社において「事実上の主宰者」として大きな影響力をもった。X社は関西地方に進出する計画を立て市場調査等を行っていたがその矢先，YがC社を設立し，自ら代表取締役に就任して関西で製パン事業を開始してしまった。Yのこれらの活動はX社の取締役会の承認を受けていなかったため，X社は，Yに対し，競業避止義務違反として，Yらが得た利益をX社の損害と推定して賠償を求めた。

　本件の事実関係は実際にはもっと複雑であるが，その争点を端的に紹介すると，①YはA社の取締役でなく「事実上の主宰者」として影響力をもったが，この場合も競業避止義務が求められるのか，②X社は関西地方での営業はいまだ計画段階であったが，その時点でC社設立しその代表取締役に就任し営業を開始したYの行為は競業避止義務違反にあたるか，の2点である。裁判所は，①および②は，いずれもX社の承認がない限り，競業避止義務に該当すると判示した。

　では，その理由付けを解説する。まず，X社の取締役会で本件行為につき承認がなかったことには争いがない。争点の①，②の行為が「自己または第三者のために，自らが取締役を務める株式会社の事業の部類に属する取引を取締役が行うこと」，すなわち競業取引に該当すれば，競業避止義務違反となる。①については，X社と競合するのはY自身ではなくA社であり，Y自らはA社の取締役ではなかった。しかし，裁判所は競合する会社を実質的に支配する「事実上の主宰者」という概念を用いて，「自己または第三者のために」競業取引を行ったと認定した。②については，X社は計画段階であるが，取締役の地位にあったYはその情報を知り先手を打って自らC社を開業し，X社の進出計画を阻んだといえる。裁判所は，「自らが取締役を務める株式会社の事業」とは原則として現に展開している事業をさすが，本件の場合，Yが「X社の人的，物的，資金的資源を利用しながら」，進出計画を展開する機会を奪ったことは，X社の取締役としての忠実義務，善管注意義務に違背すると認定した。以上により，本件は競業避止義務違反の事例として注目されている。

⑹ 取締役の報酬と退職慰労金

取締役は，委任関係による**職務執行の対価**として報酬を得る。報酬の決定は，定款に定めのない場合は，取締役会設置会社であっても株主総会の決議で決定される（361号1項柱書）。これは，取締役ないし取締役会が自らの報酬を決定すれば自己の利益を優先することを防ぐための政策的規定と解され，「お手盛り防止」ともいわれている。しかし，実務では，株主総会で取締役の各人の報酬の具体的金額が議案となることはなく，支給そのものを決定するものの，具体的金額については会社の内部規程に従って支給する旨の一括承認の形式がとられてきた。令和元年の会社法改正は，この立場にたち，上場会社において，定款または株主総会の決議により取締役の個人別の報酬等の内容が具体的に定められていない場合は，取締役会がその内容について決定に関する方針を定めなければならない（361条7項）とした。つまり，上場会社の取締役会は客観的な報酬決定に関する内部規程を整備して，それに従うという実務が会社法に明文化されたことになる。

なお，**報酬**とは，いわゆる**月額報酬**のほか，賞与その他職務執行の対価として会社から取締役に支給される**財産上の利益**をいい，**退職慰労金**も含まれると解されている。このため，退職慰労金の支給に関しては，株主総会の決議または定款の定めが必要となるが，取締役の退任時に株主総会の決議が行われなかったことを理由に会社が支給しない場合，退任役員と会社の間で訴訟となることが以前は多くあった。しかし，近時は欧米にならい，我が国でも業績連動型の報酬制度を導入して，取締役のインセンティブを向上させ，退職慰労金制度を廃する企業が多くなっている。

◆取締役会

⑴ 取締役会の権限

取締役会は，業務執行の決定・取締役の職務執行の監督・代表取締役の選定および解職を行う（362条2項1号・2号・3号）。とくに，一定の事項と重要な業務執行の決定はかならず取締役会が決定しなければならず，取締役はもちろん，代表取締役にもその決定を委任することはできない（362条4項）。これらを**取締役会の専決事項**（362条4項1号〜7号）といい，重要な業務執行の決定

のほか，①重要な財産の処分および譲受け，②多額の借財，③支配人その他の重要な使用人の選任および解任，④支店その他の重要な組織の設置，変更および廃止，⑤676条1項に掲げる事項，その他の社債を引き受ける者の募集に関する重要な事項として法務省令（会社規99条）で定める事項，⑥取締役の職務の執行が法令および定款に適合することを確保するための体制その他株式会社の業務ならびにその子会社からなる企業集団の業務の適正を確保するために必要なものとして法務省令で定める体制の整備（会社規100条），⑦426条1項の規定による定款の定めに基づく423条の責任免除，が規定されている。

このうち，⑥で示した**362条4項6号**の規定は，大会社である取締役会設置会社の取締役会では必ず決定しなければならない**内部統制システムの整備（または構築）**のことである。ここで重要なのは，取締役には内部統制システムを自ら遵守するだけでなく，直接関与していなくても監視義務があり，こうした義務に違反すれば取締役は責任を負うことになる。さらに取締役会が適切な内部統制システムを整備しなかったこと自体も取締役の義務違反になりかねない。内部統制システムは，**コンプライアンス（法令遵守）**と表現される場合もある。近時の企業にとっては大きなテーマとなっており，内部統制システムの整備義務違反に関する裁判例やコンプライアンス違反に関する報道等により企業イメージが毀損され，株価への影響や株主からの不評を被ったり，ひいては株主代表訴訟に至る例も増えている。では，具体的にどのような内容を整備すればよいか。法務省令（会社規100条）をひもといても，抽象的な表現でしか記載されていないため，様々な業種・業界，それぞれの企業文化やステークホルダーを見据えて，各社各様の取り組みを模索しているのが現状といえよう。この問題についてはあらためて第2部でも学習する。

取締役会は，**取締役の職務の執行の監督**（362条2項2号）を行う。対象となる取締役には，会社の業務を執行する権限を有する代表取締役だけでなく，その他の業務執行取締役に対しても監督権限を有することになる。その結果，取締役会の構成員である各取締役は，お互いに監視・監督する義務を負っている。

取締役会は，構成員である取締役の中から，**代表取締役を選定**し，その解職を行う（362条2項3号）。会社法は，株主総会で選出された取締役を構成員と

する会議体として取締役会を位置づけたうえで，会社の代表取締役の選定・解任や取締役の職務執行の監督権限を与えている。しかし，実務的には，取締役会の議長を代表取締役が務める場合が一般的であり，代表取締役の解任や監督が難しい企業も存在している。

(2) 取締役会の招集と運営

取締役は原則として各取締役が取締役会の招集権を有するが，定款や取締役会の決定によりあらかじめ，社長など特定の取締役を招集権者として定めることができる（366条1項）。

しかし，招集権者である特定の取締役があえて取締役会を開催しないこともあろう。そこで，会社法はいくつかの規定を置いている。まず，招集権者以外の取締役は，招集権者に対して取締役会の開催を請求することができる（同条2項・3項）としている。このほか，後述する監査役も，取締役に対して取締役会の開催を請求することができ（383条2項），さらに，監査役いない会社（ただし指名委員会等設置会社・監査等委員会設置会社を除く）の株主も取締役会の招集を請求することができる（367条1項）。

取締役会を招集する者は，取締役会の会日の1週間（定款でこれを下回る期間を定めた場合はその期間）前までに，各取締役（および監査役設置会社では各監査役）全員に通知を発しなければならない（368条1項）。ただし，取締役会の招集通知を要する者全員（各取締役および監査役設置会社では各監査役）の同意があれば，招集の手続を経ることなく開催することができる（同条2項）。招集通知は書面・口頭のいずれでもよい。実務的には電子メールも利用されている。株主総会との招集通知と違い，取締役会の招集通知には，議題を明記する必要もない。社外役員や遠隔地で職務に従事している構成員の利便性から，テレビ会議システムやオンラインによる出席を認めている企業も増えている。

取締役会の開催頻度については，最低3か月に1回以上とされる。これは，代表取締役および業務執行取締役は3か月に1回は自己の職務の執行状況を取締役会に報告する義務（定期的な自己の職務執行状況の報告）があるからである（362条2項）。実務では，月1回の定例取締役会を開催する会社が一般的であろう。

(3)　取締役会の決議

　取締役会の決議は，取締役の過半数（定款でこれを上回る割合を定款で定めることができる）が出席し（定足数），その過半数（定款でこれを上回る割合を定款で定めることができる）の賛成で可決される（369条1項）。ただし，決議事項に対して，特別の利害関係を有する取締役は議決に加わることはできない（同条2項）。たとえば，代表取締役の解職決議や競業取引や利益相反取引の承認決議等における当該取締役は特別利害関係人であるから決議に参加できない。

　取締役会は**合議制の会議体**であるから，決議を行うことが期待されるが，ある議案につき取締役の全員が同意の意思表示をした場合は，当該議案を可決する取締役会の決議があったとみなす旨を定款で定めておくことができる。ただし，こうした取締役会の決議の省略は，監査役が当該議案に異議を述べたときはできない。実務的には，議論を尽くしたが決議のために取締役会を再び開催する時間的余裕がない場合など，書面または電磁的記録による取締役全員の意思表示と監査役の同意書（当該議案に異議のないこと）を集めて，**みなし決議**が行われている。

　取締役会の決議の内容が法令もしくは定款に違反する内容の決議がなされた場合について，会社法はとくに規定を設けていないが，決議に瑕疵があったとして，当該決議は無効になると考えられよう。つまり，無効の一般原則により利害関係人はいつでも決議無効確認の訴えを提起できることになる。しかし，会社の内部的な事項とは異なる対外的な事項や第三者との取引行為等の場合，取締役会決議の無効は取引の安全に影響を及ぼす可能性がある。そこで，取締役会の決議は会社の内部的な意思決定手続であるから，対外的な事項や行為に関しては取引の相手方が取締役会の決議がないことを知っていた，いわゆる相手方悪意の場合にかぎり，決議の無効を主張できると解されている。つまり相対的無効の立場をとることになる。

◆代表取締役

　代表取締役は，取締役会によって**選定**される（362条3項）。取締役会のない会社は，定款，定款の定めにもとづく取締役の互選，または株主総会の決議によって代表取締役を定める（349条3項）。代表取締役（またはその他株式会社を

代表する者）が**代表権**を有し，その他の取締役は業務執行取締役として業務を執行することはあっても，会社を代表しない（349条1項）。代表取締役は会社の業務に関する一切の裁判上または裁判外の行為をする権限を有する（同条4項）。

　代表取締役の住所と氏名は**登記事項**になるため，登記簿を確認することで，誰が当該株式会社の代表者なのか，確認することができる。しかし，実務的には，社長，会長，副社長，CEO，プレジデント，ヴァイスプレジデントなど企業によって様々な肩書きがあり，会社法上，代表取締役として選定されていない取締役であっても，代表権があると取引の相手方が誤解しやすいことがある。そこで，外観を信じた善意の第三者を保護する立場から，このような名称・肩書の付いた取締役を**表見代表取締役**（354条）といい，取引の安全を図る制度が会社法に定められている。

★ Plus　会計参与

　指名委員会等設置会社および監査等委員会設置会社ではない，取締役会設置会社は監査役を設置する必要があるが，公開会社でなければ，監査役に代わる会計参与を設置することができる（327条2項但し書）。それ以外の会社でも定款の定めを置けば会計参与を設置することができるので，たとえ監査役設置会社であっても，重ねて会計参与を設置することは可能である（326条2項）。つまり，すべての株式会社で任意的に会計参与を置くことができる。

　会計参与は，株式会社の役員として株主総会で選出される（329条1項）。役員であるから，会社との関係は委任関係となり，善管注意義務を負う。複数の会計参与が選出される場合があるが，合議制の会議体を持つことなく，独任制の機関である。任期は，取締役の任期の規定が準用されている（334条1項）。

　では，会計参与とはどのような役割を果たすのであろうか。会計参与には資格要件があり，公認会計士（もしくは監査法人），または税理士（もくしは税理士法人）でなければならない（333条1項）。株式会社でも零細会社や中小会社の場合は，伝票の管理や帳簿の記帳，税務申告書の作成など企業会計処理に精通した従業員が雇用されていないこともあり，そうした会社は会計処理を外部化せざるを得ない場面もある。こうした状況において，会計参与は，企業会計に精通した国家資格を有する専門家として，取締役と共同して，会社の計算書類および附属明細書，臨時計算書類ならびに連結計算書類を作成し，法務省令の定めるところにより，会計参与報告を作成する（374条1項）。計算書類等の

承認を行う取締役会には出席義務があり，必要があれば意見陳述の義務がある（376条1項）。会計参与は，取締役の職務執行に関し，不正の行為または法令もしくは定款に違反する重大な事実があることを発見したときは，遅滞なく，これを株主，監査役設置会社にあっては監査役，監査等委員会設置会社においては監査等委員会，指名委員会等設置会社においては監査委員会に対して報告しなければならない（375条）。したがって，会計参与には独立性が保障されているが，監査役や会計監査人と違い，業務執行を行う側の役員である取締役（指名委員会等設置会社であれば執行役）と共同して職務を行う点に注意を要する。

4 監査役・監査役会・会計監査人

◆監 査 役

(1) 監査役のいる会社

監査役設置会社は，指名委員会等設置会社や監査等委員会設置会社が登場する以前から，我が国の株式会社の伝統的な形態として存在してきた。東京証券取引所に上場している会社のうち，監査役設置会社は2,284社があり，指名委員会等設置会社の87社，監査等委員会設置会社の1,422社を大きく引き離している（2023年2月現在，東証コーポレートガバナンス情報サービス調べ）。取締役会を設置している会社および会計監査人を設置している会社は，監査役の設置が義務付けられており（327条2項・3項），**監査役**は，会社のマネジメントを行う取締役・取締役会をモニタリングする役割を担う。逆に指名委員会等設置会社・監査等委員会設置会社は監査役の設置が禁止されている（同条4項）。

(2) 監査役の選任・任期・解任

株主総会はマネジメントを行う取締役と同様に，モニタリングを行う監査役を選任する（329条1項）。監査する者と監査される者が同じ人物であっては矛盾が生じるので，取締役と監査役は，株主総会では別々に選任され，兼任することはできない。

監査役は，会社役員として選任され，**任期**は4年以内である（336条1項）。そもそも，監査役の任期を4年にしたのは，マネジメントを行う取締役の任期よりも監査役の任期を長く規定することで十分なモニタリングを行う意図があ

るからである。

　株主総会による監査役の**解任**については**特別決議**を要する（343条4項）と
しており，選任に対し解任にはより重い決議要件を課すことで監査役の職務の
重要性を確保している。また，任期中に監査役が欠く場合を想定して，**補欠監
査役**をあらかじめ株主総会で選任しておくことが認められており，会社のモニ
タリングの空白を防いでいる（329条3項）。この場合，補欠監査役は，欠けた
監査役の残任期間を務めることになる（336条3項）。

(3)　監査役の権限

　監査役の権限は，**取締役（会計参与も含む）の職務執行の監査**である（381条
1項）。いわゆるマネジメントのモニタリングである。ただし，公開会社でな
く，監査役会も設置されていない会社の監査役は，その監査の範囲を会計監査
に限定することを定款で定めることができる（389条1項）。それ以外の場合
は，会計だけでなく，取締役（会計参与を含む）職務執行の全般の監査を行う
と解されている。監査役の監査結果は，監査報告が作成される。このほか，監
査役は広範な調査権限を有し，いつでも取締役，会計参与ならびにその他支配
人に対して事業の報告を求め，会社の業務および財産の状況を調査することが
できる（381条2項）。子会社に対しても同様の権限を有する（同条3項）。さら
に，監査役には，**取締役会への出席義務**があり，必要な場合は意見を陳述しな
くてはならない（383条1項）。また，取締役に取締役会の招集を請求すること
もできる（同条2項・3項）。株主総会についても，監査役は取締役が株主総会
に提出しようとする議案等を調査する必要があり，法令もしくは定款に違反し
または著しく不当な事項があると認められるときはその調査結果を株主総会に
報告しなければならない（384条）。

　取締役と監査役の関係において，監査役には上記のごとく取締役会への出席
義務（383条1項）があるが，逆に取締役には監査役会への出席義務はない。監
査役は，取締役が会社の目的の範囲外の行為その他法令もしくは定款に違反す
る行為を行うかまたはそのおそれがあり，当該行為によって会社に著しい損害
が生じるおそれがあるときは，当該取締役に対し当該行為を止めることを請求
することができる（385条）。一方，取締役は会社に著しい損害を及ぼす恐れに

ある事実があることを発見したときは直ちに監査役（監査役会）に対して報告する義務がある（357条1項・2項）。

　会社と取締役の間で争われる会社訴訟の場面でも，会社側を代表するのは監査役である（386条1項1号）。取締役の会社に対する責任を一部免除することを株主総会に提案する際も，監査役（監査役が複数いる場合は各監査役）の同意が必要とされている（425条3項）。

(4)　監査役の独立性と独任制

　このように，マネジメントに対するモニタリングを行うためには，監査役の**独立性**が保障されなくてはならない。このため，監査役の報酬等についても，定款または株主総会決議で定められ，各監査役の報酬等の配分については，定款または株主総会の決議で定めがない場合には総額の範囲内で監査役の協議によるものとされている。また監査役は株主総会で報酬等について意見陳述権を有している（387条）。

　監査役は**独任制**の機関であることも重要である。たとえ，監査役が3名以上おり監査役会が設置されている場合であっても，「監査の方針，監査役会のある会社の業務および財産状況の調査の方法，その他の監査役の職務の執行に関する事項の決定（390条1項3号）」に関しては，各監査役はそれぞれ権限を行使することができる（390条1号但書）。この権限は，マネジメントに対するモニタリングを担う指名委員会等設置会社の監査委員会や監査等委員会の構成員には認められていない。独立性と独任制がともに認められているのは，監査役のみである。

◆監 査 役 会

(1)　監査役会の構成

　監査役会とは，**最低3名以上**の監査役で構成され，かつその**半数以上は社外監査役**で構成される会議体である（390条1項・335条3項）。株式会社は定款の定めにより監査役会設置会社を選択することができるが，監査役会を設置する場合はかならず取締役会が設置されていなければならない（327条1項2号）。もとより監査役がいない指名委員会等設置会社や監査等委員会設置会社は監査

役会を設置することはできない。また公開大会社に位置づけられる監査役設置会社は，監査役会の設置が義務づけられている（328条1項）。監査役会設置会社では，監査役の権限は会計監査のみならず，取締役等の業務執行全般の監査に及ぶことになる（389条1項）。

　まとめると，監査役会設置会社とは，監査役が3名以上おり，かつその半数が社外監査役で構成され，取締役会も設置されている株式会社である。監査役会の設置は任意であるが，公開大会社では強制される。その理由は，公開大会社であれば，事業規模が大きく，株式を公開しているため多くの株主が存在しているので，こうした会社では，マネジメントに対するモニタリングの強化とその客観性が肝要だからである。もちろん，監査役の独立性と独任制は監査役会設置会社においても維持されている。

★ Plus　社外監査役

　社外監査役の定義は会社法2条16号イ，ロ，ハ，ニ，ホに記載されているが，日本監査役協会のHP（https://www.kansa.or.jp/system/about/）では，社外監査役の要件を「……就任前の10年間は会社またはその子会社の取締役・執行役・支配人その他の使用人であったことがないこと，会社の親会社の取締役・監査役・執行役・支配人その他の使用人でないこと，会社の取締役・支配人その他の重要な使用人の配偶者または2親等内の親族でないこと等の法定の要件を満たした者でなければならない」とわかりやすく説明している。東京証券取引所プライム市場に上場している会社のうち，社外監査役を2名以上おいている会社は895社，その人材を公認会計士・弁護士に求めている会社は697社となっている（東証コーポレートガバナンス情報サービス，2023年8月）。

⑵　監査役会の権限

　監査役会は，監査報告の作成・常勤監査役の選定と解職（390条2項1号・2号）のほか，監査の方針，会社の業務および財産の状況の調査の方法その他の監査役の職務執行に関する事項の決定（同項3号）を行う。ここで，監査役会による組織的な監査と監査役の独任制のバランスが問われることになる。すで

に監査役の独任制のところで述べたように，3号の決定は監査役の権限の行使を妨げることはできないと390条2項に規定されているが，監査役会として組織的に監査を行うことが期待されており，監査役は，監査役会の求めがあるときは，いつでもその職務の執行の状況を監査役会に報告しなければならない（390条4項）。監査役会の監査報告も各監査役の報告に基づき作成され，意見を異にする監査役はその旨少数意見を付記することも可能である。

　監査役会は，監査役の中から，**常勤監査役**を**選定**しなければならない（390条3項）。監査役会はその半数以上が社外監査役であるため，常勤の監査役が必要とされている。

(3)　監査役会の運営

　監査役会の監査役はそれぞれ招集権を有する（391条）。これも監査役の独任制のあらわれと考えられ，各監査役は必要な場合は監査役会を招集することができる。ただし，監査役会の会日の1週間前（定款で短縮可能）までに各監査役に対して招集通知を発しなければならない（392条1項）。なお，監査役の全員の同意があれば，このような招集手続を経ることなく監査役会を開催することができる（同条2項）。監査役会には取締役会のような書面決議は認められず，会議そのものを省くことはできない。対面または同時双方向の意見交換が可能なオンライン形式による開催を要する。

　監査役会の決議は，構成員である監査役の過半数をもって行う（393条1項）。監査役会の議事録が作成され，出席した監査役の署名・記名押印が行われる。決議内容については議事録に異議をとどめない限り，決議に参加した監査役は当該決議に賛成したものと推定される（393条4項）。

◆会計監査人

(1)　会計監査人の地位

　株式会社は，事業年度の決算を行い，それを計算書類にまとめあげ，それを出資者である株主はもとより，取引関係にある者，会社債権者や投資家に開示する。こうした計算書類の作成は取締役の責任をもって行われ，すでにみたように，取締役と共同して作成を行う会計参与を選任することもできる。モニタ

リングについては監査役（会）が行う。しかし，事業の規模が大きく，複雑な事業展開が行われている企業（大会社）も多く，指名委員会等設置会社や監査等設置会社には監査役制度はない。

　そこで，会社法は，大会社である監査役設置会社のほか，指名委員会等設置会社や監査等委員会にも会計監査人を置くことを義務付けている（327条5項・328条）。大会社でない取締役会設置会社であっても，定款で定めれば会計監査人を置くことが選択できるが，その場合は監査役の設置を前提としている（327条3項）。

(2)　会計監査人の資格と選任・任期

　会計監査人は，専門的な資格要件の必要がない監査役と違い，企業会計の国家資格を有する**公認会計士**または**監査法人**でなくてはならない（337条1項）。会計監査人は**株主総会で選任**される（329条1項）。選任ための決議要件は普通決議であり，監査役のような補欠制度はない。選任された会計監査人は，会社法上，会社の役員ではないとされるが，会社と締結する任用契約の法的性質は委任契約であるので，会社法330条が適用される。

　会計監査人の任期は，選任後1年以内に終了する事業年度のうち最終のものに関する定時株主総会の終結時まで（338条1項）である。1年後の任期切れとなる定時株主総会で，不再任の決議など別段の決議がない限り，再任が擬制される**自動更新制度**が規定されている（同条2項）。監査法人が会計監査人に選任されたときは，当該監査法人の社員のなかから会計監査人の資格要件に反しない者を選定して，その旨を会社に通知すればよい（337条2項・3項）。したがって，実務的には，自動更新制度により同じ監査法人が長期にわたり会計監査人の地位を有し，公認会計士である当該監査法人の社員が交代していくパターンが多い。これを，安定した地位による適切な監査の実現とみるか否かは意見のわかれるところであろう。

　会計監査人は，会社法上の欠格事由（337条3項）のほか，委任関係は終任すれば終了となる。また，株主総会の決議により，いつでも会計監査人を解任することもできる（339条1項）。解任については，監査役に会計監査人の解任権を認めており，会計監査人が，職務上の義務に違反し，または職務を怠った

とき（340条1項1号），会計監査人としてふさわしくない非行があったとき（同項2号），心身の故障のため，職務の執行に支障があり，またはこれに堪えないとき（同項3号），これらを解任事由としている。

このように，会計監査人については，専門家としての資格要件を求めるとともに，事実上の自動更新制度をおき，その解任については，監査役（監査委員会委員または監査等委員会委員）全員の同意を必要とし，そのような場合には株主総会での意見陳述権を法定するなどして，会社の業務執行に対して，継続的に安定して会計監査が行えるような制度となっている。

(3)　会計監査人の権限

では，こうした制度にもとづき，会計監査人はどのような権限をもっているのであろうか。主な権限は，株式会社の計算書類およびその附属明細書，臨時計算書類ならびに連結計算書類の監査であり，会計監査報告を作成することになる（396条1項）。

この権限を行使するために，会計監査人には会社の会計帳簿またはこれに関する資料の閲覧謄写，取締役・会計参与，支配人その他の使用人に対して報告徴求権を持っている。さらに必要があれば，その子会社の会計に関する報告徴求権，ならびに会社と子会社に対する業務・財産調査権を行使することができる（396条2項・3項・6項）。実務的には，会計監査人が会社の現場を訪れて実際に会計帳簿や伝票，在庫の棚卸などを確かめて実地検分を行う往査を行ったうえで監査が行われていることが多い。もっとも，子会社の場合は事由があれば拒否できる（同条4項）。

このようにして，会計監査人は，株式会社の計算書類およびその附属明細書，臨時計算書類ならびに連結計算書類が法令もしくは定款に適合するかどうか監査を行い，会計監査人の会計報告を行うことになるが，かりにその意見が監査役の意見と異なる場合は，定時株主総会に出席して意見を述べることができる（398条1項・3-5項）。

一方，会計監査人は業務執行を行う取締役からの独立性が，監査役と同様に保障され，かつ監査役との連携が望まれている。会計監査人に関する株主総会への議案は監査役会（監査役会がない場合はその過半数）が決定し（344条1-3

項），会計監査人の報酬についても，同様に，監査役会の同意が必要である（399条）。また，業務執行を行う取締役の不正行為または法令もしくは定款に違反する重大な事実があることを会計監査人が発見したときは，これを監査役に遅滞なく報告することが義務付けられており（397条1項・3-5項），監査役から会計監査人に対してその監査に関する報告を求める権利がある（同条2項・4-5項）。

★ Plus　公認会計士と監査法人

　公認会計士とは，1948年に制定された「公認会計士法」にもとづく職業会計人制度である。公認会計士法には，公認会計士試験制度，登録手続，公認会計士及び会計士補の義務及び責任，監査法人，公認会計士・監査審査会，日本公認会計士協会，罰則など，わが国の公認会計士制度の根幹に関する事項が定められている。同年証券取引法（現・金融商品取引法）が制定され，翌年1949年には東京，大阪，名古屋をはじめとする8箇所に証券取引所が開設され，1951年初の証券取引法に基づく公認会計士監査が開始された。公認会計士制度は，証券市場における財務諸表の信頼性確保をするものであり，以後，証券市場の拡大に伴い，公認計士監査の重要度は増し，公認会計士法も改正が重ねられた。1966年には，企業の事業活動の大規模化に対応する組織的な監査を行うため，無限連帯責任を負う監査法人制度が，1974年には商法特例法に基づく公認会計士監査が導入された。その後，独立性の強化，監査法人の品質管理・ガバナンス・ディスクロージャーの強化，監査人の独立性と地位の強化，監査法人等に対する監督・責任の在り方の見直しが行われた。とりわけ，2008年から上場企業に内部統制報告制度が導入され，公開大会社における会計監査人として，公認会計士のニーズが高まった。2017年には監査法人のガバナンス・コードも公表され，2018年の監査基準の改訂では「監査上の主要な検討事項（KAM）」が導入され，監査の透明性向上への取組が行われた。2022年改正では，会計監査の信頼性の確保ならびに公認会計士の能力発揮及び能力向上に関する喫緊の課題について検討が行われ，上場会社監査事務所登録制度を法律の下で運用する枠組みに変更することや，監査法人の社員の配偶関係に基づく業務制限を緩和すること等の見直しが行われている。

　公認会計士の資格は，監査業務が行える唯一の国家資格であり，金融庁の公認会計士・監査審査会が年に1回実施する公認会計士試験に合格する必要がある。2022年は1,456人が合格した。公認会計士試験（短答式試験，論文式試験）に合格したのち，3年以上の業務補助等の期間があり，一般財団法人会計教育研修機構が実施する実務補習を受けて日本公認会計士協会による修了考査に合格

した後，内閣総理大臣の確認を受けた者は，公認会計士（CPA）となる資格が与えられる。公認会計士として開業するためには，公認会計士名簿に登録し日本公認会計士協会に入会することが義務付けられている。（日本公認会計士協会HP参照，https://jicpa.or.jp/）。

　監査法人とは，他人の求めに応じ報酬を得て，財務書類の監査又は証明を組織的に行うことを目的として，公認会計士法第34条の2の2第1項によって，公認会計士が共同して設立した法人をいう。公認会計士・監査審査会は「上場会社を概ね100社以上監査し，かつ常勤の監査実施者が1,000名以上の監査法人」を「大手監査法人」と定義し，具体的には，EY新日本有限責任監査法人（上場クライアント889社，アーンスト＆ヤングと提携），有限責任監査法人トーマツ（同829社，デロイト トウシュ トーマツと提携），有限責任あずさ監査法人（同734社，KPMGと提携），PwCあらた有限責任監査法人（同133社，プライスウォーターハウスクーパースと提携），の4法人がこれに相当する。これらの提携先はいずれも国際的な4大会計事務所であり，日本国内においても「4大監査法人」と呼ぶことが多い。グローバル化の進展により，監査法人は世界規模の大手会計事務所のネットワークであるBig4（4大監査法人）による寡占状態となっている。

★ Plus　会計監査人の責任（大阪地裁判決平成20年4月18日）

　A社はY監査法人と監査契約を締結し，A社が大阪証券取引所第2部に上場した後も引きつづきYが会計監査を行い，無限定の適正意見を表明し続けていた。しかし，実際には，A社の業績は低迷し，A社は架空売り上げによる粉飾決算を行っていた。平成13年11月，A社の監査役とY所属の公認会計士が実地調査を行ったところ粉飾決算が発覚した。その直後，A社は民事再生手続きを裁判所に申し立て，会社は解散した。A社の再生債務管財人であるXは，Yが粉飾決算を見逃したことは監査契約上の注意義務違反に該当し，これにより違法配当を行ったA社に損害が生じたとして，Yに対し損害賠償を請求した。

　裁判所は，Yが「通常実施すべき監査手続」にしたがって，画一的ではない，A社の個別状況に応じた監査手続を行うことが監査人であるYに課せられた義務であるとしたうえで，本件実地調査において追加調査手続を実施しなかったことは「通常実施すべき監査手続」を満たしているとはいえず，Yの監査手続に過失が認められると認定した。一方，過失相殺を行い，Xの請求する損害額の2割についてのみYに賠償責任があると判示した。

　本件の意義は，会計監査人の責任があらためて浮き彫りにされた点である。会計監査人は会社役員ではないが，会社と任用契約を締結することにより委任

関係（330条）にもとづく任務懈怠責任（善管注意義務責任）を負うことになる。

第 3 章

株式会社の機関 (2)

1　株式会社の機関設計と会社の区分

◆上場会社とは何か

　株式会社の特徴の1つに，株式の自由譲渡がある。この譲渡を活発にするためには株式を購入したい者（買い手）と売却したい者（売り手）のマッチングによる売買取引が行われるフォーラムが必要である。これが，**証券市場**（株式市場，資本市場ともいう）である。証券市場で投資家が安心して売買を行うためには，市場が定める一定の基準（上場基準）を満たす必要がある。我が国の代表的な証券市場には，東京証券取引所（東証）があり，3,929社（2024年3月7日現在）の株式会社が上場されている。株式については，本書第4章・第5章で詳しく学ぶことになる。

　このように自分の会社の株式を証券市場において自由に売買できるようにすることを上場といい，このような株式会社を**上場会社**という。会社法は，上場していなくても「発行する株式の全部または一部の株式を内容として，譲渡制限の定めのない会社」を**公開会社**と定義している（2条5号）。つまり，公開会社には，上場会社と，証券市場で取引されていない非上場であるが株式を公開している会社が混在していることになる。これに対して，全部の株式に譲渡制限がある会社を**非公開会社**という。たとえば，創業家がすべての株式を保有している場合や大企業の子会社などに非公開会社が多くみられる。非公開会社は非上場会社であることは言うまでもない。公開会社・非公開会社，上場会社・非上場会社という定義は**株式譲渡に係る区分**であるといえよう。

　さて，会社法は，株式会社の区分につき，その**経済規模による区分**でも定義

している。大会社・中小会社という区分である。**大会社**とは，貸借対照表上の「資本金が5億円以上，または負債の額が200億円以上の会社」（2条6号）をいい，**中小会社**とは，それ以外の会社のことをいう。

　会社法では様々な株式会社の機関設計を定めている。そのうち，代表的なものには，第2章で学んだ監査役（会）設置会社のほか，指名委員会等設置会社および監査等委員会設置会社の3タイプがある。では，株式会社はどのタイプの機関設計を選択すべきであろうか。株式会社の区分とのマッチングから，会社法は次のように整理している。

◆公開会社・非公開会社の機関設計

(1)　公開会社の場合

　公開会社の場合，かならず取締役会を設置しなければならない（取締役会設置会社，327条1項）。逆に，非公開会社であれば，取締役会を設置しなくてもよいことになり，監査役の設置も任意となる。ただし，機関設計で監査役会設置会社，指名委員会等設置会社や監査等委員会設置会社を選択した場合は，公開・非公開にかかわらず，かならず取締役会が設置される。

　では，これに経済規模による区分を重ねてみよう。公開会社でかつ大会社（公開大会社）の場合，監査役設置会社を選択すれば，監査役会を設置しなくてはならず，2名以上の社外監査役の選任が必要になる。指名委員会等設置会社や監査等委員会設置会社を選択すれば，監査役は必要ないが，複数の社外取締役の選任が必要となる。また，いずれの機関設計においても会計監査人を置かなければならない。つまり，会社の規模が大きく，株式を公開して証券市場で投資家から広く資金調達を行っている公開大会社では，経営や監査に客観性を持たせるため，業務執行の決定は取締役会の合議（社外取締役を含む）で行い，さらに会計監査人の選任が必要となる。監査役のいる機関設計の場合は監査役会（社外監査役含む）の設置を要する。

　これに対し，公開会社であっても中小会社の場合は，取締役会と監査役を置かなくてはならないものの，監査役会を設置は任意で良い。ただし，監査役のいない指名委員会等設置会社や監査等委員会設置会社を選択すれば，取締役会と会計監査人の設置は義務付けられることになる。

(2)　非公開会社の場合

　非公開会社であっても，大会社であれば，会計監査人の設置が義務付けられる（328条2項）。会計監査人がいる以上，監査役設置会社を選択するか，指名委員会等設置会社や監査等委員会設置会社のいずれかを選択して，取締役会を設置することになる（327条1項3号4号，3項）。かりに監査役を置き，監査役会を設置した場合は，非公開会社であっても取締役会を設置する必要が生じる。

　非公開中小会社の場合は，指名委員会等設置会社や監査等委員会設置会社を選択しない限り，取締役会の設置も会計監査人の設置も義務付けられない（327条5項）。しかし，取締役会を設置した場合は，指名委員会等設置会社や監査等委員会設置会社を選択しないかぎり，監査役か会計参与の設置が義務付けられる（327条2項）。監査役設置会社を選択した場合は，監査役会の設置，さらに会計監査人の設置というように，任意で監査機関の拡充ができる。これに対し，取締役会を設置しない場合は，監査役の設置も任意となり，株主総会（株主が1名の一人会社の場合もある）と取締役のみのきわめてシンプルな機関設計を会社法は認めていることになる。

(3)　小　　括

　株式会社の機関設計の選択は，株式の公開（譲渡）と会社の規模（大会社・中小会社）の組み合わせで多様なものとなる。会社法を学ぶ学習者の皆さんや投資家は，公開大会社をイメージすることが多いであろう。一方，ビジネス活動を行っている皆さんは，取引先を通じて非公開会社に遭遇することが多いであろう。本書では，第2章で，監査役が設置されている伝統的な株式会社の機関設計の基本として学習した。ここからは，会社法が定めた株式会社の新しい機関設計である指名委員会等設置会社と監査等委員会設置会社について学んでいこう。この二つの形態を学ぶ上で重要なことは，会計監査人はいるものの，監査役のいない会社では業務執行に対するモニタリングがどのように行われているか，これを理解することである。そのカギを握るのが，社外取締役の存在である。

〔株式会社の機関設計〕

監査役会設置会社

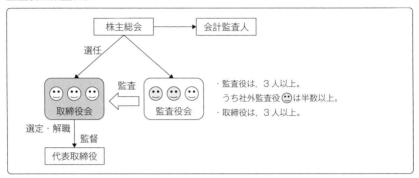

・監査役は，3人以上。
　うち社外監査役 😊 は半数以上。
・取締役は，3人以上。

監査等委員会設置会社

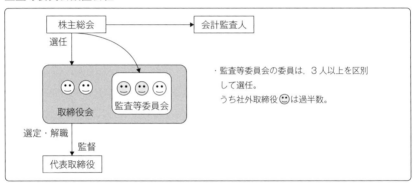

・監査等委員会の委員は，3人以上を区別
　して選任。
　うち社外取締役 😊 は過半数。

指名委員会等設置会社

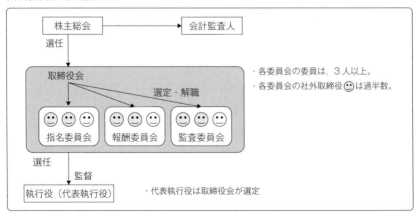

・各委員会の委員は，3人以上。
・各委員会の社外取締役 😊 は過半数。

・代表執行役は取締役会が選定

2　監査等委員会設置会社

　平成26年会社法改正から約10年が経ち，令和になって増加しているのが，**監査等委員会設置会社**である。第2章の社外取締役の項で学習したように，令和元年の会社法改正は，公開大会社であり，かつ上場会社である監査役会設置会社に社外取締役の選任を義務づけた（327条の2）ので，3名以上の社外役員（社外監査役2名，社外取締役1名）を置かねばならなくなった。この改正後，東証の上場会社3,869社（2023年2月）のうち，監査等委員会設置会社は1422社を占めるようになり，急速にその存在感を増している。ここでは，その理由を考えながら，監査等委員会設置会社について学習していきたい。

◆監査等委員会設置会社とは何か

　株式会社は，定款の定めによって，監査等委員会を設置する監査等委員会設置会社を機関設計として選択できる（326条2項）。監査等委員会設置会社の特徴は，監査役を置くことが禁止され（327条4項），その代わり，**監査等委員会**が取締役の職務の執行の監査および監査報告の作成を行うことになる（399条の2第3項1号）。しかも，監査等委員会の構成員（監査等委員）は，取締役でなくてはならない（399条の2第2項）。また，監査等委員会設置会社には，指名委員会等設置会社のように，会社法の定める執行役（402条）はいない。

　学習者の皆さんは，取締役が取締役の職務の執行の監査を行う仕組みに矛盾を感じるはずである。そこで，会社法は，次のような工夫をしている。

◆監査等委員会の構成員である取締役の地位

　監査等委員会が監査機能を発揮するためには，監査等委員が代表取締役ら業務執行を行う取締役等から独立している必要がある。つまり監査する者と監査される者を区別することである。

　まず，監査等委員となる取締役の選任は，株主総会において，それ以外の取締役と**区別して選任**される（329条1項・2項）。これは監査役と取締役が別々に選任されるのと同様であり，あとで学習する指名委員会等設置会社では監査委員会の構成員が取締役会の決議で選定される（400条2項）ことと大きな違いがある。監査等委員である取締役は，当該監査等委員会設置会社またはその

子会社の業務執行取締役（支配人，その他使用人，当該子会社の会計参与もしくは執行役）を兼ねることができない（331条3項）。

　株主総会に提案される監査等委員の選任議案については，監査等委員会の同意が必要である（344条の2第1項）。さらに監査等委員会は，監査等委員の選任につき，株主総会の議題とし議案を提出する旨を取締役に請求することができる（同条2項）。つまり，誰が監査等委員になるかは重要なポイントであり，それが監査される側の取締役らの意のままにならないよう，会社法は監査等委員会にイニシアチブを持たせているのである。

　つぎに，監査等委員である取締役の任期は2年であり，これを定款で短縮することはできない。これに対し，監査等委員以外の取締役の任期は1年である（332条3項・4項）。これは，監査役の任期が4年であるのと同様で，安定した適切な監査のために，業務執行を行う者より監査等委員となる取締役の任期が長期に法定されている。

　また，監査等委員である取締役の解任には，株主総会の特別決議が必要とされ（344条の2第3項），それ以外の取締役より重い決議要件を定めている。さらに，監査等委員である取締役は，その選任・解任（辞任も含む）が不当であると思った場合は株主総会で意見陳述する権利がある（342条の2第1項）。

　報酬についても，監査等委員以外の取締役と区別して定められなければならない（361条2項）。会社の定款または株主総会決議においても監査等委員の個人別報酬額の定めがない場合，監査等委員の個別配分は総額の範囲内で監査等委員の協議により決定される（同条3項）。これに関し，監査等委員は株主総会での意見陳述権も有する（同5項）。さらに，監査のための調査に要した費用を会社に対して請求する場合も，会社が当該費用は監査に必要でないことを証明しないかぎり，会社は請求を拒否できない（399条の2第4項）。このように，報酬や調査費用といった，金銭的・経済的な側面においても，監査等委員は，それ以外の取締役らから不当な影響を受けないような仕組みになっている。

　一方，監査等委員は取締役の地位を有するから，取締役会の構成員として取締役会決議に参加することができる。この点は，監査役が取締役会の出席義務がありながら，決議には参加せず意見陳述にとどまるのと大きな相違がある。

では，このような独立性を有する委員で構成される監査等委員会はどのような権限をもっているのであろうか。

◆監査等委員会の権限とその運営

　監査等委員会は，監査等委員として選任された取締役3名以上で構成され，そのうち過半数は社外取締役で占められる合議制の会議体である（399条の2第1項・2項・331条6項）。つまり，監査等委員の地位は取締役であり，社内取締役から1名，社外取締役から2名の合計3名が最小規模の委員会となる。すでに述べたように，これらの監査等委員は，株主総会でそれ以外の取締役と区別されて選任され，当該会社もしくは子会社の業務執行取締役，支配人その他の使用人または子会社の会計参与もしくは執行役を兼ねることはできない（331条3項）。つまり，監査役（会）設置会社の監査役と同様に，会社法は，監査等委員が自らの職務執行について監査等を行う矛盾を排除しているのである。このように監査等委員が業務執行から独立性を有する点は監査役（会）と同様だが，**独任制は有しない点に注意を要する**。なぜなら監査等委員会は，独立性を有する構成員が**組織的な監査を行う合議制の会議体**であるからだ。

　監査等委員会の職務は，取締役の職務執行の監査（業務監査）（399条の2第3項1号）に加え，計算書類・事業報告およびこれらの附属明細書の監査（会計監査）（436条2項）を行うことである。このため監査等委員会には，情報収集のための報告徴求・調査の権限がある。すなわち，監査等委員会は，取締役および支配人その他の使用人に対し，その職務の執行に関し報告を求め，または会社の業務・財産の状況を調査する（399条の3第1項）。監査のために必要があれば，その子会社に対しても報告を求め，調査をすることができるが，子会社は正当な理由があれば子会社は拒否できる（同条2項）。

　監査等委員会の招集権は各委員が有し（399条の8），原則として会日の1週間前までに各監査等委員に対し招集通知が発せられなければならない（399条の9第1項）。監査等委員の全員の同意があれば招集手続は不要となる（同条2項）。監査等委員会の請求があった場合，取締役は監査等委員会に出席しなければならず，求められた事項につき説明義務がある（同条3項）。これは監査等委員会の報告徴求権のあらわれである。

監査等委員会の決議は，出席した委員の過半数の単純多数決によって行われる。この際，決議事項に関し特別の利害関係を有する監査等委員は決議に加わることはできない（399条の10第1項・2項）。

　監査等委員は，取締役が不正の行為をするかまたはそのおそれがあると認めるとき，または法令もしくは定款に違反する事実もしくは著しく不当な事実があると認められるときは，遅滞なく，その旨を取締役会に報告しなければならない（399条の4）。取締役が株主総会に提出しようとする議案，書類その他法務省令で定めるものについて法令もしくは定款に違反し，または著しく不当な事項があると認めるときは，その旨を株主総会に報告しなければならない（399条の5）。また，取締役が会社の目的の範囲外の行為その他法令もしくは定款に違反する行為をするかまたそのおそれがある場合において，当該行為によって会社に著しい損害が生ずるおそれがあるときは，監査等委員は当該取締役に対して違法行為等の差止請求権を有する（399条の6）。

　監査等委員のうち，監査等委員会が選定した委員は取締役会の招集権も有している（399条の14）。監査等委員会が選定した委員は，監査等委員が訴訟当事者となっていない場合の取締役と会社の間の訴訟において，会社を代表することになる（399条の7第1項2号）。

　また，監査等委員会設置会社にはかならず会計監査人が置かれる（327条5項）。会計監査人は株主総会で選任・解任・不再任の決議がなされるが，これらの議案の内容の決定権限も監査等委員会が有している（399条の2第3項2号）。監査等委員会は，同じく監査する者である会計監査人の独立性の確保を担っている。

◆監査等委員会設置会社の取締役と取締役会

　監査等委員会設置会社における重要な業務執行の決定は，取締役会が行うのが原則で，これを取締役に委任することはできない（399条の13第4項）。しかし，①取締役の過半数が社外取締役である場合（同条5項），または②定款に定めがある場合（同条6項）にかぎり，重要な業務執行の全部または一部の決定を取締役に委任できる。このようにすれば，業務執行の決定に迅速性が増し，執行役のいる指名委員会等設置会社と同様に，監査等委員会設置会社の取

締役会はモニタリング中心の役割を果たすことになる。

　このように，監査等委員会設置会社は，上記①にいう取締役の過半数を社外取締役が占めるか否かで，かなり異なったガバナンスが行われることになる。つまり，監査等委員を含めても社外取締役が過半数に満たない場合，従来の監査役会を監査等委員会に置き換えたにすぎず，取締役会は重要な業務執行の決定を行うために十分な議論を尽くす，いわゆるマネジメント・モデルにとどまることになろう。この場合，社外役員は**監査等委員である社外取締役2名**がいれば足り，社外の人材を広く求める必要もない。

　これに対し，社外取締役が過半数を占めれば（または定款で定める場合，上記②），重要な業務執行の決定を取締役に委任できるようになるので（399条の13第5項・6項），業務執行の迅速な意思決定が可能となり，取締役会はモニタリング・モデルを実現できると考えられる。（江頭憲治郎『株式会社法第8版』有斐閣605頁参照）。

　このように，監査等委員会設置会社制度は運用次第でガバナンスの実態が異なることがある。そもそも立法者は，取締役会の位置づけを，マネジメント・モデルとする監査役会設置会社と，モニタリング・モデルとする指名委員会等設置会社の中間的な機関設計モデルとして，監査等委員会設置会社制度を導入したと考えられている。しかし，令和元年会社法改正後の実務において，社外役員数を抑えるための便法に監査等委員会設置会社が利用され，そのため監査等委員会設置会社を選択する会社数が増加している可能性も否めない。監査等委員会設置会社を機関設計として導入する際は，その理念を理解すべきであろう。

3　指名委員会等設置会社
◆指名委員会等設置会社とは何か

　指名委員会等設置会社は，会社法の制定に伴い，導入された機関設計の1つである。東証に上場されている3,869社のうち87社が指名委員会等設置会社である（2023年2月）。これらの会社は，会社数が少ないものの，いわゆる大企業が多く，時価総額や事業規模が大きいため，わが国の経済への影響力も大きい。また，欧米の企業ではモニタリング・モデルの機関設計を採用している株

式会社が多いため，グローバルな事業活動を営んでいるわが国の企業が，モニタリング・モデルである指名委員会等設置会社の機関設計を採用することが多くなっている。

　指名委員会等設置会社には，監査等委員会設置会社と同様に，監査役がいない。取締役会には，**監査委員会**のほか，**指名委員会**，**報酬委員会**が設置され，業務執行は取締役会が選任する**執行役**が行うことになる。取締役が委員となる3つの委員会（指名委員会等）は，兼任はできるものの，委員会の構成員の過半数は社外取締役でなくてはならない。したがって，3つの委員会をすべて兼任すれば，社外取締役は最低2名いればよいことになる。しかし，一方で各委員会の過半数は社外取締役でなくてはならないので，たとえ取締役会では社外取締役が少数派であったとしても，各委員会では社外取締役がイニシアチブをとり，会社経営に対する客観性や多様性の役割を果たすことが期待されている。

◆指名委員会等の概要

　指名委員会等設置会社は，指名委員会・監査委員会および報酬委員会（3つ委員会をあわせて，指名委員会等と称す）を置く株式会社（2条12項）である。指名委員会等は**委員3名以上**で構成され（400条1項），各委員会の委員は取締役の中から，**取締役会の決議**によって**選定**される（同条2項）。各委員会の委員の過半数は社外取締役でなければならない（同条3項）。一方，監査委員会の委員に選定された取締役（400条4項）以外は，**業務執行取締役**となることができる。さらに執行役と取締役の兼任も会社法は認めている（402条6号）。ただし，執行役を兼任することはできるが，当該会社の使用人を兼務することはできないので，指名委員会等設置会社に使用人兼務取締役は存在しない。執行役は会社役員として会社とは委任関係であるが，使用人は従業員として会社とは雇用関係にあるからである。

　指名委員会等の過半数の委員が社外取締役であることと，監査委員会の委員が業務執行を行わないことによって，指名委員会等設置会社のガバナンスの客観性と多様性が期待されている。しかし，社内取締役に執行役を兼任させたうえで，指名委員会等で委員の兼任をすれば社外取締役も最低2名を選任すれば

指名委員会等設置会社が設置できることになる。立法者は，指名委員会等がわ互いに機能し，社外取締役の独立性と客観性が十分に確保されたモニタリング・モデルの指名委員会等設置会社を期待しており，そうした理念に対する理解なくしては，指名委員会等設置会社を設置する意味がないであろう。

　指名委員会等の招集権は，取締役会と違い，各委員が有し（410条），あらかじめ招集権者の委員を置くことはできない。指名委員会等は原則として会日の1週間前までに招集通知を発しなくてはならないが，あらかじめ全員の同意を得ておけば招集通知の省略ができる（411条1項・2項）。指名委員会等は，執行役等に対し委員会に出席・説明を求めた事項について，説明を求めることができる（同3項）。指名委員会等の決議要件，決議事項に特別な利害関係を有する取締役を議決から排除すること，議事録の作成義務などは，すでに第2章で学習した取締役会のルールと同様である。取締役会との相違は，指名委員会等は書面決議による会議の省略は認められていないので，必ず会議を開催しなくてはならないことである。ただし執行役等の報告を受ける場合はこのかぎりでない（414条）。では，指名委員会等の3つの委員会の権限等をそれぞれ解説していく。

◆指名委員会

　指名委員会の権限は，株主総会に提出する**取締役**（会計参与を置く場合は会計参与と取締役）**の選任および解任に関する議案の内容の決定**である（404条1項）。この決定を取締役会で覆すことはできないので，もはや議論の余地はなく，指名委員会の決定した取締役候補者は，当該議案が株主総会で否決されないかぎり，必ず選任されることになる。俗に「人事がすべて」と言われるが，政治の世界だけでなく，組織にとって人事は重要である。指名委員会はこのような会社組織の人事権を掌握していることになり，事実上，もっとも重要な存在であるといえよう。

◆報酬委員会

　報酬委員会の権限は，**取締役・執行役等の個人別の報酬等の内容を決定**することにある。指名委員会等設置会社では，株主総会の決議により取締役の報酬

が決定されることはなく報酬委員会が決定する。報酬委員会は，取締役・執行役の個人別の報酬等の内容を決定するために，報酬決定に関する方針を定め（409条1項），その方針に従って決定を行わなくてはならない（同条2項）。報酬等の額が確定している場合は個人別の金額を，金額が確定していない場合は個人別の具体的算定方法を，金銭でない場合は個人別の具体的な内容を，個人別の報酬等の内容として決定しなくてはならない（同条3項）。執行役が指名委員会等設置会社の支配人その他の使用人を兼ねているときは，当該支配人その他の使用人の報酬等の内容についても個人別に決定する（404条3項）。

◆監査委員会と監査委員

　監査委員会の権限は，**執行役等の職務の執行の監査および監査報告の作成，株主総会に提出する会計監査人の選任および解任，ならびに会計監査人を再任しないことに関する議案の内容の決定**である（404条2項）。また，監査委員会による調査（405条），取締役会への監査委員の報告義務（406条），監査委員による執行役と行為差止め請求（407条）および会社と執行役または取締役の間の訴訟における会社を代表等（408条）など，様々な権限が法定されている。会計監査人の監査委員会による解任については，監査委員の全員の同意を要する（340条1〜3項・6項）。会計監査人の報酬等の決定も監査委員会の同意を要する（399条1項・4項）。このほか，株主総会に取締役・執行役の責任の一部免責を提案する場合などは，各監査委員の同意が必要となる（425条3項・426条2項・427条3項）。

　このように一見，監査役の役割をそのまま担っているようにみえるが，指名委員会等設置会社の監査委員・監査委員会には監査役（会）との相違点がある。

　まず，監査委員会の監査は，**適法性の監査**だけでなく**妥当性の監査**も行うと考えられている。理由は，監査委員会の構成員である監査委員は取締役の地位を占めており，取締役会での決議に参加しており，取締役会は執行役等の職務の執行の監督（416条1項2号）をするからである。これに対し，監査役（会）設置会社の監査役は取締役会に出席しても意見陳述にとどまり，適法性の監査しか行わない。

　また監査委員は，監査役のような**独任制をもたず**，監査委員会という会議体

の合議による決定に拘束されて組織的な監査を行うという大きな相違がある。監査役には独任制があるから，単独で取締役や使用人に報告を求めたり調査したりすることができた。しかし，監査委員にはこうした独任制がないので，監査委員としての報告徴求・調査権をもっていない。監査委員会で選定された監査委員が報告徴求・調査権を有することになる。その場合も報告徴求・調査権に関する事項につき監査委員会の決議に従わなくてはならないので，報告徴求・調査の範囲が限定される可能性もある（405条1項・2項・4項）。

　一方，監査委員が単独で権限行使できる場合も残されている。たとえば，①執行役が会社に著しい損害を及ぼすおそれがある事実を発見したとき，ただちに当該事実の報告を受領する権限（419条1項），②執行役・取締役が不正の行為をし，もしくは当該行為をするおそれがあると認められるとき，または法令もしくは定款に違反する事実もしくは著しく不当な事実があると認めるときの取締役会への報告義務（406条），③執行役・取締役が会社の目的の範囲外の行為がその他法令もしくは定款に違反する行為をし，またはこれらの行為をするおそれがある場合において，当該行為により会社に著しい損害を及ぼすおそれがあるときの執行役・取締役に対する差止請求権（407条1項），④株主から執行役・取締役への株主代表訴訟の提訴請求を受ける権限や執行役・取締役への株主代表訴訟提起の告知・和解内容の通知，その異議催告を受ける権限（408条5項）があり，これらの場合において監査委員は監査委員会の決議に限定されることなく，権限を行使できる。その理由は，上記①〜④はいずれも迅速に対応すべき事象であると考えられるからである。

◆指名委員会等設置会社の取締役と取締役会，執行役との関係

　指名委員会等の委員は取締役で構成され，指名委員会等設置会社の取締役会はモニタリング・モデルとして機能する。すべての株式会社に取締役がおり，監査役会設置会社，監査等委員会設置会社には必ず取締役会が設置されているが，指名委員会等設置会社の取締役・取締役会の関係にはどのような特徴があるのであろうか。

(1)　執行役との関係

指名委員会等設置会社の取締役は会社法または会社法による命令に別段の定め（402条6項）がある場合を除き，会社の業務執行を行うことができない（415条）。指名委員会等設置会社の業務執行は，取締役会が選任する**執行役**が行うことになる（418条2号）。指名委員会等設置会社の取締役は，当該会社の支配人その他の使用人との兼任が禁じられているが（331条4項），会社法は，**執行役が取締役を兼ねることを可能**としている（402条6項）。原則として，指名委員会等設置会社では，執行役が業務執行，取締役会は執行役の職務執行を監督する，という役割分担がある。業務執行と監督を分離させて，取締役会をモニタリング・モデルとして機能させるためである。株主総会で取締役として選任されたA氏が，取締役会の決議において執行役として選任された場合は，A氏は取締役としての職務を果たすかたわら，執行役として業務執行を行い，取締役会の監督を受けることになる。

(2) 取締役会の専決事項

指名委員会等設置会社の取締役会は，業務執行の決定と執行役等の職務の監督を行う（416条1項）。すなわち，①経営の基本方針，②監査委員会の職務執行のため必要なものとして法務省令で定める事項，③執行役が2人以上ある場合における執行役の職務の分掌および指揮命令の関係その他の執行役相互の関係に関する事項，④執行役からの取締役会の招集の請求を受ける取締役，⑤執行役の職務の執行が法令・定款に適合することを確保するための体制その他株式会社の業務ならびに当該株式会社およびその子会社から成る企業集団の業務の適正を確保するために必要なものとして法務省令で定める体制の整備（以上，416条1項1号イ～ホ），⑥その他指名委員会等設置会社の業務執行の決定（416条1項1号），ならびに⑦執行役等の職務の執行の監督（416条1項2号）を職務とする。⑥はもちろん，①～⑤までは取締役会がその決定を行わねばならない（同条2項）。①～⑦に関しては，取締役に委任することはできず，これらをすべて，取締役会として職務を執行しなくてはならない（同条3項）。ただし，416条4項に列挙してある事項（1号～24号）以外については，指名委員会等設置会社の取締役会はその決議により，業務執行の決定を執行役に委任することができる。

◆執 行 役

執行役は，すでに述べたとおり，**取締役会により最低1名以上選任**される（402条1・2項）。解任権も取締役会が有する（403条1項）。会社との関係は，他の会社役員と同様，委任関係であり，法定欠格事由や競業避止義務や利益相反取引についても取締役の規定が準用されることになる。このほか，株主は執行役の行為につき差止請求権を有する（422条）。執行役の任期は原則として1年である（402条7項）。実務的には，定時株主総会の終結後最初に招集される取締役会において執行役が選任されることになるので，その日から1年以内に終了する事業年度の最終のものに関する定時株主総会の終結後最初に招集される取締役会の終結時までとなる。端的に言えば，定時株主総会の会日から翌年の定時株主総会の会日までである。取締役の任期も1年であるので，連動しているといえよう。ただし，会社が定款を変更して，指名委員会等設置会社の機関設計を廃止した場合は，執行役はその定款変更の効力発生時にその任期を自動的に満了することになる（同条8項）。

執行役の権限は，すでに述べたように，指名委員会等設置会社の業務執行（418条）と取締役会の決議により委任を受けた業務執行の決定（416条4項）である。また，執行役は，会社に著しい損害を及ぼすおそれのある事実を発見したときは，ただちに，当該事実を監査委員会に報告する義務がある（419条1項）。

指名委員会等設置会社の**取締役会**は，**代表執行役**を**選定**しなくてはならないので（420条1項），執行役が1名のときはその者が代表執行役となる。代表執行役の解職は取締役会が行う（同条2項）。代表執行役の権限は，会社の業務に関する一切の裁判上または裁判外の行為をする権限をもつ（420条3項・349条4項）。

なお，他の機関設計における表見代表取締役制度と同様に，指名委員会等設置会社においては，**表見代表執行役**（421条）の制度が設置されており，外観を信じた取引の相手を保護している。実務上注意が必要なのは，むしろ他の機関設計の会社で用いられる**「執行役員」という従業員の職位名称**である。「執行役員」は，会社法上の用語でもなければ，会社法上の会社役員でもなく，

「課長」「部長」「チーフ」といった当該会社の使用人（従業員）の社内的な職位名称にすぎないことに注意してほしい。企業では，会社法上の役員ではない従業員の職位の最高位の1つに「執行役員」を用いる例が多い。これに対し執行役は，会社法上，指名委員会等設置会社にしか存在しない会社機関の1つである。

4 会社役員の損害賠償責任と会社訴訟

　学習者の皆さんは，企業の不祥事に関するニュースや報道で，当該会社の役員が深々と頭を下げる謝罪会見の映像をみたことがあろう。では，このような場合，道義的責任以外の法的責任はどのように整理されるのであろうか。取締役らは会社に対する委任関係にもとづき，善管注意義務や忠実義務など様々な義務が課せられており，それらの義務違反に対して損害賠償責任があることは第2章（36頁）ですでに触れている。ここでは，より詳しく学習していこう。

◆会社に対する責任

　取締役，会計参与，監査役，執行役または会計監査人（以下，まとめて役員等とする）はその任務を怠ったとき，**会社に対し**，これによって生じた損害を賠償する責任を負う（423条1項）。その根拠は，役員等は会社と委任関係にあり，委任関係にある者は任務懈怠により生じた損害に対して賠償責任があるからだ。これは，一般法である民法644条や会社法330条の規定によることはすで学んだ。これに加え，会社法特有の事象，たとえば，出資額塡補責任や利益供与，違法配当に関する責任なども会社法は規定している。

　ここでは，**会社法423条**に沿って学習していこう。423条1項で問われる責任は，いわゆる**任務懈怠責任**である。したがって，役員等の責任を追及する会社側は，①役員等に任務懈怠があり，②会社に損害が発生し，③当該損害と任務懈怠に因果関係があり，④損害額を確定し，場合によっては⑤役員等の故意または過失の存在，これらをすべて立証しなくてはならない。④の損害額については，取締役や執行役が，取締役会の承認を経ずに競業取引を行った場合，その取引により得た利益を損賠額と推定する規定（同条2項）を定めている。また，取締役や執行役が，取締役会の承認を経て利益相反取引を行ったにもか

かわらず会社に損害を与えてしまう場合もあろう。そうした場合に備えて、任務懈怠の推定規定（同条3項）を定めている。すなわち、会社と直接取引を行った取締役や執行役、または間接取引において会社と利益相反する取締役や執行役、会社が当該取引を行うことを決定した取締役や執行役、当該取引に関する取締役会の承認決議に賛成した取締役は任務懈怠を推定されることになる。

さらに、取締役や執行役が自己のために会社と直接取引をした場合は、任務懈怠に帰責事由がなくても取締役・執行役はその責めを負い、責任の一部免除の対象にもならず、厳しい規定となっている（428条）。このほか、複数の役員等が絡む場合は連帯債務者ともなる（430条）。

裁判例では、③の因果関係の立証ができず、役員等への損害賠償が請求できなくなることもある。逆に、役員等が損害賠償責任を負うことになると、個人では到底償うことのできない巨額になる事例が多くなっている。そこで、会社法では責任の一部免責制度を規定し、実務では補償契約と役員等損害賠償責任保険が導入されている。

★ Plus　役員の会社に対する責任の裁判例

【経営判断の原則 —— アパマンショップ事件（最判平成22年7月15日）】

　A社はB社・C社を含むグループ企業の親会社であり、子会社の統合再編を計画し、A社の100％子会社であるC社とB社を統合しようとした。A社はすでにB社の株式66.7％を保有するが、取締役Yらは、残りのB社株式は1株5万円でB社の株主から買い取ること（応じない株主にはA社株式と交換）を決定し、買取りを行った。これにつき、A社の株主Xは、B社株式1株あたり5万円で買い取ることは監査法人の算定結果より高額であり、当該決定は取締役の善管注意義務違反があり、A社に対する損害賠償を求める株主代表訴訟を提起した。

　本件で問題となったのは、「買取価格5万円」の決定をする経営者としての判断である。たしかに、「5万円」は監査法人の算定する帳簿上の株式評価額より高額である。しかしグループ企業の統合再編を成功させシナジー効果を得るためには、株式取得やその金額についても、単純な計算だけでなく、経営者としての「経営判断」が重ねられる。本件の場合、グループ内加盟店等との友好関係の維持が統合再編に有益とされた。かりに再編が成功しA社の企業価値が向上すれば、その恩恵に浴するのはXらA社の株主ではなかろうか。

裁判所は，本件の事業再編計画における株式の取得方法や決定については，その決定過程，内容に著しく不合理な点がない限り，取締役としての善管注意義務に違反しないと判示した。

【法令違反 ── 野村證券損失補塡事件（最判平成12年7月7日）】

　A社は，B証券会社の大口顧客であり，「営業特金」という方法で多額の資産運用を行っていたが，3億6,000万円の損失が生じた。B社は顧客であるA社と取引関係を失うことをおそれ，損失を全額補塡した。B社の株主Xは，本件損失補塡につき法令違反による行為でB社に損害を与えたとして，B社代表取締役Yらに株主代表訴訟を提起した。

　損失を補塡する行為は不公正な取引として独占禁止法19条に違反する。会社法では，取締役が法令に違反する行為をすれば会社に対し損害賠償責任を負うことになる。しかし，独占禁止法の対象（名宛人）は「事業者」であるB社であり，独占禁止法上の違反者はB社である。このような会社が対象となっているあらゆる法令につき，取締役は会社に対する責任を負うのか解釈が問題となった。

　裁判所は，取締役の行為により，会社を対象とする法令（独占禁止法）に会社が違反した場合であっても，取締役は会社に対して法令違反を根拠とする損害賠償責任があるとしたうえで，本件の場合は，「損失補塡を決定し実施した時点で，Yら取締役はその行為が法令（独占禁止法）に違反する認識を持たなかったことにつき，過失があったとはいえない」と判示した。

　本判決は，取締役に法令違反行為があったとしても，故意または過失がなければ損賠賠償責任を負わないことを明確にしたことに意義があるとされた。ただし，近年では内部統制システムやコンプライアンス研修などが充実した結果，会社役員の法令遵守に対する知見の高まりがある。もはや，会社の経営者として，事業に関連する法令違反に認識がないこと自体に過失が問われる時代ではなかろうか。

【内部統制システム ── 大和銀行事件（大阪地裁平成12年9月20日）】

　甲銀行NY支店の行員Aは長年にわたる不正取引による巨額損失を隠蔽するために，顧客および甲銀行所有のT-Bondを無断で売却し，甲銀行に約11億ドルの損害を与えた。甲銀行は本事件の米国当局への報告が遅れたことで，罰金制裁と米国からの撤退を余儀なくされた。甲銀行の株主Xは，甲銀行の代表取締役ら6名の取締役に対し，Aの不正行為の防止と損失拡大を最小限度にとめるための管理体制（いわゆる「内部統制システム」）を構築すべき善管注意義務または忠実義務を怠ったため，甲銀行の被った損害約11億ドルと米国への罰金等3億5,000万ドルを損賠賠償として請求する株主代表訴訟を提起した。

　本件は，あまりにも巨額な損害賠償請求が6名の銀行役員に対して争われた

ことで世間一般の耳目を浴びたが，会社法を学ぶ上でのポイントは，むしろ「内部統制システム」の構築義務のきっかけになったことである。裁判所は，会社の健全な経営には「内部統制システム」の構築が必要であり，その適切な構築・整備を行うことは取締役等の善管注意義務に包含され，構築・整備を怠ったこと自体が注意義務違反（任務懈怠）として会社に対して責任を負うと判示した。「内部統制システム」については，第2章で学んだように，取締役会の専決事項として「業務の適正を確保するための体制」として，会社法362条4項6号で定められ，大会社および委員会設置会社であれば，構築・整備は義務化されている。したがって，これを怠たれば，取締役会の構成員たる取締役の任務懈怠として会社に対する責任を負うことになる。

◆第三者に対する責任

　役員等がその職務を行うにつき，**悪意または重大な過失**があるときは，**第三者は当該役員に対して損害賠償責任を求めることができる**（429条1項）。かりに，取締役Aがその職務を行うにつき重大な過失があり，第三者である取引先Bに損害を与えた場合，Bは会社に賠償を求め，会社がAに求償すればよかろう。しかし，会社法は取締役Aに対して，直接Bが責任追及をできる規定を定めている（429条1項）。この規定は会社の規模に関係なく適用されるが，我が国の場合，実態は個人事業者にすぎないのに，法人成り（会社設立）により，会社財産と個人財産を分離させ経営責任から逃れようとするケースがあり，このような背景が，取締役の第三者に対する責任制度にはこのような背景があるとされている。

◆虚偽記載に関する責任

　株式会社は株主や投資家のほか，ステークホルダーに経営に関する情報開示・提供を行うことで，資本市場だけでなく，幅広い信頼を得て事業活動を行っている。株式会社が開示・提供する情報に虚偽記載があった場合は，当該会社の信用が失われるだけでなく，資本市場やステークホルダーに損害や負の影響を与えてしまう。そこで会社法はこうした情報の**虚偽記載**については，当該役員等が，**無過失を立証しない限り**，第三者に対して責任を負う（429条2項）とする，より厳格な責任規定を定めた。

423条1項や429条1項の規定では，役員等に故意・過失または悪意・重大な過失があったこと立証する責任が，会社側あるいは被害者側に求められたのに対して，虚偽記載を対象とする429条2項では，逆に役員側が自ら過失のなかったことを立証しなくてはならない（**挙証責任の転換**）。

　対象となる虚偽記載は，取締役・執行役については，資金調達に絡む情報提供を行った虚偽記載，計算書類の虚偽記載，虚偽登記および虚偽公告が本規定（429条2項）の対象となる。会計参与については，計算書類等および会計参与報告の虚偽記載が対象となり，監査役（監査等委員会等設置会社の監査等委員，指名委員会等設置会社の監査委員）と会計監査人については，監査報告または会計監査報告の虚偽記載が対象となる。

◆株主代表訴訟制度

　役員等が任務懈怠により会社に損害を与えた場合，通常，会社が当該役員等に対して損害賠償を請求することになり，会社と取締役で争いがある場合は監査役設置会社では監査役が会社を代表して訴訟を行うことになる。しかし，取締役会において職務の監督を行うとき，社内役員であれば馴れ合い意識，社外役員であれば距離感があり，問題のある当該役員に対し速やかに責任追及に踏み込めないまま，損害が拡大する恐れもあろう。そこで，会社法は**株主が会社に代わって会社の有する損害賠償請求権を代位して役員等を訴える制度**を設定した。これが，**株主代表訴訟**（847条）である。

　この制度のポイントは，次の2点である。第1に，株主のうち，原則として6か月前から引き続き株式を有する株主しか訴訟を提起できない。これは，株主代表訴訟を目当てにして株式を取得する行為を防止する意味がある。第2に，原告株主側の請求が認容されたとき損害賠償金を受け取るのは会社である。原告株主は会社の有する請求権を代位しているにすぎないからである。会社が賠償金を受け取れば，会社の損害は治癒され，会社全体ひいてはすべての株主がその恩恵に浴することができる。このように，原告は株主であるが，あくまで株主は会社に代わる立場にすぎず，よって株主代表訴訟と称することになる。本書では69頁の **Plus** の部分で，裁判例を紹介しているので参照してほしい。

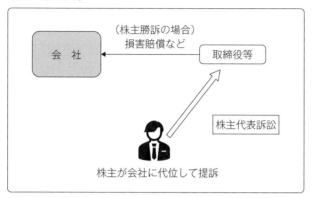

〔株主代表訴訟〕

（株主勝訴の場合）
損害賠償など

会　社　←　取締役等

株主代表訴訟

株主が会社に代位して提訴

◆企業グループにおける多重代表訴訟

　我が国では，平成の時代に独占禁止法の改正（純粋持株会社解禁）と会社法改正（株式交換・株式移転）が行われ，企業グループの頂点に，持株会社（ホールディングス，HD）を置き，その傘下に実際の事業を行う子会社を数多く並べる企業グループ（企業集団）が急増した。持株会社のうち，自らは事業を行わずもっぱら傘下の子会社の株式を保有して，これらの子会社に事業活動を行わせる会社を**純粋持株会社**という。また，自らも事業を行いつつ子会社にも事業を行わせる会社を**事業持株会社**という。このような企業グループでは，持株会社が子会社のすべて株式を保有している**完全親会社**である場合が多い。このような子会社を**完全子会社**という。持株会社には無数の一般株主が存在するが，完全子会社の株主は持株会社である親会社だけである。また，このような仕組みを，親・子・孫会社と３段階以上複雑に組み合わせて，頂点の持株会社（親会社）以外は一般株主が存在しない企業グループも存在している。

　さて，このような状況で，子会社の役員等が不正や任務懈怠を行った場合，どのようにして責任追及を行うのであろうか。子会社自身が自浄作用を発揮して当該役員の責任追及を行うとは限らず，完全子会社であれば株主は親会社だけであり，親会社が株主代表訴訟制度して，子会社の取締役に責任追及するとは限らない。実務的には，会社法に頼らずとも親会社の人事権を発揮して，子

会社に出向している者を更迭すれば済むからである。こうした場合，子会社の事業活動に不正や不祥事があっても是正されず，持株会社の一般株主に損害を与えるだけでなく，企業グループ全体の企業価値に負の影響が生じる可能性がある。

　そこで，平成26年の会社法改正により導入されたのが，**多重代表訴訟制度**である。この制度では，子会社となる会社の株式を保有する親会社（最終完全親会社）の一定の株式（議決権）を6か月前から引き続き保有する株主は，この子会社の役員等の責任を追及できるとした（847条の3）。この制度のポイントは次の2点である。第1に，本条（874条の3）における親会社とは，他の会社によって完全所有されていない会社，**最終完全親会社**をいう。つまり，親・子・孫会社と3段階構造をとる企業グループの場合，子会社は親会社によって完全に所有されているので，最終完全親会社に該当しないことになる。第2に，**原告となる最終完全親会社の株主**は一定の株式（議決権），すなわち，最終完全親会社の総株主の議決権の100分の1以上の議決権または発行済株式の100分の1以上の株式を，6か月前から引き続き保有していなくてはならない。会社法は，通常の代表訴訟制度と違い，多重代表訴訟制度には**少数株主権**を要件としている。

◆会社役員の会社法上の責任一部免除とD&O保険

　会社法は，株主代表訴訟（多重代表訴訟）制度がある以上，役員等の任務懈怠責任は，**総株主の同意**がなければ免除されない（424条）とする。しかし，上場会社では多数の株主がおり，総株主の同意はほぼありえない。複数の役員等が同一の事案に関わる場合，役員らは連帯責任を負うことになる（430条）。会社法の規定する会社と役員等の関係，会社と株主の関係や，近時のコーポレートガバナンスの考え方を鑑みれば，こうした厳格な責任制度は適切であろう。しかし，厳格な責任制度が，かえって役員等の活動を委縮させてしまい，投資家にとって魅力のない企業になれば，逆効果である。

　そこで，会社法は，役員等の責任に一部免除（軽減）制度や，役員等が会社と補償契約を締結することのほか，実務で行われていた役員等賠償責任保険契約を制度化している。こうした制度は，社外役員を選任することを会社法が法

定したこととも連動している。社外役員（取締役 監査役）に優秀な人材を確保するにはその責任負担につき足元がしっかりした制度が必要であるからだ。ではその制度を詳しく見てみよう。

(1) 一部免除制度と責任限定契約

一部免除（軽減）制度とは，423条1項にいう役員等の任務懈怠責任において，当該取締役らがその職務を行うにつき善意かつ重大な過失がない場合，会社に対する損害賠償責任額の一部免除（軽減）を可能とする。ただし，取締役・執行役が自己のために会社との間で直接取引した場合は，そもそも本制度の対象ではない（428条2項）。本制度では，損害賠償責任額から最低責任限度額を控除した額が一部免除（軽減）できる額の限度となる。あくまで一部免除（軽減）であるから，**最低責任限度額を賠償する**ことになり，ゼロとすることはできない。最低責任限度額とは，役員等が在職中に会社から得た職務執行の対価（または受けるべき財産上の利益）の1年間あたりの相当額（いわゆる1年分の役員報酬額）に，各役員等の区分により定められた年数分により算出される（425条1項1号）。たとえば，代表取締役は6年分（同号イ）であるから，1年分の役員報酬が3,000万円の代表取締役の場合はその6年分，1億8,000万円が最低責任限度額となる。会社に対する損額賠償額10億円の場合，10億円から1億8,000万円を控除した額，8億2,000万円が一部免除（軽減）される。わかりやすく言うと，会社からの報酬の基礎として支払うべき最低責任限度額が算出される仕組みである。一見，容易にみえるが，この措置の適用を受けるには，以下の手続をクリアすることになる。

一部免除（軽減）のための手続は①株主総会決議（425条1項），②取締役会決議（426条1項）および③責任限定契約（427条1項）の3つの方法がある。

このうち，①と②は，役員等に責任が発生したあと，会社機関による決議で，責任の一部免除（軽減）を諮る手続である。①の決議要件は特別決議である。この決議を行う場合は，株主総会議案として，先に監査役全員の同意が必要であり（425条3項），その責任の内容として，責任の原因となった事実や賠償額，最低責任限度額等を開示する必要がある（同条2項）。したがって，株主総会で決議されることは事実上難しいであろう。②は，取締役の責任を一部

免除（軽減）する権限を取締役会に授権する旨をあらかじめ定款で定めておくことによる（426条1項）。取締役会で決議を行う場合は，先に監査役全員の同意が必要である（426条2項）。決議後，その責任の原因となった事実や賠償額，最低責任限度額等を株主に通知する必要があり，しかも総議決権の100分の3以上を有する株主から異議があれば，責任軽減はできなくなる（同条7項）。したがって，①と②の手続による責任の一部免除（軽減）は難しさがある。

　そこで，実務で多く用いられている手法が，③の**責任限定契約**である。この方法によれば，非業務執行取締役等（業務執行を行わない取締役，会計参与，監査役，会計監査人をいう）が定款で定めた額の範囲内であらかじめ会社が定めた額と最低責任限度額とのいずれか高い額を限度として責任を限定する契約を会社と締結ができる旨を，定款で定めておくことができる（427条1項）。この方法は，②と同様に定款の定めが必要であるが，責任が発生する以前，すなわち非業務執行役等の就任にあたり会社と委任契約を締結する際に同時に責任限定契約を締結しておけばよいことになる。**ただし，③の対象は，会計参与・監査役・会計監査人のほか業務執行を行わない取締役に限られている。**この方法では，業務執行を行う取締役は対象とならないが，社外取締役等，社外の人材を求めるためには有用である。もっとも，株主総会で定款を変更して責任限定契約制度を導入する場合，定款変更の議案には監査役の全員の同意が必要（同条3項）であり，株主総会の特別決議を要する。

(2)　補償契約と役員賠償責任保険契約の会社法導入

　では，業務執行を行う取締役らの責任を一部免除（軽減）することは不可能であろうか。かりに責任の一部免除が認められ，控除が行われても，最低責任限度額は役員等の地位にもとづく区分で報酬の○年分という仕組みになっており，ときには数億円以上となる大企業の損害賠償金額に比べれば現実的といえるが，決して少ない額ではない。そこで，従来から，実務では，**役員賠償責任保険（D&O（Directors & Officers）保険）**を用いて，訴訟が提起された役員等が被る賠償金を塡補する仕組みがあった。一方，会社の被った損害を治癒するための賠償金を塡補するための保険料を，会社自身が負担することは矛盾

し，会社と役員等の間に利益相反関係が生じるという批判があった。そのため，D&O保険の保険料を会社負担部分と役員等負担部分に分ける等の工夫がなされていた。しかし，職務執行における注意義務違反は起こりうる事象であり，役員等がダイナミックな経営判断を行い，とりわけ有能な人材を社外役員として迎えるためには，充実したD&O保険が必要という意見もあった。

これを受け，令和元年会社法改正は補償契約と役員賠償責任保険契約の2つを会社法の規定に定めて立法的解決を行った。いずれも，契約内容は取締役会の決議によって定めることとし，さらに公開会社の場合は契約に関する一定の事項については会社の事業報告に記載することを条件としている。**補償契約（430条の2）**は，会社と役員等の間で補償契約を締結しておくことにより，役員等が出捐する防御費用や賠償金・和解金の全部または一部を会社が当該役員等に対して補償することを可能とする。**役員賠償責任保険契約（430条の3）**とは，会社が保険者との間で締結する保険契約であって，被保険者である役員等がその職務に関して負う防御費用や賠償金・和解金を保険者が補填することを約するものであり，実務の役員賠償責任保険（D＆O保険）が会社法の規定に取り込まれたことになる。

第4章

株　式 (1)

　ビジネスには，経営を志す起業家と経営のための資金が必要である。資金は起業家の手持ち資金だけでは足りないかもしれない。その場合は，第三者に資金を提供（出資）してもらう必要がある。こうした出資の際，株式という割合的単位を用いるのが，株式会社である。株式というツールを引き受けて，出資した者が株主となる。割合的単位であれば，皆さんがスーパーでパック入りの商品を購入するのと同様に，購入や譲渡の利便性が高まり，保有している量も把握しやすい。一方，持分会社はこのような単位を用いていないので，量り売りの商品と同じだから，出資者ごとに様々でわかりづらい。第1章で株式会社の基本的な性質を学習したが，ここからは，出資者である株主，そして株式について深掘りしてみよう。

1　株主の権利と有限責任の原則
◆株主有限責任の原則
　会社法104条は，「**株主の責任は，その有する株式の引受価額を限度**とする。」と規定する。出資者は，自分が引き受ける株式の価額，すなわち引受価額を現実に払い込んで株主となる。ひとたび株主となってしまえば，引受価額以外の追加の責任は一切ない。株主は自分の保有する株式の出資額以上は株式会社に対し責任を負わない（間接有限責任）。これが**株主有限責任の原則**の意味するところである。これに対し，合名会社の出資者は無限責任を負うから，かりに合名会社が多額の負債を負って倒産した場合，自分の出資した金額以上の責任を負う可能性がある。

◆株主の権利

　では，株主は会社に対してどのような権利を有しているのであろうか。**会社法105条**は，原則として，次の3つの権利を定めている。①**剰余金配当請求権**（105条1項1号）とは，出資者たる株主が利益の分配を請求する権利のことである。会社法の規定にしたがい算出した結果会社に剰余金が生じた場合，会社は株主に対して剰余金の配当をすることができる（453条）ので，株主は配当を請求する権利を有している。②**残余財産分配請求権**（105条1項2号）とは，かりに会社が解散し清算を行った後，会社に財産が残っていれば株主には受け取る権利がある。この場合，保有する株式数に応じて按分された財産額が分配されることになる。③**株主総会における議決権**（同項3号）とは，株主総会の議案を決議する際に議決権を行使する権利である。第2章で学習したように，株主は保有する株式数に応じた議決権がある。これを**資本多数決の原則**といい，多くの株式を保有する株主は多くの議決権を持ち支配株主となる。

◆株主平等の原則

　資本多数決の原則からわかるように，株主はそれぞれ保有する株式の内容と数に応じて平等に扱われることになる（109条1項）。株主としての地位は，保有する株式の種類とその保有数において平等の取り扱いを受ける。これが**株主平等の原則**である。わたしたちの普通選挙制度では選挙権をもつ1名につき1票の平等であるが，株主総会の議決権は保有する株式の数と種類に応じて平等である。たとえば，1000株保有するA氏は議決権1000個，10株保有するB氏は10個である。議決権のない種類の株式を10000株保有するC氏に株主総会の議決権はない。かりに，株主1名1議決権とすれば，会社法の理念では不平等となる。これが資本主義経済である。

◆権利の性質による分類

　会社法105条の代表的な権利以外にも，会社法は株主に様々な権利を付与している。これらの権利を，その性質によって分類することができる。

　まず，自益権と共益権という分類方法がある。株主自身が直接会社から経済的利益を受けとる権利を**自益権**という。したがって，株式の配当金をうける権

利は自益権に分類される。これに対し，会社の経営に参加する権利を**共益権**という。株主総会の議決権の行使や代表訴訟を提起する権利は共益権に分類される。

　つぎに，1株以上保有する株主が行使できる権利を**単独株主権**といい，一定の要件（行使要件）を条件とする権利を**少数株主権**という。剰余金配当請求権や残余財産分配請求権は単独株主権に分類される。自益権はすべて単独株主権である。これに対し，株主は株主総会での議題を提案する権利（303条）を有するが，これは少数株主権のカテゴリーに分類される。株主提案権には，議決権の一定の割合以上を6か月前から引き続き保有する株主が行使できるという行使要件が課せられているからである。このように，少数株主権に分類される権利は，その内容が，会社にとって重要であり，他の株主にも影響があり，その濫用の危険があるものが多い。

　会社法は，共益権として，株主が会社の監督にかかわって是正を求める権利（監督是正権）を認めている。株主代表訴訟の提起権がこれに該当し，会社法は，「6か月前から引き続き」（第3章72頁参照）という保有要件を課しているが，株式の保有数は要件にしていないので，単独株主権である。かりに1株しか保有していない株主でも，取締役の任務懈怠や不正行為を是正するために会社に代わって取締役に対する訴訟を提起できることになる。これに対し，企業グループにおける多重代表訴訟（第3章73頁参照，874条の3）の提起権は，「最終完全親会社の総株主の議決権の100分の1以上の議決権または発行済株式の100分の1以上の株式を，6か月前から引き続き保有していなくてはならない」として，保有要件のほか，一定の株式数（議決権数）の要件を加えた少数株主権となっている。これは，企業グループの最終完全親会社株主の子会社に対する監督是正権の濫用防止を考慮したものである。このように，共益権に分類される株主の権利には，単独株主権である場合と少数株主権である場合が混在している。

2　種類株式
◆種類株式
　「株主としての地位は，保有する株式の種類とその保有数において平等の取

り扱いを受ける（109条1項）」という文言は，株式には種類（**種類株式**）があることを示唆している。皆さんが，お店でスイーツを注文するとき，基本のバニラ味に対して，他のフレーバーがあったり，トッピングを選んだりできるのと同じで，会社は基本となる**普通株式**のほか，異なる数種の株式を発行することができる。その理由は，種類の豊富なスイーツの人気店と変わらない。数種の株式を発行すれば，より多くの投資家を惹き付けることになり，会社はより多くの資金調達ができるからだ。お店にメニューが掲示されているように，普通株式のほかに異なる種類の株式を発行するときは，会社は「発行可能種類株式総数」と一定の「事項」を定款に定めておかねばならない（108条2項）。では，どのような種類の株式があるのだろうか。

◆剰余金の配当や残余財産の分配に関する種類株式

　基本となる普通株式を保有する株主が，会社に剰余金（利益）があれば配当の分配を受ける。たとえば，普通株式1株あたり5円の配当の場合1万株を保有すれば5万円の配当金を受け取ることになり，会社の清算後残余財産があれば保有株式数に按分された分配金を受け取ることができる。この基本パターンに対して，優先的な扱いを受ける株式を**優先株式**，劣った扱いを受ける株式を**劣後株式**という。

　会社は「異なる定めをした内容の異なる二以上の種類の株式を発行することができる」（108条1項）ので，たとえば，剰余金配当を普通株式の二倍とする配当優先株式や，残余財産の分配を普通株式の2分の1とする劣後株式を発行することができる。業績回復の兆しがある会社は，前者のような優先株式を発行することで投資家からの資金調達が容易になり，かたや業績が安定した会社は後者のような劣後株式を発行しても投資家の信頼に応えつつ資金調達ができる。また，これらの条件を組み合わせた種類株式を発行することも可能であり，残余財産の分配を制限してかつ剰余金配当を優先するという種類株式の発行もできる。

◆議決権制限株式

　議決権制限株式とは，株主総会で議決権を行使できる事項（108条1項3号）

について制限がある株式をいう。株主総会で議決権が行使されないことは，会社にとって，支配関係や会社側提案の議案に対する影響を心配せず資金調達ができることを意味する。会社の経営に関心のない株主は議決権を制限されることに痛みはない。むしろ，議決権制限と優先配当が組み合わされていれば，そうした投資家からの資金調達が期待される。

　しかし，株式会社において，議決権制限株式が発行済株式の多くを占め，議決権のある株式を有する一部の株主によって会社が支配されることは，必ずしも適切なコーポレートガバナンス経営につながるとはいえまい。そこで会社法は，**公開会社の場合**，議決権制限株式が**発行済株式総数の2分の1を超えた場合**，会社はただちに議決権制限株式を発行済株式の2分の1以下にするための必要な措置を取らなくてはならない（115条）と定めた。具体的には，議決権制限株式の発行数を減らすこと，普通株式など議決権制限のない他の種類株式の発行する数を増やすことになろう。

◆譲渡制限株式

　譲渡制限株式とは，譲渡による株式の取得について株式会社の承認を要する株式，すなわち株式会社がその発行する全部または一部の株式の内容として譲渡による当該株式の取得について当該株式会社の承認に要する旨の定めを設けている株式（2条17号）をいう。譲渡制限株式を有する株主は，会社の承認がなければ第三者に自由に譲渡することはできない，譲渡自由の原則の例外を性質とする株式である（108号1項4号）。

　譲渡制限株式を用いるのは，いわゆる創業家を中心とした同族企業が多い。このような企業は，非上場会社であっても，外部の者に譲渡されて，同族企業にふさわしくない経営環境になる恐れがある。そうした懸念を防ぐため譲渡制限株式が用いられている。譲渡制限株式を発行しようとする会社は，定款に，譲渡により他人が株式を取得する場合は会社の承認が必要であることのほか，一定の場合においては譲渡制限株式の譲渡について承認したとみなす旨について，あらかじめ定めておかなくてはならない（108条2項4号・107条2項1号）。また，ある種類の株式を譲渡制限株式とする場合は，その発行可能株式総数も定款で定めなくてはならない。では，少し詳しく見ていこう。

譲渡制限株式は**株式譲渡自由の原則の例外**である。**譲渡にあたり，会社の承認が必要**となるという，あくまで自由譲渡の制限であり禁止ではない。会社は，①発行する株式のすべてを譲渡制限株式とすること，②ある種類株式のみを譲渡制限とすること，③一定の場合には会社の承認を必要とする譲渡制限株式，のいずれも発行することができる。①は一人会社として親会社が子会社の株式を保有するとき，②配当優先株式に譲渡制限を付すとき，③すでに株主である者同士の譲渡のとき，など用いられることが多い。いずれにしろあらかじめ定款に定めておく必要がある。

　譲渡自由の普通株式を発行していた会社が，すべての株式を譲渡制限株式に変更しようとする場合，株主総会による**定款変更**が必要となり，さらにその決議要件は**特殊決議**というもっとも厳格な決議要件が適用される。なぜなら，自由譲渡を信じて投資した株主にとって投下資本の回収の機会が制限されることになり大きな影響があるからである。特殊決議とは，議決権を行使できる株主の半数以上（頭数）かつ当該株主の議決権の3分の2以上（資本）にあたる賛成をもって可決される決議で，資本多数決と頭数多数決との組み合わせによるものである（309条3項1号）。ある種類の株式だけ譲渡制限株式にする場合は，定款変更のための特別決議に加えて，当該種類株式の株主による種類株主総会において上記の特殊決議が必要となる。

　では，これらの株主総会決議に反対した株主にはどうすればよいのか。会社法は，株主総会に反対した株主に対して，会社に対し**株式買取請求権**を認めており（116条1項1号・2号），株主が投資した資金を回収できる制度を設けている。

★ Plus　譲渡制限株式の譲渡承認手続

　譲渡制限株式は，譲渡が禁止されているわけではないので，会社の承認があれば譲渡できる。会社法は，譲渡制限株式の譲渡承認手続を136条以下で規定している。手続は，①譲渡制限株式を保有している株主から会社に譲渡の承認を請求する場合（136条）と，逆に②譲渡制限株式を取得した者から会社に譲受による取得の承認を請求する場合（137条）に分けて規定している。そして，①②の場合において，会社が承認をしなかった場合の手続も規定している（③）。

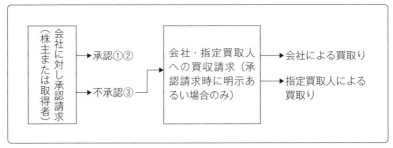

① 株主からの承認請求

　譲渡制限株式の株主が保有している譲渡制限株式を他人に譲り渡そうとするときは，当該株主は会社に対して，譲渡の相手方となる他人がその譲渡制限株式を取得することについて，承認するか否かの決定することを請求できる（136条）。請求するときは，譲渡する株式の数，譲渡の相手方の氏名と名称，会社が不承認の決定をした場合に会社または指定買取人が譲渡制限株式を買い取ることを請求するときはその旨，以上の3点を明らかにしなくてはならない（138条1項）。

② 株式取得者からの承認請求

　譲渡制限株式を取得した株式取得者は，会社に対し，譲渡制限株式を取得したことについて承認するか否かの決定することを請求できる（137条1項）。請求するときは，譲受人である株式取得者が単独で行うのではなく，かならず当該株式の株主名簿上の株主（譲渡人）と共同して行う（同条2項）。取得した株式の数，株式取得者の氏名と名称，会社が不承認の決定をした場合に会社または指定買取人が譲渡制限株式を買い取ることを請求するときはその旨，以上の3点を明らかにすることは①と同様である（138条2項）。

③ 会社が承認をしなかった場合の手続

　承認機関は，定款に別段の定めがない限り，取締役会設置会社では取締役会，取締役会がない会社は株主総会である（139条1項）。決定は承認請求者（株主または株式取得者）に通知しなければならない（同条2項）。

　さて，会社が不承認の決定を行った場合はどうなるのだろうか。この場合は，会社自身または会社が指定する者（指定買取人）が譲渡制限株式を買い取る。株主は，希望通りの相手方に譲渡することは承認されないが，投下資本の回収は補償されていることになる。ただし買取価格は会社・指定買取人との協議となる。この流れを詳しく見ていこう。

　会社が買い取りを行う場合は，当該譲渡制限株式を買い取ることとその株式数を定めて取締役会の決議（取締役会のない会社は株主総会）により決定される（140条1項2号）。取締役会のない会社において株主総会で当該決定を決議するときは譲渡請求者である株主は利害関係者となるから議決権を行使しな

い。

　決定が行われると，会社は譲渡制限株式の売買代金債務の履行を担保するため，1株当たりの純資産額に買い取る株式数を乗じた金額を供託しなければならず，請求者に通知を行う（141条1項・2項）。請求者はこの通知を受けた後，会社の承諾を得ない限り，請求の撤回はできなくなる（143条1項）。

　一方，会社は取締役会（取締役会がない会社は株主総会）の決議によって，またはあらかじめ定款で指定しておくことにより，承認請求のあった譲渡制限株式の全部または一部を買い取る指定買取人を指定することができる（140条4項・5項）。指定買取人は1株当たりの純資産額に買い取る株式数を乗じた金額を供託しなければならず，請求者に通知を行う（142条1項・2項）。請求者はこの通知を受けた後，指定買取人の承諾を得ない限り，請求の撤回はできなくなる（143条2項）。

　会社自身が買い取る場合も，指定買取人が買い取る場合も，買取価格の決定は，請求者との間の協議による（144条1項・7項）。協議が不調のときは，1株当たりの純資産額に買い取る株式数を乗じた額を買取価格とすることになる（同条5項・7項）。譲渡制限株式の場合，市場株価がないので，会社の純資産額を発行済株式総数で割ると1株あたりの純資産額に相当するから，おおむね1株の価額が算出できる。これを利用して，買取る株式数を乗じて総額を計算する方法である。この方法は，会社法の他の場面でも応用されることがあるので覚えておくとよい。なお，このほかに買取通知があった日から20日以内に裁判所に請求者，会社または指定買取人が申立てを行って，裁判所が買取価格を決定することもできる（144条2項）。

◆取得請求権付株式

　取得請求権付株式とは，会社に対して会社の発行する株式の取得を株主が請求できる株式をいう（1条18号・108条1項5号・166条1項）。取得請求権付株式を発行するためには，定款で，株主が会社に対して株式を取得するよう請求できること・この株式と引換えに会社が株主に対して交付する対価の内容・株主が取得請求できる期間を定めなくてはならない。すなわち会社は，株式と引換えに社債，新株予約権，あるいは新株予約権付社債を交付することができ，それらの内容・数・算定方法を定めておかなければならない。他の種類の株式や株式等以外の財産を株主に交付する場合も，それらの内容・数ないし額・算定方法を定めておかなければならない。なお，定款に定めがない場合には，株

主総会の特別決議により定款を変更したうえで，取得請求権付株式を発行することになる。

　では，どのような場面で取得請求権付株式は利用されるのであろうか。株主に交付する対価として現金交付する場合，会社は分配可能額の範囲を超えて買い取ることは財源規制上できない。現金交付により資金が減少し会社財産を危うくする可能性があるからだ。そのかわり，普通株式をはじめ他の種類株式や，社債・新株予約権等を交付すれば，会社は財源に関係なく株式を取得できる。実務では，株式を公開していない中小企業や同族企業の事業承継の場面において，後継者・同族ら以外の者に，議決権のない取得請求権付株式を交付しておけば，後継者・同族らのみが議決権を有し経営を行うことができる一方，それ以外の株主は，会社に取得請求権を行使して対価を取得することで会社から離脱できるし，優先配当などの条件を加えておけば，議決権がなくても株式の保有を続けることもできる。このような活用方法が想定できよう。

◆取得条項付株式

　取得条項付株式とは，一定の事由が生じたことを条件として，株主の同意なしに会社が取得できる旨の定めを設けている株式である（2条19条・108条1項6号）。取得請求権付株式は株主の請求によるのに対して，取得条項付株式は株主の同意に関わらず，あらかじめ設定した条件が生じれば会社が取得できる点に大きな違いがある。取得条項付株式を発行する場合は，あらかじめ定款に，①一定の事由が生じたことを条件として株式会社が取得するできること，②一定の事由（たとえば，当該株式会社が別途定める日が到来すること一定の事由とする場合等），③一定の事由が生じた日に株式の一部を取得するのであればその旨というように，あらかじめ決定方法を定めておく必要がある。また，④取得条項付株式1株と引き換えに，社債，新株予約，新株予約権付社債，他の種類の株式あるいは株式等以外の財産を交付する場合は，その内容種類，金額，算定方法などを定めなければならない（108条2項6号・107条2項3号）。

　取得条項付株式の利用は例えば，一定の事由として「株主が死亡した場合」を設定しておけば，死亡した株主の相続人やさらに売却によって株主が散逸する可能性がなくなり，会社の事業承継が円滑になる場合などが想定される。

◆全部所得条項付種類株式

全部所得条項付種類株式とは，株主総会の特別決議によって会社が取得できる株式のことをいう（108条1項7号）。全部取得条項付株式は，株主の請求や一定の事由が生じたことにかかわらず，株主総会の特別決議によって取得が行われることになる。全部取得条項付種類株式を発行する場合，まず取得対価の価額の決定方法を定款に定めなくてはならない（108条2項7号）。全部取得条項付種類株式と引換えに金銭等を交付するときの取得対価としては，株式，社債，新株予約権付社債，これら株式等以外の財産が考えられており，取得を決定する株主総会でこれらの取得対価の種類・内容・数・算定方法を決定することになる（171条1項1号）したがって，定款にあらかじめ定めておくのは，取得対価の価額の決定方法であり，具体的な価額や内容については，株主総会決議の際に決定されることになる。

全部取得条項付種類株式の利用の場面として，立法者は，会社が発行している株式すべてを取得して株式の消却を行うこと，つまり100％の減資を行い会社の清算・解散を行う場面を想定していた。しかし，実務では，企業買収や組織再編で利用されるケースがみられる（第7章参照）。たとえば，ある上場会社を買収しようとする買収者Aは，まずその株式会社の株式を取得するであろう。そして，Aが定款変更に要する株主総会の特別決議を成立できるだけの議決権を掌握してしまえば，定款変更して全部取得条項付種類株式を発行することができる。そうすれば残存している少数株主から全部取得条項付種類株式を取得して締め出すことが可能で，すべての株式を取得しなくても買収を成立させることができる。

3　株主名簿・基準日・単元株式

株式会社は，多くの株主がいる上場会社は，株主の名義をどのようにして把握しているのであろうか。学生である皆さんは，大学で受講科目の履修登録をすると受講生名簿が作成管理され，名簿に記載のある受講生に対し成績評価が行われる。履修登録には期間が設定されており，これを外すと受講生名簿に記載されず，期末試験や成績評価が受けられないこともある。株式会社の株主名簿もこれとほぼ同じイメージである。

◆株主名簿

　株式会社は，**株主名簿**を作成し，株主名簿記載事項を記載・記録しなくてはならない。**株主名簿記載事項**とは，株主の氏名または名称および住所であり（121条1号），この住所は会社が株主に対して行う通知（たとえば株主総会の招集通知）や催告の宛て先となる（126条1項）。つぎに株主が保有する株式数である。種類株式を発行する会社であれば，株式の種類ごとに保有する株式数を記載・記録することになる（121条2号）。株主が株式を取得した日（同条3号）も記載・記録される（同条3号）。この取得日は，**基準日制度**との関係で重要となる。

　株式会社は株主名簿を本店に備え置かなくてはならない。**株主名簿管理人**が定められている場合は，株主名簿管理人の営業所に備え置かれる（125条1項）。このように備え置かれている株主名簿を，株主および会社債権者は，会社の営業時間内にいつでも株主名簿の閲覧等（閲覧および謄写）を請求できる（125条2項）。これを株主および会社債権者の**閲覧等請求権**という。近時は，書面ではなく，電磁的記録によって株主名簿が作成されていることがある。この場合も，同様に電磁的記録に記録された事項を紙面または画像面に表示することで閲覧でき，その謄写も請求できるとしている。ただし，株主名簿の閲覧等請求をする際，請求の理由を明らかにしなければならない。このようにして，株主および債権者が株主名簿の閲覧等を請求してきた場合，会社は原則として，これを拒むことはできない。しかし会社法は例外的に拒絶できる場合を定めている（125条3項1号〜4号）。これは，株主名簿の閲覧等は，株主らのプライバシー保護の尊重だけでなく，最近は個人情報の流出が悪質な犯罪に発展する恐れがあり，名簿管理の安全性が社会的に必要になったためとされる。ただし，会社法とそうした社会的要請のバランスから，会社が閲覧等を拒絶できる場合は，**株主の共同利益に反する目的での請求**（125条3項2号）など4つの場合に限定されている。

◆株主名簿管理人

　このような名簿管理の実務につき，会社法は，株式会社が会社自身に代わって株主名簿の作成および備置き，その他株主名簿に関する事務を**株主名簿管理**

人に委託することを認めている。この場合は，定款で定めなくてはならない（123条）。このような名簿管理の外部化（アウトソーシング）を会社法が認める理由は，上場会社のように株主が多数でかつ，株主が日々変動する場合，株主名簿の作成や備置きをはじめとする事務が多量にあり，本業の事業活動のかたわら，株式発行会社自らがこれらの事務を行うことは，煩雑でコストがかかるため経済的な合理性を欠くと考えられるためである。そこで，会社運営の合理化や，コストの削減を目的として株主名簿管理人制度を設置している。株主名簿管理人制度を定款に記載してある株式会社の場合，取締役会の決議によって，だれを株主名簿管理人するかを決定（取締役会のない会社は取締役の過半数の決定）したうえで，会社と株主名簿管理人となる者との間で委任契約を締結することになる（362条2項1号・348条2項）。

　会社法上，株式会社は，株主名簿管理人を設置するか否かは定款で自由に定めることができ，株主名簿管理人の資格制限すらない。しかし，証券取引所（株式取引所）が，上場審査基準で株主名簿管理人の設置を義務付けているため，株式を株式市場に上場する会社（上場会社）はかならず株主名簿管理人を設置している。すなわち，証券取引所は，株主名簿代理人となる者として，証券取引所が承認する株式事務代行機関である信託銀行，東京証券代行株式会社，日本証券代行株式会社等を指定しているので（東京証券取引所有価証券上場規程205条8号・601条1項13号，東京証券取引所有価証券上場規程施行規則212条8項），実務上，上場会社は金融商品取引所規則に従って株主名簿管理人を決定することになる。こうした実務上の要請により，株式会社が株主名簿管理人を決定した場合，株主名簿管理人の氏名または名称および住所ならびに営業所（実務上の事務取扱場所）を，2週間以内に登記する必要がある（会社法915条1項）。

★ Plus　名簿管理人 ── 信託銀行の証券代行部のお仕事

　証券代行業とは株主名簿管理人として株式会社が発行する株式の名義書換や株主名簿の管理のほか，配当金の支払いや株主総会などの手続きを代行する業務である。

証券取引所が承認する株式事務代行機関には，信託銀行の証券代行部という専門部署，東京証券代行株式会社，日本証券代行株式会社等のほか，証券代行の専門会社がある。市場規模は手数料収入によりおよそ900億円とされる。

近年，証券代行業は，電子投票サービスを含む株主総会運営サポート等の株主名簿管理人としての業務以外にも，株主との対話支援（実質株主判明調査・議決権行使対応プログラム等），ガバナンス関連支援（取締役会実効性評価等）などの，株式公開の支援，「証券代行ニュース」発行による情報提供，コンサルティングなど総合サービスを行うようになった。このため，従来は大手信託銀行4社と代行専業3社の寡占状態で，株式発行会社との委託契約も固定的であったが，サービス内容の多様化により各社間の競争激化し，委託契約も流動的なったと言われている。

信託銀行の証券代行部などでは，スタッフが，受託している株式発行会社に対して，単なる事務処理だけでなくきめ細かいサービスを行っている。コンサルティングを行う高度な法律知識を有するスタッフも多い。学生の皆さんがもつイメージよりも，「銀行員のお仕事」にはこのような広がりある。

◆基準日制度

基準日制度とは，ある一定の日を基準日と定めて，この日に株主名簿に記載されている株主を**基準日株主**とする制度である（124条1項）。株式会社は基準日を定めるにあたり，**基準日株主が行使できる権利の内容**を定めなくてはならず，その権利を行使できる期間，すなわち，基準日から**権利行使日**までの期間は**3か月以内**と規定されている（同条2項）。

会社は，様々な権利内容にこの制度を利用できるが，その代表例は定時株主総会の議決権の行使に関する基準日である。定時株主総会の議決権行使の基準日を「毎年3月31日とする」と定款に定めておけば，定時株主総会の招集される株主は，基準日株主，つまり3月31日現在の株主名簿に記載された株主に特定される。招集通知の発送は，株主名簿に記載された基準日株主の住所に送達すればよい。権利内容は定時株主総会における議決権の行使であるから，基準日から3か月以内に議決権の行使ができればよいので，この場合は6月末までに定時株主総会を開催する必要が生じる。わが国の場合，事業年度の末日（決算日）を3月31日にしている株式会社が多く，株主総会で事業報告を行うことから，決算日を定時株主総会の議決権行使の基準日にしておけば，会社は

決算日後3か月程度の準備期間を経て株主総会を開催し、基準日株主が議決権を行使することになる。わが国で6月末に株主総会が集中する原因はここにある。なお、欧米企業は12月31日を決算日とする株式会社が多く、わが国でも外資系の会社や国際的な企業では、欧米に倣い12月末を決算日とする企業が増えており、3月中に定時株主総会を開催する会社も増えている。

　さて、基準日が3月31日の株式会社において、4月1日に当該会社の株式をすべて売却したA氏、4月2日に当該会社の株式を購入して株主となったB氏がいた場合、6月20日に開催される定時株主総会に招集されて議決権を行使できるのは基準日株主のA氏である。現に株主であるB氏に議決権はない。これが基準日制度の原則である。しかし、会社法は、B氏のような基準日後に株式を取得した者であっても、基準日株主が行使することができる権利が株主総会における議決権である場合、基準日株主の権利を害しない限り、会社は基準日以後に株式を取得した者の全部または一部を権利行使ができる者と定めることができる（124条4項）。ただし、会社がB氏に議決権を与えることによりA氏の権利が害されてはならないとはどのようなことなのか、その解釈については、実務上、難しさが残されているといえる。もっとも、このような定めをおいていない株式会社がほとんどなので、一般的にはB氏のような基準日株主以外の株主は、定時株主総会で議決権の行使ができないという原則のままである。

◆単元株式制度

　株主の有する株主総会の議決権は「一株につき一個の議決権」である（308条1項）。株主には1万株の保有する者もあれば、出資額が小さくてわずかに2株しか保有しない者もいる。一方、株主総会招集の通知を発送する費用は株式保有数に関係なく株主毎に発生するから、株主数が多い株式会社の株主管理コストは大きなものとなる。

　そこで、会社法は、**単元株式制度**を導入した（308条1項但書）。単元株式制度とは、100株あるいは1,000株といった**一定数の株式をもって一単元**として一括りにすることを定款で定めた場合、「**一単元につき一個の議決権**」とすることができる。つまり、一単元につき一議決権という、一株一議決権の原則に

〔単元株式制度〕

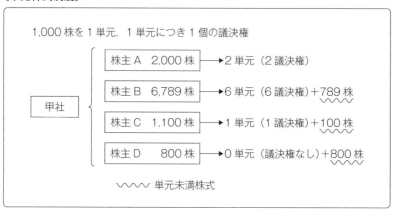

対する例外が単元株式制度である。一単元として一括りにするときの株式数を単元株式数という（2条20号）。一括りにする際の**単元株式数**は1,000株以下の数で，かつ会社の発行済株式総数の200分の1以下でなくてはならない（188条2項，会社規則34条）。単元株式数の上限を1,000株としたのは，かりに1万株とすれば多くの株主が議決権を制限され，一部の大株主によって会社が支配される危険があるからである。同様に，発行済株式総数の200分の1以下とすれば，200個以上の議決権が確保できるからである。たとえば，単元株式数を1,000株と定款で定めている株式会社の株主は，1,000株を保有すれば1個の議決権を有する単元株主であるが，800株は単元未満であるから単元未満株主として議決権を与えられない。また，6,789株を有する株主は，6単元として6個の議決権を有するが，789株は単元未満株式として議決権を与えられない。単元株式制度は単元未満株主の議決権を排除し，単元未満の端数分についても議決権を与えないことにより，株式会社の株主管理コストの軽減と株主総会決議の議決権数の集計を単純化する効果がある。ただし，配当は単元未満株式にも付与される。剰余配当請求権は自益権であり，単独株主権であることはすでに学んだ。

　さて，単元株式制度を導入するか否かは，株式会社の選択によるが，定款で単元株式数を定める必要がある（188条1項）。したがって，この制度を導入したり，単元株式数を変更する場合は，定款変更を伴うので株主総会の特別決議

を要する。ただし，単元株式制度を廃止して，一株一議決権の原則に戻る場合
は，定款変更を伴っても株主総会の普通決議で可能と考えられている。なぜな
ら，例外から原則に戻って，議決権を制限されていた単元未満主の議決権が復
活するからである。

　とはいえ，株主の経営参加の権利に魅力を感じる単元未満株主にとって，議
決権が行使できないことは，かりに配当を受け取っても引き続き株式保有する
意欲が減じることもあろう。そこで，会社法は，単元未満株主に対して，①単
元未満株式を会社に買い取ってもらう権利と②単元未満株式を会社から売り渡
してもらう権利を設定している。①は，単元未満株式の**買取請求権**（192条1
項）という。たとえば，100株を一単元とする場合，105株を保有する株主A
は単元未満株式である5株を会社に買い取ってもらうことを請求できる。Aは
100株一単元のみ保有し，単元未満の端数がなくなる。②は，**売渡請求権**（194
条1項）という。たとえば，100株を一単元とする場合，90株を保有する単元
未満株主Bは，会社に10株の買い増し（＝会社から売り渡してもらう）を請求
することができる。Bは100株保有する単元株主として議決権を行使できるよ
うになる。さて，この制度でもいくつかの問題点がある。①の場合は，端数株
式の買取価額の決定である。会社法は，株式が株式市場で取引され市場株価が
形成されている場合と市場株価がない場合に分けて詳細な規定を193条1項に
規定している。とりわけ市場株価がない場合，株主と会社の協議が不調のとき
は裁判所の関与や1株あたりの純資産価額による算定方法を規定している。②
の場合の売渡価額の決定は①と同様であるが，そもそも売渡請求権制度は定款
の定めを要するとしている（194条1項）。いずれにしろ，単元未満株主が投下
資本を回収するチャンスや，単元株主となって議決権を行使するチャンスを会
社法は提供しているのである。

第5章

株 式(2)

第4章では，株主の権利と株式の種類，株主名簿，単元株式制度など，おもに株式制度の概要について学んだ。学習者の皆さんに関心があるのは，市場株価に連動するような実務上の株式のオペレーションであろう。第5章では，そうしたオペレーションの基本やツールとして会社法等が規定しているルールを学んでいこう。

1　株式の譲渡

◆株式譲渡自由の原則

会社は事業展開のために資金調達を行う必要がある。このとき，銀行等に融資してもらえば必ず返済を要する**借入金**となる。しかし，株式会社が株式を発行して調達した資金は，株主（出資者）に返済する必要のない株式会社の**自己資金**となる。株式会社は原則として株主の出資金の払戻しはしない。このことは，経営者が会社法人の形態として株式会社を選択する理由の1つである。一方，株主（出資者）も株主有限責任の原則により出資金の金額を限度とする責任しか負わない。株主は，どうやって出資したお金，つまり投下資本を回収するのであろうか。会社の経営方針や業績が変動して，株主が当該会社を「推す」気持ちがなくなり株主を辞めたくなることもあろうし，何より自分のためにお金が必要なときもあるだろう。そこで会社法は，株主の**投下資本の回収**の手段として，**株式譲渡自由の原則**（127条）を定めたのである。

これにより，株主は，保有している株式の全部また一部を他者に有償で譲渡（＝売却）することが自由にでき，いつでも株式を換金して自分のお金を回収

することができる。株式譲渡自由とは，会社の知らないうちに，株主Ａ氏がＢ氏になることを意味する。さらに，Ａ氏が保有する株式をＢ氏に有償で譲渡する際，当事者の間で金額交渉が行われることになり，売主であるＡ氏は売却益を得ることもあろう。これを，ダイナミックに行うのが株式市場（証券市場）である。ある銘柄（会社）の株式を購入したい投資家あるいは売却したい投資家の取引フォーラムとして証券取引所（株式取引所）があり，そうした投資家をつなぎ，また株式を発行する株式会社をサポートすることを業とする証券業（証券会社）が存在する。こうした仕組みが，私たちの資本主義経済の基盤であり，「経済を回している」のである。

◆株式譲渡の二重譲渡と対抗要件

　株式譲渡自由の原則により株主がＡ氏からＢ氏になった場合，会社はどうやってフォローするのかが問題となる。株券発行が原則であった時代は，株式譲渡は株券の交付という物理的な行為によって当事者間で権利移転が行われてきた。現在でも例外的に株券の発行している株式会社では，株券の交付が株式譲渡の成立要件である（128条）。しかし，いまや，株券を発行しない株券不発行会社が原則となり，株券が存在しないのが当たり前となった。このため株式の譲渡は意思表示によって行われることになり，観念的な行為であるため，**二重譲渡の危険**が高まった。

　二重譲渡とは，株主Ａ氏がＢ氏にＸ社株式を譲渡する意思表示を行い，Ａ氏は別の場所でＣ氏にもＸ社株式譲渡の意思表示を行っていた場合に生じる。Ｂ氏とＣ氏はともに会社に対して株主としての権利を主張し，議決権行使や配当の請求をしたり，ＢＣ間での争いはもとより，Ｂ氏・Ｃ氏からさらなる譲渡が行われるリスクもある。そこで，会社法は，意思表示による譲渡から生じる二重譲渡の危険を回避するために，会社および第三者に対する対抗要件として**株主名簿の名義書換**を行うことを定めた（130条1項）。株主名簿の名義書換は，株式の譲受人（株式の買主）が原則としてその株主名簿上の株主（株式の売主）と**共同して**会社に請求しなくてはならない（133条2項）。なぜなら，株券が存在しない以上，意思表示という観念的な行為だけで実際に株式の譲渡があったと推定されるためには，株式の売主と買主が揃って**共同請求**にしておかない

と，二重譲渡を回避できないからである。

◆株式等振替制度の利用

　さて，株式市場では毎日大量の株式取引が行われており，こうした取引の決済を円滑かつ迅速にするために，会社法の規定だけでなく，「社債，株式等の振替に関する法律」（**振替法**）がある。振替法により，上場会社は株券等をすべて廃止した株券不発行会社であるとしたうえで，株券等の存在を前提として行われてきた株主等の権利の管理を電子的に行う**株式等振替制度**が導入されている。

　株式等振替制度では，株式取引を行っている投資家（株主）は証券会社等の口座管理機関に「口座」を開設し，口座管理機関は，他の口座管理機関（他の証券会社等）またはすべての株式を管理する振替機関（証券保管振替機構，JAS-DEC）にそれぞれ「振替口座」を持つことになる。この制度で扱われる株式，すなわち，株券不発行会社の株式（譲渡制限株式を除く）で振替機関が取り扱う株式を**振替株式**という。振替株式の発行会社とは，電子化された株式を発行する株式会社をいい，上場会社は振替株式を発行する株式会社である。この制度では，株券が存在しないため，①株券保管に伴う紛失・盗難や偽造株券のリスクがない，②株式併合や会社の合併，株式交換等において株券の提出が不要，③株式取引の際の株券受け渡し（交付）が不要，④株式を発行する会社では株券の発行に伴う印刷費用等が生じない，などのメリットがあるとされている。

　では，株式等振替制度を利用する実務をみていこう。

　株式取引所に新規上場しようとする株式会社（発行会社Ｘ）の既存株主Ａは，証券会社等に株式の記録を受けるための口座をあらかじめ開設し，これを発行会社へ通知するために，**口座通知取次請求**を行う。発行会社Ｘは，既存株主Ａからの口座通知取次請求にもとづき，振替機関に新規記録通知を行う。これら新規記録手続を行った既存株主およびすでに振替口座を有している株主を，**振替株主**という。一方，口座通知取次請求を行わなかった既存株主Ａ'は，発行会社の指定する信託銀行等が開設する特別口座にその株式が記録される。すでに上場している発行会社が増資のための新株発行をするときも，上記の新

規記録の手続が行われる。

　この仕組みでは，段階的に，発行会社（株主名簿）→ 振替機関（振替口座）→ 口座管理機関（投資家の個人別口座）となっており，発行会社の株主名簿と異なり，口座管理機関の「口座」は投資家が開設していることに注意したい。たとえば，Aは証券会社Cに「口座」を有するが，AはX社の株式のほか，Y社・Z社の株式も有しており，その記録が証券会社Cの振替口座簿に記録されることになる。

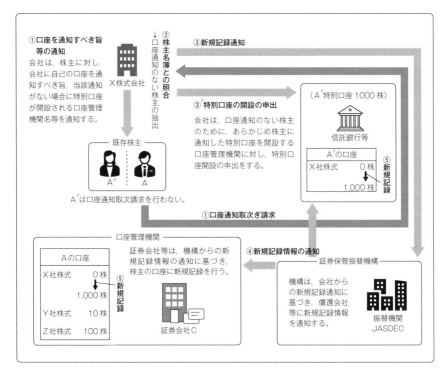

　振替株式を譲渡する場合，譲渡人（株主A）は，Aが「口座」を開設している口座管理機関（証券会社C）に対して，振替口座簿のAの「口座」から譲受人Bの「口座」への振替（Aの保有する株式数の減少→Bの保有する株式数の増加）が記録されるように**振替申請**を行う。証券会社Cは，Bの「口座」を管理している口座管理機関（証券会社D）に対し，その旨を通知する。Dは振替口座簿のBの「口座」に株式数の増加を記録する。こうした一連の振替の手続に

より，振替株式の譲渡の効力がはじめて発生する。

　振替株式である単元未満株の買取・売渡を請求する場合も，株主は口座管理機関を通じて行うことになる。株主は，口座管理機関に対して，自己の「口座」に記録されている単元未満株式についての買取請求の取次ぎを請求して，買取請求の対象となる単元未満株式を発行会社の口座に振り替えるための振替申請をあわせて行う。売渡請求の場合も，株主は，口座管理機関に対して，自己の口座に記録されている単元未満株式についての売渡請求の取次ぎを請求して，売渡請求の対象となる単元未満株式を発行会社の口座から振り替えるための振替申請をあわせて行う。

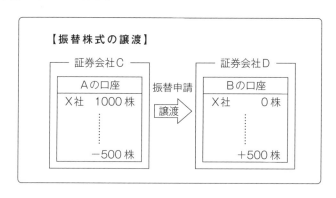

　すでに学んだように，株券不発行会社における株式譲渡の際，会社および第三者に対する対抗要件は株主名簿の名義書換である（130条1項）。一方，振替法による振替株式の権利の移転と帰属は，**口座管理機関の振替口座簿の記録（記載）**によるので，振替株式については，「口座」の名義人が適法な株主であるという推定をうけることになる。つまり，振替株式に対する株主名簿の名義書換の手続や株式譲渡の抵抗要件について，会社法が適用除外され，振替法による株式等振替制度に従っていることになる。

　さらに，上場会社では株式取引を通じて，株主が毎日のように入れ替わっているが，会社が株主総会の招集通知を発送する場面や，後述する株式の併合や企業再編や会社合併等の場面では，株主名簿に記載されている株主を確定しなければならない。先に述べたように，株式会社（株主名簿）→ 振替機関（振替口座）→ 口座管理機関（投資家の個人別口座）と段階的な仕組みになっている

ため，実務では，まず振替機関が口座管理機関から当該株式会社の株主情報を
まず集め，振替機関がそれらの株主情報を当該株式会社に通知することになる。つまり，上記の矢印を逆にたどる通知より，株式会社の株主名簿が確定するという仕掛けである。これらの株主を確定する通知には総株主通知と個別株主通知がある。

　総株主通知とは，振替機関が，振替法第151条にもとづき，たとえば株主総会の議決権に関する基準日株主を確定するために，当該基準日のすべての株主の**振替口座簿**の記録事項を当該株式会社に通知するものである。株式等振替制度では，当該通知を円滑かつ適切に行うため，最初の口座管理機関から振替機関への情報集めも振替機関から当該株式会社への通知も，原則としてすべて電子データ処理で行う。また，振替機関は，総株主通知等に係る準備行為として，あらかじめ口座管理機関から，口座管理機関の加入者（口座を有する株主）の氏名または名称その他の必要な事項の情報通知を受け，加入者の名寄せその他の記録を管理をしている。そして，当該株式会社は，総株主通知の記録事項を自社の株主名簿に記載して会社法130条1項にいう株主名簿が確定される。

　個別株主通知とは，振替機関が，振替法第154条にもとづき，少数株主権等を行使しようとする株主に係る振替口座簿の加入者の記録事項を当該株式会社に対して通知するものである。少数株主権を行使しようとする株主は，自己が口座を開設している口座管理機関を通じて，振替機関から当該株式会社に対して振替口座簿の一定の事項を通知するよう申し出を行い，これを受けた振替機関から会社に通知がなされることになる。個別株主通知が行われれば，株主は通知後一定の期間は当該株式会社の株主名簿に更新された情報の記載がなくても，振替口座簿の記載にもとづいて少数株主権等を行使することができる。

2　株主の株式買取請求権

　株主たる地位を維持することに魅力を感じなくなった株主が投下資本を回収する手段として株式譲渡自由の原則があり，株式譲渡は株式市場による取引に発展した。株主が目まぐるしく交替しても，会社財産に影響はない。株式会社は，株式自由譲渡の原則により，持分会社のように出資金を払い戻す必要がないからである。しかし，例外的に株式会社が，出資金の払い戻しに応じる場合

がある。たとえば，会社の合併や事業内容の転換，定款の変更には株主総会の決議が必要であり，それらの決議に反対した株主が生じたとしよう。そうした局面では株式市場での株式の売却は困難になっているかもしれない。このような場合を想定して，会社法は，会社が自分の発行した株式を公正な価格で株主から買取ることで出資金の払い戻しに応じ，株主は投下資本を公正な金額で回収することを保障する制度を規定した。これを，**株式買取請求権**（116条）という。

⑴ **株式買取請求権が認められる場合**

会社による株式買取は出資金の払戻を意味し会社財産を危うくするので，投資家の投下回収の機会を保障することとのバランスを鑑みたうえで，会社法は例外的に株式買取請求権を認める規定を定めている。

会社法116条1項は，①株式会社が発行する全部の株式を譲渡制限株式とする定款変更につき，反対した株主（116条1項1号），②ある種類の株式の内容として譲渡制限の定めまたは全部取得条項の定めを設ける定款変更につき，反対した株主（116条1項2号）および③会社が一定の行為をする場合において，322条2項により種類株主総会の決議を要しない旨の定款の定めがある会社の種類株式を有する株主に損害を及ぼすおそれのあるとき，当該種類株式を持つ種類株主（116条1項3号），これらに対して，株式買取請求権を認めている。

①では，定款変更後は株式を第三者に自由に譲渡できなくなるので，このような制限を望まない株主の利益を保護する必要があるからである。②では，かりに取得請求権付株式や取得条項付株式の取得対価として譲渡制限株式の交付が予定されている場合，①と同様の理由で株主の利益を保護する必要があるからである。③では，116条1項3号が定める一定の行為のうち，かりに単元株式数の変更を行う場合，損害を受けるおそれのある種類株式の株主は，種類株主総会の決議すらないことになるので，そうした種類株主の利益を保護する必要があるからである。

このほか，組織再編に関する株主総会決議に反対した株主も株式買取請求権の対象となる。詳しくは組織再編の章で学習する。すでに学習した譲渡制限株式の譲渡承認手続において会社が買い取る場合と後述する自己株式の取得の場

合も，会社が株主の株式買取請求に応じた結果として，出資金の払い戻しが生じることになる。

(2) 株式買取請求権による買取請求の手続

ここでは，上記①②③（会社法116条1項1・2・3号）において，**反対株主に株式買取請求権が認められる場合**をみていこう。

会社は「ある行為」の効力発生日の20日前までに，116条1項1・2・3号が定める株式を有する株主に「ある行為」を行う旨を通知（116条3項），または公告（同条4項）を行わなくてはならない。これらの通知（公告）を受けて，会社の「ある行為」の時期や内容を知った株主は，株式買取請求権を行使すべきか否かを推敲する機会を得る。株式買取請求権を行使しようとする株主は，会社の「ある行為」の効力が生じる日（効力発生日）の20日前から効力発生日の前日までの間に，買取請求する株式の数を明らかにして会社に請求を行わなくてはならない（116条5項）。請求対象となる株式が振替株式の場合には振替法に従い，買取を行う「口座」に振替を行う旨の申請を行うことになる。

株式買取請求をした株主は，株式会社の承諾が得られれば請求を撤回できる（116条7項）。会社の承諾を必要としたのは，市場株価と比べたりするなど株主の投機的な行動を防止する意味がある。会社が買取請求の原因となった行為を中止した場合は買取請求はその効力を失う。また，買取請求権の行使は，会社が株主への金銭の交付を行うことになるので，会社の財務状況により財源規制の対象となることもある。

株式買取請求権を行使できる反対株主となるには，**株主総会の決議が必要な場合**と**不要な場合**がある。前者の場合の反対株主とは，会社の行為を決定する株主総会において議決権を有し，かつ総会開催前に反対の意思表示を会社に通知して，当該総会の決議において反対の議決権を行使した株主である。これに加え，株主総会で議決権を行使することができない株主も反対株主となる。たとえば単元未満株主などは議決権がないから反対の意思表示の機会がないからである。一方，後者の株主総会の決議が不要の場合は，そもそも決議を必要としないから，すべての株主に株式買取請求権が認められる（116条2項）。

3 自己株式の取得

◆自己株式の取得を定める会社法155条

　自己株式の取得とは，文字通り，株式会社A社が，A社の株主からA社株式を取得する，いわゆる**自社株の取得**のことをいう。取得方法は，有償で買い取るほか，無償で譲り受けることも含まれる。有償で取得する場合は，まさに出資金の払戻しであり，株式会社にとって禁じ手である。それゆえ，会社法は自己株式の取得できる場合を155条によって例外的に認めている。155条は，自己株式の取得が認められる場合として，第1号から第13号まで規定している。このうち，155条第3号にいう「（156条）第1項の決議があった場合」とは，株主総会の決議による株主との合意による自己株式の取得を意味する。155条3号以外の各号では，株主の合意以外の事由による自己株式の取得について定めている。

　したがって，自己株式の取得が例外的に認められるのは，**株主との合意（155条3号）** とそれ以外（155条3号を除く，1号〜13号）に分類できる。では，この分類に従って，自己株式の取得に関する手続を解説する。

◆株主との合意による自己株式の取得

　155条3号の規定は，株主総会の決議により**株主との合意**を得られれば自己株式の取得ができるとされている。特定の株主から取得だけ応じるとすれば株主平等の原則に反することになろうし，無制限に取得に応じれば，会社財産の減少により経営基盤を危うくする。そのため，会社法は**株主を特定しないで自己株式の取得に応じる場合**に次のような規定を置いた。すなわち，株式会社が株主との合意により当該株式会社の株式を有償で取得するには，あらかじめ株主総会の決議により，取得する株式の数・株式の取得と引換えに交付する金銭等の内容とその総額・株式を取得することができる期間（1年以内）を定めなければならない（156条1項）とした。この株主総会決議が成立すると，取締役会は自己株式の取得を行うことになるが，取得の実行毎に，取得条件として，取得する株式の数・1株の対価として交付する金銭等の内容とその額（またはその算定方法）・交付する金銭等の総額・株式譲渡の申込期日を決定しなければならない（157条1項・2項）。これらの取得条件はその取締役会の決議ご

とに均等に定められなければならない（同条3項）。取締役会の決定後，会社はこれらの取得条件を株主に通知または公告を行わなくてはならない（158条）。これにより，会社が自己株式の取得を行うことが，株主に周知され，会社に株式の譲渡を希望する株主は，会社に譲渡の申し込みを行うことになる（159条1項）。このとき，申込みが殺到して，申込株式数が，会社が予定している取得条件の取得総数を越えてしまう場合がある。その場合は，あくまで株主の平等を図るため，譲渡を申し込んだ株主の申込株式数を按分して取得が行われる（同条2項）。

　一方，会社は，株主総会の**特別決議**により，あらかじめ特定の株主から取得することが可決成立すれば，**特定の株主の保有する自己株式にかぎって取得**することができる（160条1項）。ただし，**譲渡人となる株主は特別関係人**となるから，この決議において議決権を行使できない（140条4項）。特定の株主から取得することは，株主平等の原則に抵触するおそれがあるので，株主の合意による決議の要件を特別決議として重くしている。さらに，会社法は，特定の株主以外にも譲渡を希望する株主がいることを鑑みて，そうした譲渡を希望する株主は特定の株主に追加する株主総会の議案修正を会社に請求する機会がある旨を会社が通知することを義務付けている（160条2項）。これにより，特定の株主以外の株主にも自己の保有する株式を会社に譲渡する道が開けることになる。この制度を**売主追加請求権**という。ただし，売主追加請求権は，定款にこれを認めない規定が存在するとき（164条1項）や，会社の提示する取得価格が市場株価より低いとき（161条）などは認められない。

　また，親子会社の場合は次のような問題が発生する。親子会社関係は，親会社が子会社株式を保有し支配的な関係により構築される。かりに子会社が親会社株式を保有することは親子会社の資本関係に矛盾する。子会社が親会社株式を取得することは子会社を通じて親会社財産が払い戻されているのと同じことになるからだ。子会社は原則として親会社株式を取得（保有）してはならず，これを**親会社株式の取得禁止**という（135条1項）。

　とはいえ，実務では子会社が保有する他社の株式のなかに，親会社株式が混ざっていることがある。たとえば，甲社の子会社となった乙社の会社財産のなかに甲社株式が含まれていれば，今後は子会社である乙社が親会社である甲社

株式を保有することになってしまう。そこで，会社法は子会社が親会社株式を取得できる例外を認めたうえで（135条2項），子会社はその親会社株式を**相当の時期に処分**しなければならないとした（同条3項）。ただし，会社法はその処分方法まで定めていないので，親会社が当該親会社株式を自己株式として子会社から取得することもできる。その場合の簡易な取得手続として，親会社の取締役会は決議によって，子会社の保有する自己株式を取得に関する事項を決定することができ，これにより子会社から自己株式を取得することができる（163条）。このようにすれば，とりあえず子会社が親会社株式を保有するという矛盾は早期に回避できる。

　もっとも，上場会社であれば，株主総会の決議により，市場取引や公開買付によって自己株式を取得することができる（165条1項）。あらかじめ定款に定めがあれば，取締役会の決議だけで，市場取引や公開買付による自己株式の取得ができる（165条2項・3項）。なお，市場取引や公開買付による自己株式の取得の場合，株主は市場を利用して自由譲渡する機会があるので，売主追加請求権は生じない。

◆株主との合意以外の事由による自己株式の取得

　155条3号以外の項目は，取得条項付株式につき一定の事由が生じた場合（155条1号），譲渡制限株式につき譲渡を承認しない場合（同条2号），取得請求権付株式につき請求があった場合（同条4号），全部取得条項付種類株式につき株主総会決議があった場合（同条5号），株式相続人等への売渡請求を行った場合（同条6号），単元未満株式の買取請求があった場合（同条7号），所在不明株主の株式を取得する場合（同条8号），端数株式を買い取る場合（同条9号），他の会社の事業全部を譲り受ける場合（同条10号），合併による消滅会社から株式を承継する場合（同条11号），吸収分割をする会社から株式を承継する場合（同条12号），その他法務省令で定める場合（同条13号），となっている。

　取得請求権付株式・取得条項付株式・全部取得条項付種類株式などの種類株式に関しては第4章で学んだ。なお，株式相続人等への売渡請求を行った場合（同条6号）とは，甲社の株主Aが死亡したとき保有する甲社株式は相続財産として相続人Bが相続するのが通常であるが，相続人に対して会社に売り渡す

旨をあらかじめ定款に定めておくことができる（174条）。このような定款の規定がある会社は155条6号の規定により，自己株式を相続人から取得することができる。ただし，当該株式が譲渡制限株式であることを要する。

◆自己株式を取得するための財源

　自己株式の取得において，もっとも現実的な問題は，会社が取得対価を交付するだけの財源を確保できるか，ということである。自己株式の有償取得は，出資金の払戻しであるから，みだりに認めれば会社財産を危うくするのはすでに学んだとおりである。そこで，会社法は財源規制として「会社は，取得対価である金銭等の帳簿価格の総額が，取得の効力発生日における**剰余金分配可能額を超えない限り，自己株式を取得することができる**」とした（461条）。剰余金の算定方法（446条1号）によると，最終事業年度の末日（決算日）における貸借対照表に記載された数字をもとにして，「資産の額＋自己株式の帳簿合計額」から「負債の額＋資本金および法定準備金＋法務省令で定める各勘定科目に計上した額の合計額」を差し引いた残りの額が剰余金となる。**自己株式の取得対価の総額がこの剰余金より大きい場合，自己株式の取得はできない**。わかりやすくいうと，会社の財源に余裕がなければ自己株式の取得はできないことになる。ただし，単元未満株の買取請求（155条7号），他の会社の事業全部を譲り受ける場合（同条10号），合併または吸収分割をする会社から株式を承継する場合（同条11号・12号）はこの限りでない。

◆違法な自己株式の取得の効力

　では，会社法の定める取得手続や財源規制を無視して自己株式を取得した場合はどうなるのであろうか。これは違法な自己株式の取得として，**刑事罰**の規定がある（963条5項1号）。もっとも，この規定により，自己株式の取得が有効なのか，無効なのかという，**私法上の効果**については規定がないため，取引安全の立場から自己株式の取得を有効とする考え方と他の株主や会社債権者への不利益を防ぐ立場からため無効とする考え方が対立している。また，善意の譲渡人か否かで論じる相対的無効・有効の考え方もある。

◆自己株式の保有（金庫株）・処分・消却

　取得した自己株式は，会社はそのまま保有し続けることができる。これを**金庫株**という。会社の保有する自己株式については議決権や配当はない。

　自己株式の処分とは，**金庫株**として保有していた自己株式を再び交付することを意味するから，第6章で学習する募集株式の発行手続に含まれ，新株発行規制に関わることになる。ただし，完全親会社になるための株式交換の際に自己株式を交付する場合は新株発行規制にあたらない。このほか，単元未満株主の売渡請求に応じて自己株式を交付する場合や取得請求権付株式などの種類株式の対価として自己株式を交付する場合も新株発行規制にあたらない。

　これに対し，株式を失効させ消滅させることを**消却**という。株式を消却するには，会社は株式を自己株式として取得し，取締役会の決議によりいつでも消却することができる（178条）。株式の消却を行うことにより，発行済株式数が減少する。株式の流通数が減じる分，希少価値となるから1株当たりの価値が向上し，市場株価が上昇する。定款の定める発行可能株式総数はそのままであるから，将来あらたに発行できる（処分できる）株式数は増えることになる。

4　株式の併合・分割・無償割当て
◆ケーキ店のパラドックス，ドラッグストアのおまけ

　学習者の皆さんにはイメージしにくいかもしれないが，会社法は株式1株のサイズ変更ができる仕組みを規定している。たとえば，ケーキ店では，ピース毎にカットされたケーキと切り分けるホール型のケーキを販売している。1ピース500円。ホールは1,800円。4人家族の場合，ホールを購入して4等分すれば4ピース購入するより割安となる。株式の併合とは4株を1株にまとめるようにすることであり，株式の分割とは1株を4株に切り分けるようにすることをいう。ケーキの場合，4ピースをホールにまとめれば，サイズは大きくなるが販売する個数は4分の1になる。販売管理の手間も4分の1になる。まとめ買いになるから，価格は少々安くできる。たしかに500円と1,800円という違いはあるが，ホールを買う人も出てくる。逆に，1人でケーキを食べたい人は割高でもピースを購入する。ピースに切り分けた小さなケーキがショーケースにかわいらしく並び，人目を引き付けて販売個数は増えていく。こうし

た現象が株式にも生じるのである。

　学習者の皆さんは、「現品を１個おまけ」「シャンプーを購入するとコンディショナーのミニサイズボトルがおまけ」などというキャンペーンにつられて商品を購入した経験があるだろう。株式の無償割当てとは、こうしたおまけのように、株主に株式を割り当てることになる。

　では、なぜ株式会社はこのような仕組みを利用するのであろうか。ケーキ店やドラッグストアは千客万来して販売個数を伸ばしたい、売り上げを伸ばしたいという思いがある。株式会社も同様に、株式の種類だけでなく、そのサイズ変更を行い、より多くの投資家に関心をもってもらい、株式市場を活性化し、企業価値の向上を目指しているのである。もっとも、併合・分割・無償割当ては、いずれの場合もすでに発行されている株式に対して行われる。株主から新たな払込みがなされるわけではないので、会社の資産に増減はない。会社の資産の増加につながる資金調達については、第６章で学習する。皆さんはイメージが湧いてきたであろうか。では、詳しく会社法の規定を学んでいこう。

◆株式の併合

　株式の併合（180条１項）では２以上の株式をより少ない株式にまとめるので、流通する株式数、すなわち**発行済株式数は減少**する。一方、将来発行できる**発行可能株式数**は発行済株式数が減少した数だけ**増加**することになる。また、流通量が減れば**希少化**により**株価の上昇**が期待できる一方、**株主管理コスト**も抑えることができる。たとえばある会社の株式が１株の市場株価1,000円のとき、５株を１株に併合すると、流通数が減るので株価は上昇し１株4500円に上昇するかもしれない。しかし、ここで問題が発生する。株主Ａは４株、Ｂは200株、Ｃは９株を保有していたとする。５株を１株に併合されると、Ｂは40株保有の株主になるが、Ａは株主の地位を喪失し、Ｃは１株保有と**端数の発生**という事態にみまわれる。単元株式制度下ではＣは議決権を失うかもしれない。端数については、会社が対価を交付することになり、**株式の併合は少量の株式しか保有しない零細な株主を締め出す効果**がある点に注意を要する。

　このため、株式の併合については株主総会の**特別決議**が必要である（180条２項）。さらに、株主総会において、併合を行う理由を取締役は株主に説明し

なくてはならない（180条4項）。株主総会では、「本年4月1日より、普通株式5株を1株に併合します。これにより4月1日おける当社の発行可能株式総数は5,000株となります。」というように、①併合の割合、②種類株式発行会社である場合は併合する株式の種類、③効力発生日、④効力発生日における発行可能株式総数について、特別決議を行うことになる（180条2項）。株主総会は効力発生日以前に開催され、厳密にいえば、3月31日に併合が行われた結果、4月1日に発行可能株式総数を5,000株とする定款変更が行われたことになる（182条）。

　学習者のみなさんは、不要なデータを削除してPCのハードディスクの空き容量を増やす操作をしたことがあるだろう。株式の併合や株式の消却は、ハードディスクの空き容量と同じく、流通している株式（発行済株式）を減らして、これから発行可能な株式の数を増やす効果がある。しかし、公開会社には定款記載の発行可能株式総数が発行済株式の総数の4倍を超えてはいけないという縛りがある（180条3項）。これを「**4倍ルール**」という。つまり、株式を併合しても、発行済株式総数は発行可能株式総数の4分の1を下回ることはできない。株式を併合して発行済株式を減らすにも限界がある。かりに、4分の1を下回る場合は、発行可能株式総数のほうも小さくして4分の1以上になるように定款変更が必要となる。ただし、公開会社でない場合はこの限りではない。

　現在の株式会社の多くは、株券を発行しないことを原則としているので、株式併合による株券の交換は不要となった。しかし、会社は株主総会の特別決議で株式併合が決定されると、株主に対して、原則として株式併合の2週間前までに①併合の割合、②種類株式発行会社である場合は併合する株式の種類、③効力発生日、④効力発生日における発行可能株式総数を通知または公告する必要がある。また、会社は株式併合に関する事前の情報開示や効力発生日から6か月間の事後的な情報開示が必要であり、当該株式併合に関する書面の本店備え置き、株主の閲覧等の対応を行う（182条の2・182条の6）。現在、実務的にはHPなどが利用されている。

◆株式の分割

　株式の分割（183条1項）では，1株を2株あるいは10株にするように株式を細かく刻んで，分割することをいう。併合とは逆に，流通する株式数，すなわち**発行済株式数は増加**する。一方，**発行可能株式数**は発行済株式数が増加した分だけ**減少**する。**流通量が増加**すれば**株価は下がる**。ある会社の株式が1株の市場株価が高騰して，高くて取引しにくい株式銘柄になってしまった場合，分割を行えば，株価が「お求め易い価格」になり株式市場で流動性が高まるメリットがある。ホールケーキをカットしてピースで販売するのと同じである。

　株式分割では，併合と違い，**零細な株主にも不利益が少ないことも重要で**ある。たとえば，1株を10株に分割する場合，設定された基準日における株主名簿上の各株主の保有する株式に応じて同じ割合で分割されるので，4株保有の株主Aは40株，200株保有のBは2,000株，9株保有のCは90株となり，誰も株主の地位を喪失することはない。それぞれの保有株式数に応じて同じ比率で株式数が増加するので，ABC間の持株割合も相変わらずであり，会社に対する支配関係にも変動がない（184条1項）。

　このため，併合と違い，株式の分割については取締役設置会社では**取締役会の決議**で行うことができる。取締役会決議では，①分割の割合および基準日，②分割の効力発生日，③種類株式発行会社である場合は分割する株式の種類，について決定しなければならない（183条2項）。

　しかし，株式の分割も，併合の場合と同様に，「4倍ルール」に影響をもたらすので，会社はその対応が必要となる。分割は，流通している株式（発行済株式）を増やして，これから発行可能な株式の数が減じる効果があるから，あまり，細かく分割すると定款記載の発行可能株式総数の枠を超えてしまい，分割ができない可能性もある。そのようなときは，定款を変更して，この枠を拡大することになる。定款の変更には株主総会の特別決議が必要なことは言うまでもない。そのときはもはや取締役会決議だけで株式の分割はできなくなる。

　そこで，会社法は，分割の効力発生日の前日の発行可能株式総数に分割の割合を乗じた数の範囲内に収まる場合に限り，株主総会の特別決議がなくても，発行可能株式総数を拡大する定款変更できるとした（184条2項）。たとえば，分割の効力発生日の前日において，発行済株式の総数が5万株，発行可能株式

総数が8万株の会社があったとしよう。1株を2株にする（2倍）分割が行われると，たちまち発行済株式総数は10万株となり，発行可能株式総数8万株の枠では，分割された発行済株式の増加分をカバーできない。この場合，8万株の2倍，発行可能株式総数16万株とする定款変更を認めれば，増加分をカバーでき，未発行分も残る。ただし，分割の割合と異なる数，たとえば3倍，4倍とすることはできない。また，2種類以上の株式を発行している株式会社には，この例外的措置が適用されないので，原則どおり，株主総会の特別決議を要する。

◆株式の無償割当て

　株式の無償割当て（185条）とは，株主に対して**新たに払込みを求めず**（無償），当該会社の株式を割り当てることをいう。割り当てた株式の分だけ，分割と同様に，発行済株式数が増えるが，無償のため会社の資産が増えるわけではない。一方，分割と違い，無償割当てはある種類の株主に異なる種類の株式を割り当てることもできる（186条2項）。たとえば，「普通株式1株につき配当優先株式1株」という無償割当てを行った場合，普通株式10株を有する株主Aは，普通株式10株，配当優先株式10株を保有することになる。また，会社は保有している自己株式に対して無償割当ては行われないが，保有する自己株式を株主の無償割当てとして交付することは可能である（186条2項）。たとえば，「普通株式1株につき普通株式1株」という無償割当てを行った場合，普通株式10株を有する株主Aに対し，会社は普通株式である自己株式10株を交付することで，自己株式を処分することができる。

　株式の無償割当てを行う場合も，分割と同様に，取締役会設置会社では定款に別段の定めがない限り，**取締役会の決議**による（186条3項）。その際，①株主に割り当てる株式数またはその数の算定方法，②効力発生日，③種類株式を発行する会社の場合は，割当てを受ける株主の有する株式の種類，について決定しなくてはならない。

　株主は無償割当ての効力発生日に割当てを受けた株式について株主となる（187条1項）。たとえば，「普通株式1株につき普通株式1株」という無償割当てを行った場合，普通株式を10株保有する株主A，200株保有するBは，割当

て後，Aは20株，Bは400株を保有する株主となるが，AB間の持株割合や会社に対する支配関係，会社の資産にも変化はない。また，会社は，株主に対して，その株主は受けた株式数を効力発生日から遅滞なく通知しなければならない（187条2項）。

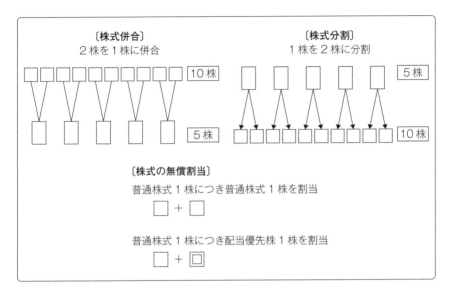

第6章

資 金 調 達

　事業活動を行うためには，企業の形態を問わず資金が必要であることは言うまでもない。企業の形態として，株式会社を選択した場合は株式という返済の必要のない自己資金を調達できる。一方，企業には様々な資金調達の手法があり，株式会社は株式以外の手法でも資金調達ができる。では，どのような資金調達の手法があるのか，学んでいこう。

1　資金調達の手法と分類

　資金調達の手法はお金の「でどころ」で分類できる。会社は，日々の事業活動で自ら儲けたお金（利益）を会社内部に貯めておくことができる。これを**内部資金**という。また，会社の外部からお金を集めてくることもできる。これを**外部資金**という。たとえば，銀行からお金を借りる（借入金），株式や社債を発行して投資家にお金を投じてもらうことである。内部資金による資金調達は**内部金融**，外部資金による調達は**外部金融**ということになる。この外部資金（外部金融）は，会社が株式や社債のように投資家に直接アクセスして資金を集める場合を**直接金融**，銀行等の金融機関を通じて資金を融資してもらう場合を**間接金融**に分類できる。

　資金調達の手法は集めた資金に返済義務があるか否かという視点でも分類できる。この返済義務のない資金が株式である。株式は原則として払戻しの必要がない資金であり，株式や内部資金のような**返済義務のない資金**を**自己資本**という。これに対し，**返済義務のある資金**，たとえば借入金や社債は**負債**となり，会社の借金（債務）となる。ここで注意したいのは，会社が発行するツー

ルでも，**株式は返済義務のない自己資本**なるのに対して，**社債には返済義務が
ある**ことである。会社は，社債の償還日が到来すると社債権者（社債を購入し
た者）に返済することになる。このように，返済義務のある資金を**他人資本**と
いう。

　株式会社はこうした手法を組み合わせて資金調達を行っている。では，株式
会社は株式と社債のいずれを選択すべきであろうか。返済義務がないという視
点では株式による資金調達が考えられる。しかし，株式には株主総会における
議決権の行使という経営参加権があるので，企業買収や経営者の交替も可能に
する。一方，社債には経営参加権はないが，社債発行時に約束した確定利息の
支払いは会社に利益がなくても支払わなければならず，償還日が到来すれば元
本の返済も生じる。株式を発行すべきか，社債を発行すべきか，いずれの手法
で資金調達を行うかについては，取締役会の決議で決定されることになる。

　さて，投資家の立場からすると，株式にしろ，社債にしろ，発行する株式会
社の経営の安定性は気になるところである。学習者の皆さん，とくに就職活動
を始めた学生の皆さんは，「自己資本比率」という用語を聞いたことがあると
思う。**自己資本比率**とは，自己資本と他人資本の比率のことであり，この比率
が高ければ，「借金（負債）の少ない会社」を意味する。会社の貸借対照表（第
9章で学習する）に記載されている**純資産（自己資本）÷総資産（負債の部＋資
本の部）の計算式で算出**できる。近時は，自己資本比率が高いことが，安定し
た企業経営のバロメーターであるという考え方もあり，投資家らの関心を集め
ている。

2　株式の発行
◆授権株式制度と募集株式の発行等
　株式会社は定款で発行可能株式総数を定め，設立時には必ずその4分の1以
上を発行しなければならないことになっている（37条3項本文）。会社がスター
トし，順調に事業活動を行っていくプロセスで，残っている発行可能株式数の
範囲内で，会社は株式の発行を決定して資金調達をすることになる。この決定
は取締役会のある会社の場合は，**取締役会の決議**で行う（201条1項・199条2
項）。取締役会のない会社の場合は株主総会の決議が必要なこの権限を取締役

会は授けていることになるので，この制度を**授権株式制度**と呼んでいる。発行可能株式総数は授権株式数を意味する。授権株式制度において株式を発行することを，会社法では**募集株式の発行等**といい，募集に応じて株式の引受けの申込をした者に対する株式の発行のほか，自己株式の処分によって割り当てられる株式をともに募集株式とよぶ（199条1項）。

　さて，会社の成長に合わせて取締役会の決議により募集株式の発行等を行っていくと，発行可能株式総数のうちいつしか未発行の株式がなくなり，すべて発行済株式となるときがやってくる。将来の発行可能な株式数（授権株式数）がゼロになることは，株式の分割でも起こりうることはすでに学んだ（第5章109頁）。このような場合は，株主総会の特別決議により，定款を変更して発行可能株式総数を拡大することになる（113条3項1号等）。この拡大は発行済株式総数の4倍と定められている（「4倍ルール」）。

　例えば，発行可能株式総数が4,000株と定款に記載がある場合，設立時には1,000株以上の払い込みが必要である。残り3,000株が未発行の授権株式数となる。この状態で，徐々に募集株式の発行等がなされ，発行済株式総数が3,000株，授権株式数は1,000株となった場合，3,000株の4倍まで発行可能株式総数を拡大する定款変更を株主総会の特別決議で行う。そうすると，定款変更後は，発行可能株式総数は1万2,000株となるが，この枠のうちすでに3,000株は発行済株式なので，残り9,000株が授権株式数となり，このようにしておけば，「4倍ルール」とも矛盾しないことになる。

◆募集株式発行の3形態
　募集株式の発行形態には，次の3つの形態がある。

(1)　株主割当て
すでに株主となっている者（既存株主）に対して，株式の割当てを受ける権利を付与して，それらの者に株式を発行することを，**株主割当て**という（202条1項）。第5章で学んだ株式の無償割当ては，この株主割当てを新たな払込みを伴わない無償で行うため，会社は資金を新たに調達することはできない。ここでいう株主割当てとは，**有償**で行う，つまり**新たな払込み**をもって株式を

割り当てることを想定している。株主割当てとは，既存株主はその保有する株式数に応じて募集株式の割当てを受ける権利を付与がする（同条2項本文）ことをいう。あくまで権利であるから，有償の場合は払込みの負担ができない既存株主は応じなくてもよいが，その者の持株比率は下がり，既存株主間の持株比率が変化することがある。

(2) 公　募

　会社は，相手方をとくに指定せず，ひろく世間一般に，株式引受けの申込を募集することができる。既存株主も含む，不特定多数の者に対しての募集，すなわち**公募**を行うことになる。この形態では，大規模な資金調達は可能となるが，誰が公募に応じるかわからないため，会社にとって敵対的な投資家が株主となって，企業買収や経営改革を迫られる可能性もある。また，新規株主が増えて，既存株主の比率が低下する（希薄化する）ことが多い。また，発行価額が市場株価より低いときは，既存株主が不利益を感じることもある。

(3) 第三者割当て

　この形態は，わが国で頻繁に利用されている。**第三者割当て**とは，会社がある特定の者に対して募集を行い，その特定の者のみに株式が発行されることになる。この形態では，会社にとって都合の良い者にだけ株式が発行され，その者が払込みを確実に行うので，敵対的な企業買収のリスクもなく，会社は資金が調達できることになる。会社は経営が厳しいときに，金融機関や支援してくれる企業に第三者割当てを行うことが多い。ただし，会社の経営は安定に向かうことが期待される一方，公募と同様に既存株主は希薄化することになる。

◆株式発行手続の手順

　さて，ここからは，株式発行手続の手順を説明していく。上記のように株式発行には3つの形態があり，形態によって手続の内容が違う場合もある。

(1) 募集事項の決定

　株式を発行するにあたり，最初にどのような募集を行うのか，募集に関する

事項の決定が必要となる。

①　公募・第三割当ての場合，取締役会は以下の事項（募集事項）を決定しなければならない（201条1項・199条1項各号・2項）。すなわち，募集株式の数，募集株式の払込金額またはその算定方法，現物出資（金銭以外の財産を出資の目的とするとき）の場合はその旨並びに当該財産の内容および価額，金銭の払込みまたは財産の給付の期日または期間，増加する資本金および資本準備金に関する事項。

②　株主割当ての場合，取締役会は，上記の募集事項に加えて，ⅰ株主に対し，申込みにより，募集株式の割当てを受ける権利を与える旨，ⅱ募集株式の引受の申込みの期日，を決定しなければならない（202条1項・3項3号）。株主割当ては，既存株主に対して行う募集株式の発行であるが，割当てを受ける権利はすべての既存株主に付与されるが，既存株主は権利を行使して割当ての申込みに応じなくてもよい。権利にすぎず義務ではないからだ。

(2)　募集事項の公示

①　公募・第三割当ての場合，会社は募集株式の払込期日または払込期間初日の2週間前までに募集事項を株主に対して通知または公告しなければならない。これは，法令もしくは定款に違反また著しく不公正となる株式発行であった場合に株主の（募集株式発行）差止請求権（210条）を担保するためである。

②　株主割当ての場合，上記(1)②において述べたように，株主は割当てを受ける権利は有するものの，払込みが必要な有償割当てに応じるか否かは株主の判断である。その判断をしてもらうために，会社は株主に対して，引受の申込期日の2週間前までに，募集事項・当該株主が割当てを受ける数，引受申込期日を通知することを要する（202条4項）。この通知を受けた株主は，引受申込期日までに申し込みを行わないと，この割当てを受ける権利を失うことになる。これを**失権（権利落ち）**という（204条4項・202条1項2号）。

(3)　株式の申込み・割当て・引き受け

では，申込みを行ってから株式を引き受けるまでの流れをみていく。

① 募集株式の引受けの申込み

会社は，募集株式の引受けについて，申込みをしようとする者に対し，商号・募集事項・金銭の払込取扱場所・その他法務省令で定める事項を通知しなくてはならない（203条1項）。一方，金融商品取引法の定める発行開示規制の適用を受けて申込みを行おうとしている者に対して目論見書（もくろみしょ，募集事項のほか当該企業の概要を掲載した書類）を交付しているときは，会社は重ねて通知する必要はなくなる（同条4項）。

申込みを行う者は，氏名・名称，住所および引受株式数を記載した書面を会社に交付して，申込を行い，**申込者**となる（同条2項・5項）。

② 会社による株式の割当て

申込みが期日までに行われると，取締役会は申込者のうち，**割当て**を受ける者およびこの者に割り当てる株式数を決定する（204条1項・2項）。このとき，誰に何株割り当てるかは，会社側の自由である。これを**割当自由の原則**という。ただし，会社側（経営者）にとって申込者が敵対的な場合，会社側に友好的な申込者に多くの割当てを行えば，割当自由の原則の濫用として，不公正な方法による株式発行の差止請求に発展する可能性がある。

③ 申込者の引受け

割当てを受けた申込者は，その割当てを受けた株式につき**株式引受人**となる（206条）。株式引受人は，出資を履行するすなわち払込みを行って株主となる権利を有する。この引受人としての権利は他人に譲渡することができる。これを**権利株の譲渡**という。ただし，その譲渡は，当事者間の関係にすぎず，会社に対抗することはできない（208条4項）。

④ 上記に対する例外として総数引受契約

募集株式を引き受けようとする者が，その総数について引受けを行う契約（総数引受契約）を締結する場合には，203条・204条による上記の手続は適用されない（205条1項）。ただし，募集する株式が譲渡制限株式である場合は，定款で別段の定めがない限り，取締役会の決議（取締役会のない会社は株主総会の特別決議）によって，総数引受契約の承認を受ける必要がある（205条2項）。

⑤ 払込み・株式発行の効力発生

上記③により株式引受人となった者が，株主になるためには，払込み金額を

金銭による払込みまたは現物出資の給付により，**全額（全部）払い込まなければ
ならない**。払込みがなければ，失権して株主となる権利を失う（208条5項）。

　払込みを行った株式引受人は，払込期日が定められている場合はその日に，
払込期間が設定されている場合は（払込みの）履行があった日，株式発行の効
力が発生し，**払込みを行った株式引受人**は，その日に**株主**となる（209条）。株
式発行の効力が生じると，発行済株式総数，資本金の額などが登記事項の内容
が変わるので，会社は変更登記を行う（911条3項5号・9号，915条1項）。

◆打切り発行

　さて，会社が公募により，1万株の募集株式の発行をした場合，払込みまた
給付があった分が8,000株であったとすると，その分に関してだけ株式発行が
成立する。これを**打切り発行**という。コンサートでチケット完売でなくても空
席を残したままコンサートが開催されるのと同じである。募集株式の発行の仕
組みは，学習者の皆さんが利用するイベントやコンサートのチケット購入のし
くみと似ている。たしかに，購入希望者が座席位置を選択できず抽選制であっ
たりする点は，割当自由の原則に通じる。このようにイメージするとわかりや
すい。

　ただし，**株式取引**は，他人への譲渡の際，引受価額より高値取引，あるいは
廉価取引（損切り）が行われる点は，違法とされるチケット転売とまったく異
なるので注意したい。株式取引には**投機性**が容認されている。それゆえ，**株式
市場**が成立し，投資家はリスクを承知でリターンを求める。

◆「有利発行」にまつわる問題

　募集株式の発行において，募集株式の払込金額は，株式を引き受けようとす
る投資家（株主）にとっても，発行会社にとっても重要なポイントである。た
とえば，募集株式の払込金額を1株500円としたとしよう。この時，市場株価
が1,000円であれば，投資家にとっては魅力的である。とりわけ第三者割当て
による増資では，発行するすべての株式に払込みが行われ，会社の資金調達は
成功する。一方，市場株価が高値のときに株式を取得した既存株主には不公平
を感じ，増資により自分の保有率の低下することも不満となろう。発行済株式

総数が増えるので1株当たりの価値も減少する。しかも，払込金額は取締役設置会社では取締役会の決議で決定されてしまうのが原則である（201条1項）。

　そこで会社法は，**「特に有利な金額」で株式を発行する場合**，募集事項の決定は株主総会の**特別決議**によることとし，株主の意思を反映させることを求めている（199条・201条）。当該株主総会において，取締役は有利発行の必要性につき説明を要する（201条1項・199条3項）。このように，会社法は，会社にとっての資金調達の必要性と既存株主の不利益のバランスをとろうとしているが，「特に有利な金額」の具体的な基準に明記していない。このため「特に有利な金額」をめぐって，裁判例から解釈の基準が構築されている。

◆株式発行の差止請求

　株式会社が，**法令もしくは定款に違反**しまたは**著しく不公正な方法**で株式を発行し，それにより株主が不利益を被るおそれがあるとき，株主は会社に対して**株式発行の差止請求**をすることができる（210条）。差止請求訴訟を提起した場合，判決を得るまでに時間を要するので，原告である株主は裁判所に差止めの**仮処分申請**を行うことが多い。

　差止請求は，株式発行の**効力発生前**に不利益を被る株主を**事前**に救済する制度である。会社に対する不利益ではなく，株式発行により株主自身が不利益を被るおそれがあることが要件となる。この点は，取締役の違法行為に対する株主の差止請求権（360条）と異なる。210条の要件は，次のように分類できる。①**法令違反**として，取締役会の決議の欠缺や有利発行であるが株主総会の決議を経ていない（201条1項），発行条件は均等でない（199条5項）などがある。②**定款違反**として，定款に定めた発行可能株式総数を超過する場合（37条1項・2項），定款に定めていない種類株式を発行する場合（108条1項・2項）などがあり，③**著しく不公正な方法**として，たとえば，資金調達の目的ではなく支配権を確保するために第三者割当を行うことが考えられる。

◆株式発行の無効の訴え

　株式発行の差止請求が株式発行の効力発生前の事前救済制度であるのに対して，**無効の訴え**は，株式発行の効力が発生したあとの**事後救済制度**である。す

でに株式が発行されているため，無効となれば法律関係の安定や取引の安全に影響が生じる。したがって，一般的な無効の主張と違う制度を会社法は定めている。

　まず，株式発行の無効の訴えを行う場合は，会社を相手方として提訴するとき，株式発行の効力発生日から6か月以内に提訴期間が限定される（834条2号・3号，828条1項2号・3号）。訴えができる者（提訴権者）は，株主のほか，取締役・執行役・清算人・監査役に限られる（828条2項2号・3号）。一方，被告となった会社は，裁判所に担保提供命令（836条）を求めることができる。これは，会社に対する濫訴を防止するもので，敗訴した原告に悪意や重過失があった場合は会社に対し損害賠償責任が生じる（846条）。

　つぎに，**無効判決の効力は対世効を持つ**。一般的な民事訴訟の判決の効力は当事者間のみに及ぶが，株式発行の無効を認める判決の効力は原告以外の第三者にも及ぶ。つまり，無効の効力は，原告である株主の株式だけでなく，当該株式発行において発行されたすべての株式に及ぶ。ただし，**遡及効はない**。

　一般的に，無効とは過去に遡って原初から効力がないことをいうが，かりに株式がひとたび発行されて，剰余金の配当や株式の譲渡，株主総会での議決権の行使などがすでに行われたのち，無効判決が下されたとしよう。こうした法律関係をもとに戻すことは，逆に法律関係を不安定にし，取引の安全にマイナスの影響を及ぼしてしまう。

　そこで，会社法は無効判決の遡及効を否定し，無効判決により，判決の日から当該株式は将来に向けてその効力を失い，その株式に対する株主の地位は消滅する（839条）とした。会社は払い込まれた金銭を返還することになり，発行された株式は発行されなかったことになるので，その分だけ発行可能株式数が増えて，発行済株式総数が減少することになる。これに伴い登記の変更なども必要となる。

　これとは別に，株式発行の**不存在確認の訴え**という制度（829条）がある。これは，株式発行の手続が行われていないのに株式発行の登記が行われているような場合で，提訴権者や提訴期間に制限はなく，いつでも，だれでも提訴できる。判決の効力には対世効がある（839条）。

◆株式引受人等の責任

　株式発行において，申込を行い株式引受人となった者が，かりに取締役と通じて著しく不公正な払込金額で引き受けた場合，当該株式引受人は公正な価額との差額を会社に対して支払う義務を負う（212条1項1号）。また，金銭ではなく現物出資によって払込みが行われる場合，現物出資額が不足すれば会社の資本充実が損なわれる。よって，現物出資をした株式引受人は，給付した現物出資した財産の価額が募集事項で決定された払込価額に著しく不足したときはその不足額を会社に対して支払う義務を負う（212条1項2号）。ただし，当該株式引受人が善意・無過失である場合は株式の引受けの申込みを取り消すことができる（同条2項）。

　一方，株式引受人が，払込みの仮装をした場合には，会社に対し仮装した払込金額全額の支払義務を負う（213条の2第1項）。株式引受人の仮装払い込みに関与した取締役等は，任務懈怠がなかったことを証明しないかぎり，会社に対して，当該株式引受人と連帯して支払い義務を負うことになる（213条の3）。この支払義務が履行されたのち，株式引受人は株主としての権利行使ができるようになる（209条2項）。一方，仮装払込みによる株式を取得した者は，このことにつき悪意または重過失がなければ，当該株式につき株主として権利行使ができる（同条3項）。

　取締役は，現物出資に不足がある場合，株式引受人と連帯して，不足額を会社に対して支払う義務を負う（213条1項・4項1号）。また現物出資の証明を行った弁護士・公認会計士・税理士等も，無過失であったことを立証できないときは，同様に株式引受人と連帯して，不足額を会社に対して支払う義務を負う（213条3項・4項2号）。

3　新株予約権

　学習者の皆さんは，人気商品を購入する際，発売前に予約を行い，ショップから予約整理券や予約番号をもらったことがあるだろう。ときには予約金を支払うこともあろう。そして発売日には，整理券や番号を提示し，商品代金を支払って，楽しみにしていた商品が購入できる。たとえば，店頭販売価格2000円の商品につき，予約金200円を支払って整理券をもらい，発売日には予約者

販売価格1800円で入手できるとする。売り切れや行列も心配なく，商品が確保され，なかなか便利なシステムである。投資家も人気のある企業が新しく株式を発行するならぜひこの機会に投資したいと思うであろう。

　これから学ぶ新株予約権は，こうした商品予約整理券システムとほぼ同じである。しかも会社法は，新株予約権を他人に譲渡でき，しかも有償で譲渡することまで認めている。ショップの商品予約整理券と違い，新株予約権にはそれ自体に投機性があることになる。

　新株予約権とは，会社に対して行使することにより当該株式会社の株式の交付を受ける権利（2条21号）と定義されている。では，新株予約権の学習をはじめよう。

◆新株予約権の発行手続の手順

　新株予約権の発行も，すでに学習した募集株式とほぼ同様の手順となる。募集に応じて新株予約権の引受けの申込みをした者に対して割り当てられる権利が，**募集新株予約権**である。ただし，新株予約権を割当てられても，すぐに株主になれるわけではない。商品予約整理券を入手しても同時に商品が入手できないのと同様に，まず新株予約権者となっておき，株主となるのは，実際に新株が発行される段階での権利行使を行うことが必要となる。

　ここでは，「新株予約権1個につき普通株式1株を10万円（株式の取得対価）で10株まで取得できる新株予約権を2024年3月1日に割り当てる。新株予約権の払込金額は新株予約権1個につき5万円である。この権利行使期間は2024年4月1日から同月30日まで。」という事例で説明することにする。

(1)　募集事項の決定

　①　公募・第三割当ての場合，取締役会は以下の事項（募集事項）を決定しなければならない（240条1項・238条1項1〜5号・2項）。すなわち，募集新株予約権の内容と数，募集新株予約権を無償発行する場合はその旨，有償発行の場合は払込金額（募集新株予約権1個の対価，上記の例では5万円）またはその算定方法，募集新株予約権の割当日（上記の例：2024年3月1日），払込期日を定めるときはその期日に関する事項である。このうち，新株予約権の内容とし

て，新株予約権の目的となる株式の数・種類（上記の例：新株予約権1個につき，普通株式10株），権利行使価額と算定方法（上記の例：発行される新株の取得対価として1株10万円），権利行使期間（上記の例：2024年4月1日から4月30日）のほか現物出資の場合についても定めなくてはならない（236条1項各号）。新株予約権の発行は登記が必要となる（911条3項12号）。

　②　株主割当ての場合，取締役会は，上記①の募集事項に加えて，ⅰ株主に対し，申込みにより，募集新株予約権の割当てを受ける権利を与える旨，ⅱ募集新株予約権株式の引受の申込みの期日，を決定しなければならない（241条1項・3項3号）。

(2)　募集事項の公示・申込み・割当て

　募集事項の公示（240条2〜4項），新株予約権の申込み（242条）は，すでに学習した募集株式の発行の場合と同様の手続となる。したがって，新株予約権の場合にも割当自由の原則が適用することに注意したい。募集株式の発行と違い，新株予約権は即座に株式を取得して株主としての地位を発生させるわけではないが，新株予約権の割当てが決定する割当日には，新株予約権の申込者に対して割当てられた新株予約権の数が通知される（243条）。この時点で，申し込んだ希望通りの数の新株予約権を割り当てられない申込者も生じることになる。

(3)　新株予約権の払込み・新株予約権発行の効力発生
①　無償発行の場合

　新株予約権が無償で発行される場合は払込みの必要はない。「払込金額0円」といったほうがわかりやすいかもしれない。無償発行の場合は，募集事項を決定する際，払込期日を定めておく必要はない（238条1項5号）。割当日において新株予約権発行の効力が生じ，割当てがあった申込者は新株予約権者となる（245条1項1号）。これは，②の有償発行の場合も同様である。
②　有償発行の場合

　新株予約権は有償で発行される場合であっても，とりあえずのところ，割当日において新株予約権者となる。しかし，権利行使期間の初日の前日または払

込期日があるときはその日までに，払込金額を全額払っておかないと，新株予約権を行使できない（246条1項・3項）。上記の例で確認しよう。この場合，新株予約権1個につき払込金額は5万円であるから，権利行使期間の初日の前日，つまり2024年3月31日までに新株予約権の取得対価（払込金額）である5万円全額の払込みを済ませておかないかぎり，普通株式1株当たり10万円で10株購入するという権利行使ができないということになる。

(4) 新株予約権の権利行使

新株予約権の権利行使（280条）は，無償発行であれ，有償であれ，**権利行使期間**（236条1項4号）に行うことになる。このとき，新株予約権が**有償発行の場合は，その取得対価の全額払込みを済ませていないと権利行使できない**ことは，すでに述べた。注意したいのは，**新株予約権の取得対価**と**株式の取得対価**はそれぞれ支払う必要があるので，新株予約権者は，権利行使期間中に株式の取得対価を支払うことになる。これを**新株予約権の権利行使**をという。その**権利行使日**において新株予約権者は**株主**となる（282条1項）。

有償発行の例で確認すると，新株予約権者は，新株予約権1個につき取得対価5万円を2024年3月31日までに払い込めば，権利行使期間中の4月1日から30日までの間に，新株予約権1個につき普通株式1株当たり10万円の価額で10株まで購入できる。かりに4月15日を権利行使日とするとその日に100万円（株式の取得対価1株10万円×10株＝100万円）を払込み，権利行使して株主となる。つまり，105万円（新株予約権取得対価5万円＋100万円）を投じて10株を取得したことになる。かりに4月15日の市場株価が1株あたり15万円であったとすると，10株を市場で購入すれば150万円が必要だから，新株予約権を行使するほうが得である。株式取得後にさっそく，取得した株式を他人に市場株価以上の金額で譲渡すれば投資家は45万円以上の利益を得ることになる。ところが，4月15日の市場株価が8万円であったとすれば，新株予約権を行使すると逆に高い買い物をすることなるので，投資家は新株予約権の権利行使をしないであろう。そして，権利行使期間内に行使しなければ，新株予約権は失効する（権利落ち）ことになり，新株予約権の取得対価5万円が損切りとなる。割当てを受けて新株予約権者となった投資家は，権利行使期間の初日

の前日である3月31日の時点で市場株価を見極めて，新株予約権の内容である1株10万円より市場株価が下落し回復の兆しがないと判断すれば，新株予約権の取得対価である5万円すら払い込まないかもしれない。投資家にとって新株予約権の権利行使はもはや利益にならないからである。

　さて，新株予約権の権利行使が行われると，会社は，新株予約権者に対して，あらたに株式を発行するか，または会社が保有する自己株式を交付する。そして，新株予約権者は株主となる。会社は自己新株予約権を取得することができるが，会社自身は権利行使することはできない（280条6項）。

◆新株予約権の譲渡

　新株予約権者は，新株予約権を自由に譲渡できる（254条1項）。ここで，譲渡の効力は，株式と同様に，当事者の意思表示によって生じるから，会社または第三者に対する譲渡の対抗要件が問題となる。

　会社は，新株予約権の割当日以後，株主名簿と同様に，遅滞なく，新株予約権者の新株予約権原簿を作成しなくてはならない（249条）。したがって，当事者間で新株予約権の譲渡があったときは，名義書換えとして，新株予約権の取得者の氏名・名称および住所が新株予約権原簿に記載されないかぎり，新株予約権の譲渡は会社・第三者に対して対抗することができない（257条1項・249条3号イ・260条1項）。

　一方，会社は新株予約権を発行するとき，新株予約権としての権利を表章する新株予約権証券を発行する否か決めなくてはならない（238条1項1号・236条1項10号）。新株予約権証券を発行することを選択した会社は，原則として，新株予約権の割当日以降，遅滞なくし新株予約権証券を発行しなくてはならない。さらに新株予約権証券には，記名式（取得者の氏名・名称が記載されている）の証券と無記名式の証券がある。新株予約権の譲渡は証券の交付によりおこなわれる（255条1項本文）ため，前者の記名式新株予約権証券の場合，新株予約権の譲受人は第三者に対しては証券の占有（証券を物理的に所持している）により，会社に対しては新株予約権原簿の名義書換え（257条1項・2項，260条1項）により，対抗できる。後者の無記名式新株予約権証券の場合，新株予約権の譲渡は証券の交付によって行い，無記名式であるため新株予約権原簿の名義

書換えはないので，証券の占有をもって会社及び第三者に対する対抗要件となる（258条3項）。もっとも，株券すら不発行が原則となった今，新株予約権証券を発行することは稀である。

◆新株予約権の有利発行

　新株予約権の発行においても，募集株式の発行と同様に，新株予約権が有償発行されるときに払込金額が新株予約権の引受人に「特に有利な金額」である場合，または無償発行とすること自体が新株予約権の引受人に「特に有利な条件」である場合，株主総会の特別決議を要する（283条2項・3項，240条1項）。取締役は当該株主総会において，特に有利な金額・条件につき説明を行わなくてはならない。

　このように，会社法は，新株予約権の有利発行には株主総会の特別決議を要件としているが，「特に有利な金額」の具体的な基準に明記していない。しかし，株式の場合と違い，新株予約権の無償発行は必ずしも有利発行とならない点に注意を要する。なぜなら，新株予約権を権利行使期間の市場株価によっては，権利行使条件が不利益になり，新株予約権者は行使しないこともあるからである。募集株式の発行と違い，新株予約権は，それ自体に払込金額が必要な有償発行または無償発行があり，さらに実際株主となるためには，権利行使期間に株式の取得対価を払い込んで権利行使が行うというツー・ステップになる。このため，有利発行か否かの判断はより複雑となり，裁判例が存在している。

◆新株予約権発行の差止請求・無効の訴え

　新株予約権は発行されたのち権利行使期間に権利行使を行うツー・ステップになっているが，権利行使の段階ではじめて既存株主に大きな影響が生じる可能性がある。そこで，新株予約権の発行の段階から既存株主に対する保護を会社法は想定している。

　たとえば，募集株式の場合と同様に，株主には，新株予約権の差止請求権がある。会社が，法令もしくは定款に違反しまたは著しく不公正な方法で新株予約権を発行し，それにより株主が不利益を被るおそれがあるとき，株主は会社

に対して新株予約権発行の差止請求をすることができる（247条）。有利発行に該当する可能性があるにもかかわらず，株主総会の特別決議を行わず取締役会の決議で新株予約権の発行を行えば，有利発行に関する会社法の法令違反として差止めの対象となる。また，敵対的な買収を防衛するため，新株予約権を特定の第三者に対して割り当てる場合，著しく不公正な方法による発行して差止めの対象となることも考えられる。

　新株予約権の差止請求が事前救済制度であるのに対して，新株予約権の無効の訴えと不存在確認の訴えは事後救済制度である（828条・829条）。この点も募集株式の場合と同様である。まず，無効の訴えを行う場合は，提訴期間が6か月以内に限定され，提訴権者も，株主のほか，取締役・執行役・清算人・監査役に限られる。無効判決の効力に対世効があり遡及効がない点も同じである（838条・839条）。被告となった会社は，新株予約権の払込金額を返還することも同じである。

　ただし，新株予約権が無効なった場合，株式に対する払込みが行われたわけではないので，会社の発行済株式総数や発行可能株式数に変化はない。

★ Plus　新株・新株予約権の発行に関する裁判例

【新株の不公正発行 ── ベルシステム24事件（東京高裁平成16年8月4日）】

　上場会社であるY社の約40％の株式を保有する筆頭株主X社は，Y社取締役の過半数をX社関係者が占める取締役選任議案を定時株主総会の株主提案と提出した。一方，Y社は，A社との事業計画のための資金調達としてB社（証券会社の子会社）に対する第三者割当てとして新株を発行する取締役会決議を行い，約1000億円の資金調達を行おうとした。この新株発行が行われると，B社の持株比率は約51.5％となり，X社は約19％に減少する。そこで，X社は本件新株発行が「著しく不公正な方法（210条2号）」にあたるとして，発行差止めの仮処分を申請した。

　本申請は地裁で却下されため，X社は抗告を行った。本件の争点は「新株の不公正発行のの基準」である。本件ではY社の経営陣とX社の間は友好的でないことが，株主総会の株主提案から窺い知れる。Y社は支配権維持のために新株を発行してX社の持株比率の低下を図った可能性がある。とすれば，新株発行の主要目的は，会社法上あくまで資金調達であるべきであり，かりに主要目的が会社支配権の獲得・維持であるとすれば不当であるといえよう。裁判所は，

本件の場合，「事業計画のために本件新株発行による資金調達の可能性があり」
かつ「事業計画にも合理性がある」としたうえで，「支配権の維持が本件新株発
行の唯一の動機であったとは認めがたい」とした。さらに，支配権の維持が「会
社の発展や業績の向上という正当な意図を優越するものであったとは認めがた
い」という理由をもって，本件は「著しく不公正な方法」による株式発行にあ
たらないと判示した。

　つまり，新株発行において，不当な目的（例：支配権の獲得・維持）を凌駕
する正当な目的（例：事業計画のための合理的な資金調達）があれば，「著しく
不公正な方法」による新株発行にあたらないということが明らかになった事例
である。新株発行が事前に差止めされるためには，より強い不当な目的の存在
が問われることなろう。

【新株の有利発行 ── 宮入バルブ事件（東京地裁平成16年6月1日）】

　上場会社Y社は，Xらによる大量の株式買占めにより株価が異常に高騰，X
らは株式の36.7%を保有するに至り，Y社定時株主総会では経営者の交替を提案
してきた。そこでY社取締役会はA氏に対し1株あたりの払込金額393円で新株
を第三者割当ての方法で発行する決定をした。この時のY社の市場株価は1010
円であり，6か月平均株価も721円であったため，Xは，払込金額393円という
金額は「特に有利な金額（199条3項，201条1項）」にあたり，株主総会の特別
決議が必要であるところ，それを経ていないから，法令に違反するとして，本
件新株発行の差止めの仮処分を申し立てた。

　裁判所は，「原則として，新株の払込金額が，払込金額決定の直前の株価より
も特に低い場合は有利発行にあたる」としたうえで，本件の393円と1010円と
いう比較において，特に低い金額であるとした。また，日本証券業協会には業
界自主ルールがあり，かりにこれに従って算出しても低い金額であるので自主
ルール違反となり，Y社株式の高騰は高止まりして一時的でないことから，「本
件新株発行は有利発行にあたる」と判示した。

　有利発行であれば株主総会の特別決議，そうでなければ取締役会の決議とな
り，新株の払込金額（発行価額）により，会社の対応すべき手続は大きく異な
る。しかし，実務では，取締役会のよる払込金額決定の時点で市場株価が乱高
下する場合も多く，有利発行の認定は難しい。かりに法令違反とならないよう
株主総会を開催したとしても，招集通知から総会会日までに時間があるため，
払込金額が市場株価と乖離し，会社法違反にならないまでも経済的には投資家
の期待に反することもあろう。本件でも業界自主ルールに依拠したり，裁判所
の工夫がみられる。

【違法な新株予約権の行使と非公開会社（最判平成24年4月24日）】

　すべての株式に譲渡制限をしている非公開会社Y社は，経営陣であるAらに

ストック・オプションとして新株予約権を発行する旨の株主総会の特別決議を行った。この新株予約権の行使条件はY社が上場し，その上場後6か月間は新株予約権を行使できないというものだった。ところが，Aらは，Y社がいまだ上場していないのに，新株予約権を行使しようとし，Y社もこれに応じてAらに株式が発行されてしまった。これを知ったY社監査役Xは，Aらに対する株式発行を（事後的に）無効とする訴えをX社に提起した。

本件は違法な新株予約権の行使の問題である。裁判所は，本件株式発行は無効であるとした。非公開会社の場合，株主割当て以外の方法で募集株式を発行すると，既存株主のバランスに影響することから，会社法は株主総会の特別決議により募集事項を決定しなくてはらないとしている。新株予約権の発行の場合も同様である。しかし本件では，そうやって株主総会の特別決議で，新株予約権の行使条件を決定したにもかかわらず，それを無視して新株を発行してしまった。

裁判所は「行使条件に違反した新株予約権の行使による株式の発行は…株主総会の特別決議で経ないまま株主割当て以外の方法による募集株式の発行がされた場合と異なるところはないから，新株予約権の行使による株式の発行には無効原因がある」と判示した。

本件では，非公開会社における既存株主の支配的利益が重視されている。かりに株主割当て以外の方法で新株が発行されると，Y社のようなすべての株式に譲渡制限がついている非公開会社の株主は持株比率に甚大な影響が生じるからである。ゆえに，株主総会の特別決議で意思確認されるのである。したがって，単に行使条件に違反しただけでなく，株主総会の特別決議で示された株主の意思を尊重する意味が，判決に込められていると考えたい。

4 社　　債

◆社債とは何か

社債とは，社債を発行する株式会社（これを，**社債発行会社**という）を債務者とする**金銭債権**であり，会社法676条の規定にしたがって，社債を引き受けた**社債権者に利息と元本ともに償還される**ものをいう（2条23号）。

第6章の冒頭で学習したように，株式会社が発行する資金調達のツールのうち，株式は返済義務のない自己資本であるのに対して，社債は，金融機関からの借入金と同じように返済義務があり，会社の負債（債務）となる他人資本である。会社は，**社債の償還日**が到来すると社債権者（社債を購入した者）に利息と元本を返済しなくてはならない。ではなぜ，会社は資金調達の手段とし

て，社債を選択するのであろうか。それは，社債には株主総会における議決権
行使という経営参加権・経営に対する監督是正権がないためと考えられてい
る。一方，社債権者の償還日に利息を受け取るという利益はどのように担保さ
れているのであろうか。社債権者の利益保護は社債制度の重要なポイントであ
る。ここでは，社債の仕組みについて学び，株式との相違を考えていこう。

★ Plus　社債を発行している企業

社債管理者と社債管理補助者

　社債を発行する株式会社（社債発行会社）は，社債管理者を定めて，社債権
者のために社債の管理を委託しなくてはならない（702条）。社債管理者は銀行
や信託会社その他法務省令（会社法規則）で認められる者に限られ（703条），
この者が社債の管理にあたる。つまり，社債発行会社自身は社債の管理の実務
は行っていないことになる。社債管理者の管理内容には，社債発行会社から社
債管理者になされる弁済の受領や社債権の保全などにも及ぶ。社債管理者は，
社債権者のために公平誠実義務（704条1項）と善管注意義務（同条2項）を負
う。社債発行会社（委託者）と社債管理者（受託者）は，702条の定めにより委
託関係にあるので，この両者間ではすでに善管注意義務が成立している。そこ
で，社債管理者と社債権者の間については，あらためて社債管理者の義務規定
を704条に置くことにより，社債権者の利益を保護していることになる。

　社債管理者は，社債権者集会（後述）の決議がない場合は，①当該社債の全
部について社債発行会社に支払猶予すること，②社債発行会社の債務不履行に
よって生じた責任の免除または和解すること，③社債の全部についての訴訟行
為や倒産手続に関する行為（705条1項の行為を除く）をすることはできない
（706条1項1号・2号）。

　社債管理者は，社債権者のために社債にかかる債権の弁済を受け，債権の実
現を保全するための一切の裁判上・裁判外の行為をする権限を有する（705条1
項）。社債権者と社債管理者が利益相反する場合にあって，上記の行為を行う必
要があるときは，裁判所は債権者集会の申立てによりに特別代理人を選任しな
くてはならない（707条）。弁済を受けたり，時効中断の措置をしたり，債権を
保全する行為のために必要があるときは，社債管理者は，裁判所の許可を得て，
社債発行会社の業務や会社財産の状況を調査できる（705条4項）。

　社債管理者が，会社法違反または社債権者集会の決議に違反したときは，社
債権者に対して，連帯して損害賠償責任を負い（710条1項），同条2項に掲げ
る4つの事象においても損害賠償責任を負うとする特別規定がある。ただし，
社債管理者が，社債の管理の懈怠がなかったこと，または社債権者の被った損

害が社債管理者の行為によるものでないことを立証した場合は2項の責任は負わない。2項の規定を置く理由は、かりに社債発行会社に債権を有する金融機関（銀行）が社債管理者になっている場合、自分の債権回収を優先しようとして社債権者に対する利益相反行為を行うおそれがあるので、これを防止するためである。

　社債管理者は、社債発行会社と社債権者集会の同意があれば辞任できる。この場合、社債管理者が複数いればよいが、そうでない場合、社債管理者はあらかじめ事務を承継してもらう社債管理者を定める必要がある（711条1項）。同意がない場合であっても、当初の委託契約書に、事務を承継する社債管理者に関する規定・辞任事由の規定をあらかじめ記載しておけば、辞任できる（同条2項）。また、やむを得ない事由が生じたときは裁判所に許可を得れば辞任できる（同条3項）。一方、社債管理者に非があるときは、社債発行会社または社債権者集会の申立てにより裁判所が社債管理者の解任を行う（713条）。

　なお、会社法は一定の場合、例外として、社債管理者を置かないことを認めている。一定の場合とは、各社債の金額が1億円以上である場合その他社債権者の保護に欠ける恐れがないものとして法務省令（会社法施行規則169条）で定める場合をいう（702条但書）。しかし、社債に管理する最低限の事務は必要であるため、社債発行会社は社債管理補助者を置くことができる。社債管理補助者は、銀行や信託会社、法務省令で定める弁護士・弁護士法人が務める（714条の3・703条）。社債管理者と社債管理補助者の違いは、社債管理補助者には、債務の弁済を受ける権限が当然にない（705条1項）という点ことである。このため、社債発行会社が社債管理補助者を置くこととして委託契約を締結する場合、契約内容として定めることになる（714条の4第2項）。社債管理補助者には、710条2項の損賠賠償責任に関する特別規定の準用はない。

◆社債権者集会

　社債権者集会とは、社債発行会社の社債を引き受けて社債権者となった者によって組織される会議体である。社債発行会社が複数の種類（たとえば償還日が異なる等）の社債を発行している場合には、社債の種類ごとにそれぞれ集会が組織される（715条）。社債権者集会は、すでに説明したように会社法の定める事項や社債権者の利害に関する事項があった場合、同じ種類の社債を保有する社債権者が当該事項につき決議することで利益保護を目的とする。

　ここで学習者の皆さんは、株主総会を想起するであろう。しかし、株主総会と異なり、社債権者集会には、株主総会のような会社機関ではなく、**会社外の**

組織に過ぎない。議決権は各社債権者が保有している社債の金額の合計額に応じたものとなる（723条1項）。決議の効力の発生には，あらためて裁判所の認可が要件とされ（734条1項），この点も決議のみで効力発生する株主総会と異なる。

社債権者集会は必要がある場合にはいつでも招集できるとされ（717条1項），定時株主総会のように年一回の開催が必要とされているわけではない。社債権者集会の招集者は，社債発行会社，社債管理者または社債管理補助者（同条2項・3項）であり，社債権者は一定の場合には裁判所の許可を得て招集することができる（718条3項）。ただし，償還されていない社債の総額の10分の1以上に該当する社債を保有する社債権者は，社債権者集会の目的である事項および招集理由を示して，上記の招集者（社債発行会社・社債管理者・社債管理補助者）に対して，社債権者集会の招集を請求することができる（718条1項）。

社債権者集会の招集者が招集を行うときは，①社債権者集会の日時および場所（719条1号），②社債権者集会の目的事項（同2号），③社債権者集会に出席しない社債権者が電磁的方法により議決権を行使することができるとする場合はその旨（同3号），④このほか会社法施行規則172条に定める事項，これらを定めて，招集通知に記載しなくてはならない（720条3項）。招集通知は，社債権者集会の会日の2週間前までに発しなければならない。

◆社債の発行手続き

(1) 発行手続きの流れ

株式会社が社債を発行する社債発行会社として，社債を引き受ける者を募集しようとする場合は，発行の都度，募集社債に関する事項（676条1項）を定めることになる。**募集社債**とは，募集に応じて引受けの申込みをした者に対して割当てる社債のことである。676条1項1号から12号に定める募集社債に関する事項のうち主なものは，①募集社債の総額（1号），②各募集社債の金額（2号），③利率（3号），④償還の方法および期限（4号），⑤利息支払いの方法および期限（5号），⑥社債券を発行するときはその旨（6号）等である。

社債券を発行することを選択したときは，社債券面に，社債発行会社の商

号，社債の金額，種類を記載する（697条1項）。社債券には**利札**（りふだ・り
さつ）という利息支払請求権を表章する有価証券を付けることができる（同2
項）。社債の払込金額10万円，償還日に利息1万円を支払うという内容の社債
の場合，利札付き社債券のイメージは，半券付きチケットのように，社債券に
「利息1万円」と記載した切取り部分を付けた形態で発行することになり，こ
の切取り部分が利札である。もっとも，株券と同様，リアルの社債券を発行す
ることは稀になった。

さて，社債発行会社は，募集社債の引受けの申込みをしようとする者に，通
知を行うことになる（677条1項）。通知の内容は，①会社の商号，②発行会社
が定めた676条各号に掲げる事項，③このほか会社法施行規則163条で定める
事項（3号）である。

募集社債の引受けの申込みをしようとする者（**申込者**）は，①氏名または名
称，および住所，②募集社債の金額及び金額ごとの数，③社債発行会社が676
条9号の最低金額を定めたときは希望する払込金額を記載した書面を，社債発
行会社に交付しなければならない。これが**引受けの申込み**となる。

社債発行会社は，申込者の中から募集社債の割当てを受ける者とその者に割
り当てる社債の金額等を決め（678条1項），これらを，払込期日の前日までに
申込者に通知する（同2項）。申込者に**割当て**が行われると，その者は**社債権
者**となる（680条）。

なお，発行される社債の総額を引き受ける総額引受け契約を，社債発行会社
と締結して社債権者となる場合は677条と678条による上記の手続きは行われ
ない。

(2) 社債発行にかかわる会社の機関と実務

上記のような，募集社債の発行にかかる決定のうち，「767条第1号に掲げ
る事項その他の社債を引き受ける者の募集に関する重要な事項として法務省令
（会社法施行規則99条）で定める事項」は，社債発行会社の取締役会が行うこと
になる（362条4項5号）。しかし，それ以外の事項は，他の会社機関，すなわ
ち代表取締役や業務執行取締役に委任できると解釈されている。したがって，
実務では，募集社債の総額を取締役会で決定しておき，実際にいつ，どれだけ

発行していくかは，代表取締役に委任し，小分けして社債を発行する「シリーズ発行」により機動的な資金調達を行うことができる。

募集社債を発行する場合，引受けの申込みが予想より少ないこともある。このとき，申込みがあって割当てできた分だけ募集社債を発行することを**打切り発行**という。コンサートが満席完売にならなくても公演が開催されるのと同じである。これに対し，募集社債の総額が引き受けられない限り社債の発行を中止する旨をあらかじめ定めておけば，社債の発行自体をすべて取りやめることができる（676条11号）。ただし，これは，空席があればコンサートを中止するのと同じだから，あくまで例外である。

(3)　社 債 原 簿

株式における株主名簿の同様に，社債発行会社は，社債においても社債権者の名簿であるところの**社債原簿**を，社債を発行した日以後遅滞なく作成しなければならない。この社債原簿に記載する事項は681条に定められている。社債原簿の備置きおよび閲覧についても，基本的には株主名簿と同じ内容である（684条）。閲覧の請求も一定に場合を除いてできない（同条3項）。ただし，社債原簿に記載されているのは，社債権者という会社に対する金銭債権者の情報であり，会社支配に関わる株主の情報とは性質が違う。このため，株主名簿の閲覧拒絶事由である，「株式会社の業務を妨げ，又は株主の共同の利益を害する目的」（125条3項2号）は，社債原簿の閲覧等請求の拒絶事由には規定されていない。

(4)　社債の譲渡

社債は他人に譲渡することができる。社債券が発行されている場合といない場合とで，譲渡の対抗要件や効力に違いがある点も，株式や新株予約権と同様である。

社債券が発行されていない場合は，譲渡の効力は，当事者間の意思表示で発生し，会社に対する対抗要件も第三者に対する対抗要件も，社債原簿への記載を要する（688条1項）。

社債券が発行されている場合は，社債券を譲渡人に交付することで譲渡の効

力が発生する（687条）。社債券には記名社債券と無記名社債券がある。前者の場合，会社に対する対抗要件は社債原簿への記載（688条1項・2項）が必要であるが，第三者に対しては記名社債券の交付でよい。これに対し，後者の場合，会社に対する対抗要件も第三者に対する対抗要件も，無記名社債券の交付でよい（688条3項）。このように，有価証券がリアルに存在した時代は，「交付」という物理的な行為がそのまま対抗要件となった反面，紛失・盗難のリスクもあった。ペーパーレス時代となり，有価証券の意味も変化している。

◆新株予約権付社債

　新株予約権をセットにした社債のことを**新株予約権付社債**という（2条22号）。これは，社債の償還金を募集株式の取得代金に充当できるもので，以前は転換社債とよばれていたものである。たとえば，社債発行会社は，社債の償還日には多くの社債権者に支払いを行う義務があるため，多額の資金を準備する必要がある。しかし，社債権者が払い戻された金額で社債発行会社の株式を購入にしてくれれば，会社にとって，その金額は株式として返還義務のない自己資本になる。こうしたスキームを会社法で法制化したものが，新株予約権付社債ということになる。では，詳しく見てみよう。

　新株予約権付社債は，社債部分と新株予約権部分で構成される。新株予約権部分は，当該会社の株式を一定の金額で取得できる権利を表している。通常の新株予約権であれば，権利行使期間に金銭（または現物出資）により，あらかじめ提示されていた取得対価を新たに払い込むことにより株式を取得できるという流れになる。これに対し，新株予約権付社債は，この**取得対価の払込みに社債部分（償還される元本）を充当**すればよく，社債権者は**新たな金銭（または現物出資）による払込みは不要**のまま，社債権者から**株主になる**ことを可能にする。つまり，**社債発行会社が返還すべき金額（社債の償還金）**が，セットになって付いていた新株予約権の権利行使により，**株式の取得代金として利用**できる。これは社債発行会社にとっても，社債を払い戻す必要がなくなるので，両者の間に償還金のやりとりはなくなる。このため，社債発行会社の業績が好調で市場株価が上昇している時であれば，そのまま新株予約権を行使して株主となったほうが投資家にとって好ましいだろう。逆に，市場株価が下落して償

還金に価値がある時は，新株予約権は行使せず，社債部分の償還請求を行い，元本の返済と利息の支払いを受けたほうが良いであろう。このため，市場株価が上昇し続けたバブル期には当時，転換社債と呼ばれたこのスキームが企業にとっても投資家にとっても魅力があった。しかし，バブル崩壊後は，投資家が新株予約権部分を権利行使せず，社債発行会社に対して社債部分の償還金（元本＋利息）を求めたため，経営が厳しくなった企業も存在している。

　なお，新株予約権付社債の発行手続・引受け申込みは新株予約権の発行手続に従う（248条）。ただし，新株予約権付社債はセットになっているので，譲渡の際，新株予約権部分と社債部分を切り離して譲渡することはできない。

第7章

組織再編

◆組織再編とは何か

　学習者の皆さんは，ニュースや企業の広告などで，「Ａ社はＢ社と合併し，4月1日により，新しくＣ社に生まれ変わります。」とか，「長年ご愛顧いただいた当社のレストラン部門は10月1日より外食チェーンＸ社によって運営されることになりました。」とか，見聞きしたことがあるだろう。これらはすべて会社法に深くかかわる組織再編，あるいは企業再編とも呼ばれる行為で，会社法第5編（743条以下）に規定が定められている。

　会社法第5編では，組織再編として，組織変更，合併，会社分割，株式交換，株式移転および株式交付の6つ行為を規定している。このほか，事業譲渡やキャッシュアウトを含めることもできる。

(1)　組織再編の種類

　組織変更とは，会社法が定める合名会社・合資会社・合同会社・株式会社が，別の会社形態にその組織を変更することをいう（2条26号）。つまり，合名会社が株式会社になったり，株式会社が合資会社になったりすることをいう。組織変更は，複数の会社がかかわるものではなく，ある1つの会社がその法人格を維持したまま会社形態を変更するにすぎない。そこで，本書では第8章で会社の設立と合わせて解説する。本章で解説するのは次の5つの組織再編行為である。

　合併には，Ａ社（存続会社・吸収会社）がＢ社（消滅会社・被吸収会社）を吸収して，Ａ社のみが存続する**吸収合併**（2条27号）とＡ社もＢ社も合併により

消滅して，それらの権利義務の全部を合併により新しく設立する会社 A'（新設会社）が承継する**新設合併**（2条28号）がある。前者は，大企業や業績の良い会社が，中小企業等を呑み込む場合が多く，後者は対等な企業同士が合体して新しい企業グループ（集団）を形成するときに用いられることが多い。

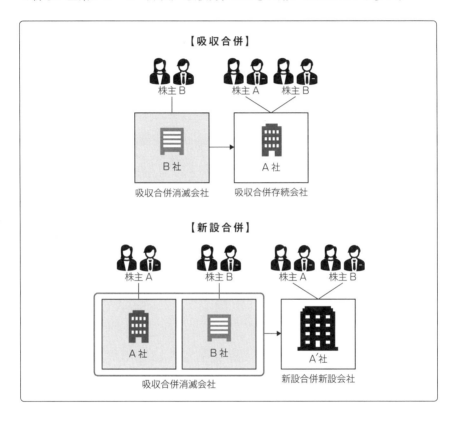

【吸収合併】

株主B　　　　　株主A　　株主B

B社　　　　　　　　A社

吸収合併消滅会社　　吸収合併存続会社

【新設合併】

株主A　　　株主B　　　　　株主A　　　株主B

A社　　　B社　　　　　　A'社

吸収合併消滅会社　　　　　　新設合併新設会社

会社分割には，会社Aがその事業に関する権利義務の全部または一部を，分割後他の会社B（既存の会社）に承継させる**吸収分割**（2条29号）と，分割により新たに設立される会社 A'（新設会社）に承継させる**新設分割**（2条30号）がある。実務では「切り出し」と呼ばれており，事業譲渡と類似性がある。

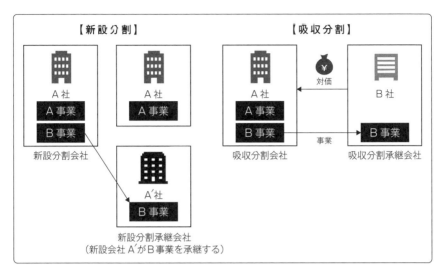

株式交換とは，A社がB社の発行済株式の全部を取得することをいう（2条31号）。これにより，A社の株主はB社のみ，つまりB社はA社の完全親会社になる。株主BはA社の株主となる。

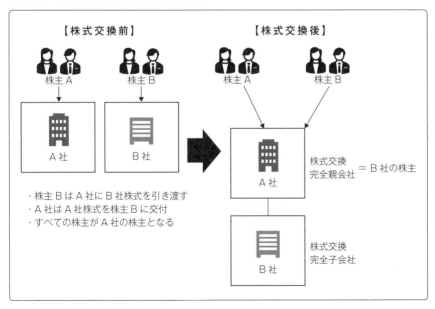

株式移転とは，一または複数の会社（A社，B社，C社など）が発行済株式

の全部を，新たに設立する株式会社（A'社）に取得させることをいう（2条32号）。株式移転の場合，完全親会社となるA'社が新たに設立される点がポイントであり，新たな企業グループの傘下に完全子会社がぶら下がるイメージになる。

　株式交付とは，会社（B社）が，他の会社（A社）を子会社とするため，A社の株主XからA社株式を譲り受けて，Xには対価としてB社株式を交付することをいう（2条32号の2）。XはB社の株主となり，このとき，全部取得条項付種類株式など使って株主に金銭交付する手法がキャッシュアウトである。この手法では，Xは，株式の対価として現金をもらうことで，もはや株主としての地位はなくなり，締め出されることになる。株式交付やキャッシュアウトでは，B社を親会社，A社を子会社とする親子会社関係が形成される。

(2)　組織再編を会社法で規制する意義

　業界第3位と第4位の企業が合併して1つの会社となれば，業界第1位になることも可能かもしれない。また，会社は不採算な部門を分割（切り出し）をして，経営効率を高めることもあろう。株式交換・株式移転あるいは株式交付を行うことにより，ある会社を完全親会社として，複数の子会社を傘下に置く企業グループを形成することもできる。子会社に事業を任せて，親会社は傘下の子会社管理に専心する純粋持株会社（ホールディングス）となることもできる。このように，組織再編は，経営者と投資家（株主）にとってダイナミックなヴィジョンを創造させることになる。

　しかし，株主のなかには，こうした組織再編行為に賛成できない者や不安をいだく者もいる。なぜなら，組織再編は株主の利害に大きな影響を与える可能性があるからだ。たとえば，業績が順調な大企業A社（吸収会社・存続会社）が中小企業B社（被吸収会社・消滅会社）を吸収合併するとき，B社は消滅するので，B社株主はA社株式を交付されることになる。このとき，株式交換比率は，両社の株主ともに納得がいく評価になっているだろうか？消滅会社のB社株主だけでなく，存続会社のA社株主にとっても気になるところである。また，合併によりあらたに旧B社株主を迎えるため，A社の既存株主の持分は相対的に低下することになる。

そこで，会社法は，組織再編行為を行うときは，株主総会で株主の承認をもとめることとし，しかも特別決議を決議要件とした。決議をするためには，株主に対して事前に当該組織再編行為に関する情報が開示されなくてはならない（事前情報開示）。また，当該組織再編行為が法令もしくは定款に違反し，株主が不利益を受けるおそれのあるときは，株主は会社に対して当該組織再編行為の差止めを請求できる（差止請求権）。一方，株主総会の決議で組織再編行為が承認されれば，これに反対した株主が生じる。これらの少数派の株主のなかには，もはや株主たる地位を解消したいと思う者もいるはずだ。株式譲渡による会社からの退出が会社法の原則であるが，非上場会社であったり，上場会社であっても市場株価が下落したり，容易に譲渡できない場合もある。会社法は，株主総会で組織再編に反対した株主に会社が公正な価格でその株式を買い取るよう請求する権利（株式買取請求権）を認め，少数派株主を保護している。

　では，様々な組織再編の手法について学んでいこう。

★ Plus　例外的に株主総会の承認決議が不要な場合

　組織再編において，次の3つの場合は株主総会の承認決議が不要である。すなわち，①事業譲渡，②略式組織再編手続，および③簡易組織再編手続である。このうち①については154頁で学習する。ここでは，②と③について解説する。組織再編はスピード感をもってダイナミックに行わなければ効果がないこともある。②は株主総会を招集して承認決議が成立する可能性が確実な場合，たとえば，組織再編の当事者である会社の議決権のほとんどすべてを「特別支配会社」が有しているとき，株主総会の承認決議を不要とする手続（略式組織再編手続）である。ただし，株主に交付される対価が組織再編の当事者である会社の財産状況に対して，著しく不当であり株主が不利益を受けるおそれがあるときは差止請求権が認められている（784条の2第2号，796条の2第2号）。③は，簡易組織再編手続と呼ばれるもので，規模の小さい組織再編行為については，そもそも株主が被る影響が少ないとされるため，株主総会の承認決議を不要としている。

　この考え方は，組織再編の各行為に通じており，詳しくはそれぞれの部分で解説する。

◆合　　併

　合併は，2つ以上の会社が1つになることであるから，会社法人の数が減少することになり，消滅する会社が生じる。会社法上の行為であるが，合併は当事者となる会社間の契約によって行われる。株主総会は，この合併契約の承認を決議することになる。

　すでに述べたように，A社（存続会社・吸収会社）がB社（消滅会社・被吸収会社）を吸収して，A社が存続する吸収合併（2条27号）と，A社もB社も合併により消滅して，それらの権利義務の全部を合併により新しく設立するA'社（新設会社・設立会社）が承継する新設合併（2条28号）がある。また，会社法は**合併自由の原則**（748条）を謳っており，会社形態が異なる会社間の合併も可能であり，合併後の存続会社や新設会社が株式会社以外の会社形態，すなわち持分会社のいずれかの形態を選択することも可能である。

　合併の重要な特徴は権利義務の包括的な承継（**包括承継**）である。消滅会社の権利義務は存続会社あるいは新設会社がもれなく引継ぐ。資産も負債もまとめて承継する。個別的な権利移転や債務引受け手続きも不要である。したがって，消滅会社の債権者や従業員にとって合併は不安が少ないと考えられる。

　では，会社法の定める合併の手続を解説する。

(1)　合併契約の締結

　合併は，当事者である会社間の間に合併契約の締結に始まる。契約で定めるべき事項は，会社法748条に規定がある。

①　吸収合併の場合の合併契約に記載すべき事項：

ⅰ　存続会社および消滅会社の商号と住所（748条1号）

ⅱ　消滅会社の株式に代えてその株主に交付する存続会社の金銭等に関する事項，株主への割当てに関する事項（同条2号・3号）

ⅲ　消滅会社の新株予約権に代えてその新株予約権者に存続会社の新株予約権を交付する場合，その新株予約権に関する事項（内容・数等）および新株予約権者への割当てに関する事項（同条4号・5号）。

ⅳ　吸収合併の効力発生日（同条6号）

②　新設合併の場合の合併契約に記載すべき事項は753条に規定されてい

る。上記①の吸収合併の場合と同様であるが，これに加えて，新設合併において設立される会社（設立会社・新設会社）に関する事項を合併契約に記載しなければならない：

i　新設合併において設立される会社の目的・商号・本店の所在地および発行可能株式総数（753条1項2号），そのほか当該設立会社の定款で定める事項（同項3号），設立会社の設立時の役員の氏名など（同項4号・5号）。

ii　新設合併の場合は，消滅会社の株主に交付されるのは「株式」である（同項6号7号）。吸収合併（上記①のii）の場合は，株式に代えて金銭等の交付も可能である点と異なる。なお，社債や新株予約権の交付は新設合併の場合も可能とされる（同項8号・9号）ので，上記①のiiiは同様である。

(2)　合併契約の内容の事前開示

　合併の当事者である会社（消滅会社および存続会社）は，合併契約の内容等を記載した書面または記録した電磁的記録を本店に備え置き，事前の開示を行う。株主はこの事前開示にアクセスして，株主総会において合併契約を承認すべきか判断をすることになる。また，会社債権者にとっても，合併に異議を申し述べるか否かの判断材料となる。

　開示の期間は，株主総会の会日の2週間前である「吸収合併契約等準備開始日」と呼ばれる一定の日から，合併の効力発生日後6か月までとされる。新設合併の場合は，消滅会社は新設される設立会社の成立の日まで開示を行う。つまり，株主総会で合併の承認決議が行われたのちも，開示は続いていることになる。

(3)　株主総会の承認が不要の場合

　原則として，合併の承認に関する株主総会の決議要件は特別決議である。ただし，例外的に承認が不要の場合が2つある：

　存続会社から消滅会社に株主に対して対価として交付する株式等（合併対価）の額が一定の額を超えない簡易合併（796条）の場合である。一定の額とは，合併対価が存続会社の純資産額の5分の1を超えない額をいう（同条3項）。つまり，存続会社にとって当該合併は影響が出るほどのイベントではないとい

うことである。この基準は他の組織再編行為にも適用される。

　もう1つは，**略式合併**（784条1項・796条1項）の場合である。略式合併には，特別支配会社が介在する。**特別支配会社**とは，A社の総株主の議決権の90％以上を単独で保有しているB社，あるいはB社の完全子会社であるC社と共同で保有しているB社のことをいう。つまり，A社の株主総会は，わざわざ決議を行うまでもなく，特別支配会社であるB社によってあらかじめ支配されていることになる。このような場合，A社が吸収合併の当事者（消滅会社であれ，存続会社であれ）となった場合，もはやA社における株主総会の承認は不要となる。

(4)　株式の買取請求

　株主総会で承認決議が行われると，合併に反対した少数派の株主らが生じる。これら反対株主は，承認決議に甘んじて株主の地位を保持するか，株式を手放して株主たる地位を解消するかの選択をせまられることになる。株式譲渡自由の原則により，上場会社であれば市場で売却したり，または他人に譲渡したりすればよいのであるが，組織再編に伴い株価が乱高下するなどして譲渡が困難になることもある。そこで，会社法は，吸収合併の消滅会社と存続会社，および新設会社の消滅会社の反対する株主（785条1項2項・797条1項2項・806条1項2項）は，自己の保有する株式を公正な価格で買い取ることを当該会社に対して請求できる制度（**株式買取請求権**）を設けている。

　ここで問題となるのは，公正な価格とは何かである。**公正な価格**とは，合併等組織再編の効果を反映した価格，いわゆるシナジー（相乗）効果による企業価値の変動を考慮した価格とされる。つまり，もともと合併がないときの株式が有した価額（「**ナカリセバ価格**」）ではなく，合併によって生じるシナジー効果により企業価値が高まり株価が上昇したときはその状況をもって公正な価格と考えることになる。

★ Plus　株式買取請求における公正な価格と企業価値

　組織再編の場合，反対株主には株式買取請求権が生じるが，その際の「公正な価格」が問題となる。組織再編が当該会社にとって企業価値の向上となるシナジー効果があるのか，変化がないのか，逆に企業価値が毀損されるのか，それらが買取価格に反映されることが望まれる。一方，上場会社の場合は，組織再編に連動して市場価格の変動も生じる。そこで，公正な価格を巡っては裁判例が多く，ここでは最高裁の2つの判例を紹介する。

【ナカリセバ価格が認められた事例 —— 最高裁平成23年4月19日第三小法廷決定】

　上場会社であるY社は吸収分割計画に対し，Y社の株主Xは反対し，株式の買取請求した。本件吸収分割によりY社の企業価値は増加も毀損もしないので，Y社の株式価値は吸収分割がなかったときと同じであり，公正な価格は「ナカリセバ価格」である。しかし，その算定する基準日をめぐり争いがあった。

　最高裁判所は「株主が会社から退出する意思を示した時点である株式買取請求がされた日を基準日として公正な価格を定めるのが合理的である」としたうえで，「シナジーその他企業価値の増加が生じない場合は，原則として当該株式買取請求がされた日におけるナカリセバ価格をいうものと解するのが相当である」とした。ナカリセバ価格を算定するには，「同日における市場株価やこれに近接する一定の期間の市場株価の平均値を用いることも，当該事案に係る事情を踏まえた裁判所の合理的な裁量の範囲内にある」としている。

【資本関係のない会社間の組織再編の事例 —— 最高裁平成24年2月29日第二小法廷決定】

　A社とY社はそれぞれ取締役会の承認を得てA社およびY社を株式移転完全子会社とし，株式移転完全親会社としてC社を設立する株式移転計画を作成し，公表した。A社とY社の間には特別な資本関係はない。株式移転比率は，Y社1株につきC社1株，A社1株につきC社0.9株であり，A社の株主総会で承認された。A社株主Xはこれに反対し，Xの保有するA社株式を公正な価格で買い取ることを請求し，提示価格の折り合いがつかず訴訟となった。

　最高裁判所は，まず，組織再編により企業価値が増加しない場合は，先の最高裁平成23年4月19日決定によることを確認したうえで，「一般に相互に特別の資本関係がない会社間において株式移転計画が作成された場合……株式移転比率が公正なものであるか否かについては，原則として株主と取締役の判断を尊重すべきである。……当該株主総会における株主の合理的な判断が妨げられたと認めるに足りる特段の事情がない限り，当該株式移転における株式移転比

率が公正なものと認めるのが相当である。」と判示した。これを本件にあてはめ，「本件株式移転比率は公正なものというべきである」とし，買取価格については原審差し戻しとした。

　本件では，お互いに特別の資本関係がない会社間で組織再編が行われる場合，対価の公正さの判断は，裁判所は原則として取締役（会）と株主（総会）の判断を尊重するという立場が示された。株主が判断できるよう情報が適切に開示されたうえで適法に株主総会において承認されなくてはならず，株主の合理的な判断が妨げられたと認められる特段の事情があれば，その限りではないとしている。最高裁は，手続の公正さに重点をおき，本件株式移転比率が企業価値の増加を適切に反映したかにつき，市場株価の変動には様々な要因があり，Ａ社の株価の推移の意味については踏み込まなかった。

　なお，最高裁の決定により差戻審（東高決平成25年2月28日）では，本件の組織再編によりＡ社の企業価値は増加すると判断し，本件株式移転比率は公正であるとした。よって，先の平成23年4月19日決定と同様に，株主Ｘが買取請求を行った日のＡ社の株価をもって，買取価格とした。

　さて，株主に買取請求権の行使の機会を付与するため，吸収合併の消滅会社と存続会社は，それぞれの株主に対して，吸収合併の効力発生日の20日前までに，吸収合併を行う旨，ならびに存続会社または消滅会社の商号と住所を通知しなければならない。新設合併の消滅会社は株主総会の承認決議から2週間以内にその株主に対し，新設合併を行う旨，ならびに新設合併で消滅する会社と設立される会社の商号および住所を通知しなくてはならない。一方，株式買取請求権の行使を株主が行うためには，吸収合併の場合は効力発生日の20日前から効力発生日の前日までに，新設合併の場合は会社からの通知または公告のあった日から20日以内に，買取請求する株式の数を明らかにしたうえで，会社に対して請求を行うことになる（785条5項・797条5項・806条5項）。つまり，買取請求権を行使する株主に与えられる時間は通知を受けてから20日以内となる。

　なお，反対株主の株式買取請求制度は，存続会社が簡易合併の要件を満たす場合は認められない（797条1項）。略式合併の要件を満たす場合は，特別支配会社の株主にも認められない（785条2項2号・797条2項2号）。

(5) 新株予約権の買取請求

吸収合併にしろ，新設合併にしろ，消滅会社はそもそも会社が消滅するわけだから，今後あらたに株式が発行されることはなく，新株予約権を行使する機会も消滅する。したがって，新株予約権者のケアが必要となり，会社法は一定の要件に従い，公正な価格で新株予約権を買い取ることを，新株予約権者が会社に請求できる制度を設けている。

(6) 債権者保護手続

会社債権者も合併により影響を受けることになる。そこで，会社法は会社債権者が合併に対して異議を申し立てることができるように，合併の消滅会社と存続会社は，合併に関する事項を，官報に公告・日刊紙または電子公告を行うか，知れている債権者には個別に催告する制度を設けている。合併に関する事項のうち，異議のある債権者は一定の期間（1か月以上の期間）に会社に対して異議を述べることができる旨が含まれており，一定の期間内に債権者から異議を述べなかった場合は合併の承認をしたものとみなされる。また，債権者が異議を述べたときには，会社は弁済，相当の担保の提供，弁済のための相当の財産の信託を行うことになる。

(7) 合併の効力と登記

吸収合併の場合，その効力は合併契約に記載された効力発生日に発生する。また，存続会社は消滅会社の権利義務を包括的に承継している。実務的には事業を継続していく上での権利義務関係は遺漏なく承継されることになる。しかし，消滅会社の解散は，登記後でなければ第三者に対抗することができない（750条1項・2項）。したがって，合併の効力発生日から消滅会社の解散登記完了までの期間は短くする必要がある。そこで会社法は，この期間を2週間以内とした。すなわち，消滅会社の解散登記は吸収合併の効力発生日から2週間以内にその本店の所在地において行うことになる（921条）。

新設合併の場合，新設合併による設立会社（新設会社）の成立日，すなわち設立登記の日に合併の効力が発生し，新設会社が消滅会社の権利義務を包括的に承継する。新設会社の設立登記が新設合併の効力発生要件となる。

⑻　事後の開示

　吸収合併の存続会社または新設合併の新設会社は，効力発生日以後遅滞なく，合併により承継した消滅会社の権利義務，その他合併に関する事項を記載した書面を作成し，書面または電磁的記録を 6 か月間本店に備え置かなければならない。これを事後の開示といい，合併の情報開示し，合併無効の訴えを提起しようとする株主や債権者に提供することになる。

◆会 社 分 割

　会社分割には，会社がその事業に関する権利義務の全部または一部を，分割後他の会社（既存会社）に承継させる吸収分割（2 条29号）と，分割により新たに設立される会社（新設会社）に承継させる新設分割（2 条30号）がある。

　吸収分割には，ある事業部門を切り出しその事業に関する権利義務を B 社に承継させる**吸収分割会社**（A社）と A 社が切り出した事業に関する権利義務を承継する**吸収分割承継会社**（B社）がある。

　これに対し，新設分割は切り出した事業に関する権利義務を承継する会社（A' 社）を新たに設立する点に特徴がある。つまり，ある事業部門を切り出しその事業に関する権利義務を新設会社（A' 社）に承継させる新設分割会社（A社）と A 社の切り出した事業に関する権利義務を承継する新設分割承継会社（A' 社）がある。分割会社 A 社は事業に関する権利義務の一部だけでなく全部を切り出して A' 社に承継してもらうこともできる。

　分割会社から権利義務を承継する承継会社は分割の対価として，その発行する株式を分割会社に割り当てる。これを**物的分割**という。上記の例でいえば，B 社株式が A 社に割当てられる，あるいは A' 社株式が A 社に割り当てられることになる。

　これに対し，その発行する株式を分割会社の株主に割り当てることを**人的分割**という。上記の例でいえば，B 社株式を A 社の株主に割り当てる，あるいは A' 社株式を A 社の株主に割り当てることになる。人的分割については，会社法の規定に定められていないが，まず物的分割を行い，その後分割会社が対価として得た株式を株主に，「剰余金の配当」として分配すれば，実務的に可能

である。

★ Plus　濫用的会社分割と最高裁判決・会社法改正

　会社分割は，合併と違い，「切り出し」であり，包括承継ではない点が重要である。本来は，会社分割は，切り出した事業を承継してもらい，分割の対価による資本関係を通じて，分割会社も承継会社もシナジー効果を得ることにある。濫用的会社分割とは，債務超過に陥り実質的に倒産状態にあるＡ会社が，一部の債権者と協議し，会社分割によって新設したＢ会社に採算部門や優良資産を承継させたうえで，不採算部門や不良資産，従業員等を残したＡ会社（分割会社）を清算することをいう。Ａ会社の会社債権者は会社分割に異議申立てができないばかりでなく，事後的に会社分割の効力を争うこともできない。（会社法828条1項9号10号・2項9号10号）。こうした濫用的会社分割を詐害行為として取消すことができるかにつき，最高裁判所は平成24年10月12日判決において，「新設分割設立株式会社にその債権にかかる債務が承継されず，新設分割について異議を述べることもできない新設分割株式会社の債権者は，民法424条の規定により詐害行為取消権を行使して新設分割を取り消すことができる」と判断した。これを受け，平成26年の会社法改正で，分割会社の残存債権者を保護する規定が設けられた。すなわち，「残存債権者を害することを知って」会社分割を実施した場合には，残存債権者は，そのような会社分割がなされたことを知ったときから2年以内に，承継会社に対して，「承継した財産の価額を限度として，当該債務の履行を請求することができる。」と定められた（759条4項本文・764条4項）。ただし，吸収分割の場合には，承継会社が，「残存債権者を害すべき事実」について知らなかったことを証明した場合には，かかる請求を免れる（会社法759条4項ただし書き）。このように，最高裁判決を受けて立法的解決がなされ，残存債権者は，会社法または民法424法を用いて承継会社に債務履行を請求する道が確保されたことになる。

◆株式交換・株式移転と株式交付

　Ｘ社は，調理器具製造加工を営む株式会社である。Ｘ社製和包丁は有名な料理人が愛用する「ブランド品」で，海外から東京合羽橋の専門店に買いに来る人もいる。創業者のＸ家では，包丁砥ぎ職人の祖父に始まり，金属加工技術の研究者である父が継ぎ，時代に合った製品を提供してきた。3代目にあたる息子は，税理士として資格をもち，会計参与として代表取締役である父をサ

ポートしているが、技術者ではないため、製品開発の面でX社の将来が危ぶまれている。株主構成は創業者一族が75％を保有し、残り25％を大手家電メーカーY社が保有している。さて、こうした場合、会社法の組織再編の手法を利用してX社の将来を考えてみよう。

　まず、すでに学んだ、「合併」に手法はどうか。合併には消滅会社と存続会社が存在するから、X社がその権利義務を他社に包括承継して消滅してしまうことは、創業家は望まないであろう。「会社分割」の場合は、X社の事業活動の一部を残し、残りをY社に分割することができればよい。しかし、仮にX社が、事業に関する権利義務の全部をY社に分割すれば、やはりX社の事業が消滅してしまう可能性がある。なんとか、X社の伝統的な和包丁製造技術を残して、Y社とともに事業を展開することはできないであろうか。Y社は調理器具も製造販売する大手家電メーカーであり、X社の金属加工技術はY社の電動ミキサーやフードプロセッサーのブレード部分に応用でき、Y社製品の競争力を高めることができる。さらにX社を完全子会社としてY社グループの傘下におけば、X社の技術を独占的に利用できる可能性もある。そこで、Y社を完全親会社、X社をその完全子会社とする完全親子会社関係を構築するための手法が「株式交換・株式移転」である。

　まず、完全親会社（Y）とは、他の会社（X）の株式の100％を保有する会社のことである。この親会社（Y）に株式の100％を保有されている会社（X）を完全子会社という。「完全」とは100％の意味で、子会社Xの株主は親会社Yしかいない、「一人会社」である。つまり完全親会社は、完全子会社の株主総会の議決権を全部もつので、株主総会で決議を有する事項のすべてを掌握できる。かりに、子会社の株主が複数いれば意見が分かれることもあり、子会社の管理運営が迅速にできないことも想定される。この点、完全子会社であれば、機動的でスピード感のある経営が可能となり、完全子会社の利益は、株主配当として完全親会社に還元されることになる。これを完全親子会社関係という。上記の例でいえば、X社は存続できるとともに、Y社グループにも貢献することになる。こうした**完全親子会社関係**をつくる会社法のツールが株式交換・株式移転制度である。

　株式交換は、既存のX社とY社の間で、X社株式の全部がY社に強制的に移

転し，その対価としてX社の株主に対してはY社の株式等が交付されることをいう（2条31号）。Y社が完全親会社，X社が完全子会社となる。つまり，子会社となるX社は存続することができ，株主であった創業者一族は親会社となるY社の株主となる。一方，Y社は，X社の単独株主となる。

　株式移転は，Y社があらたにY'社を設立しておき，そこにX社株式の全部を移転させ，X社の株主に対してはY'社の株式等が交付されることをいう（2条32号）。新たにされたY'社が完全親会社，既存のX社が完全子会社となる。株式移転では，新会社の設立と株式交換が引き続いて行われるので，株式交換より複雑である。株式交換も株式移転も，当事者となる会社双方の株主総会の特別決議を要件とする。実務的には，完全親子会社関係により既存会社の傘下に入り，子会社として服することを望まない企業もある。こうしたとき，株式移転の手法をとれば，完全親会社は全く新しい「新設会社」となり，既存会社の傘下に服するというイメージは解消されるかもしれない。また複数の企業がこの新しい会社に株式移転すれば，完全親会社となる新会社が純粋持株会社（いわゆるホールディングス）となり，新しい企業グループ（集団）を誕生させることができる。学習者の皆さんは，○○グループ，●●ホールディングス（HD）というグループ企業名を見かけることがあろう。こうしたグループ企業のHPで「会社の沿革」というタブにアクセスするとグループ形成の経緯などが紹介されているので，実例に触れてみるとよい。

　株式交付とは，ある会社の親会社となろうとする会社が自社の株式をある会社の株主に交付して子会社化を図る手法（自社株を対価とする子会社化）である。かりにY社が，X社株式をX社株主からから譲渡してもらい，X社の株式をたくさん保有すれば，Y社はX社の支配株主となり，X社を子会社化できる。しかし，X社株式を譲ってもらうには多額の資金が必要である。この譲渡の対価を，金銭ではなく，Y社株式として交付すると，Y社は多額の資金を用意しなくてもよいし，譲渡の対価として受け取るY社株式の市場価値が高まれば，X社株式の譲渡人もY社株主になったほうが得だった，と思うであろう。これが，株式交付のイメージである。この場合，Y社を株式交付親会社，X社を株式交付子会社という。

　株式交付による子会社化の実務的なメリットは完全親子関係を構築する必要

はないことにある。株式交付は，合併や株式交換・移転のように**必ずしも100％（全株式）を取得する完全子会社化ではない**ので，たとえば，株主総会の普通決議を可決できる程度の株式取得（多額の財産でないこと）で目的が果たせるとしたら，コストがかからず子会社化が実現できる。また，子会社となる企業も，経営の安定を得たうえで，ある程度の自主性を維持できる。さらに，株式交付は，親会社となる会社と譲渡人の間で個別的に行われるものであり，株式交付親会社と株式交付子会社の間の契約締結ではない。また，株式譲渡人は株式交付を強制されず，応じないこともできる。したがって，いままで学んだ組織再編の手法より，募集株式の発行等における手続きに近いかもしれない。

　実務的には，株式交付の手法は M&A で利用されている。たとえば，150頁で事例として挙げた調理器具製造加工会社Xと大手家電メーカーY社のグループ化の場合も株式交付の手法でも解決できる。かりに，X社の株主構成が，X_1が30％，X_2が25％，X_3が20％，Y社が25％であったとする。このとき，X_2とX_3には対価としてY社株式または相当の金銭等を交付して，X社の株主構成はX_1が30％，Y社が70％とすればX社はY社が支配株主のY社の子会社となる。こうしておけば，X_1はX社株式の配当を引き続き得ることができ，創業家のX_2とX_3は，すでに金銭を受け取っているか，Y社株式の配当を受けることになり，円満な解決となる。

◆キャッシュアウト

　キャッシュアウトとは，現金（金銭）を対価として，少数株主を会社から締め出す意味の実務上の用語である。実務では以下のような方法を想定している。

(1) 全部取得条項付株式を用いる場合

　全部取得条項付種類株式を発行していれば，株主に対価として金銭を交付して，会社から退出させることができる。しかし，全部取得条項付種類株式を発行するには，定款変更が必要となり，そのために株主総会の特別決議を要する。よって，全部取得条項付種類株式を用いれば，たしかにキャッシュアウト

できるが，全部取得条項付種類株式の発行するためにけあらかじめ株主総会の特別決議による承認が必要である。

(2) 特別支配株主による株式等売渡請求制度

　総株主の議決権の90％以上を直接または間接に保有する**特別支配株主**が，株式（新株予約権，新株予約権付社債を含む）の売渡請求権を認めることで，特別支配株主以外の株主をキャッシュアウトさせることができる（179条）。特別支配株主は，自分以外の，株主の議決権の10％以下を有する株主に，株式に代えて現金を交付する売渡請求を求めることになる。

　特別支配株主が株式等売渡請求をするときは，請求する株主（売渡株主）に対して，交付する金銭やその割当てに関する事項，これらの株式等を特別支配株主が取得する日を定めなくてはならない（179条の2）。売渡株主への個別通知は不要とされる。つぎに，特別支配株主は，この旨を会社に対して通知を行い，取締役会の承認を受けることを要する（179条の3）。取締役会で承認した会社は，取得日の20日前までに売渡株主等に対して通知または公告を行なわなくてはならない（179条の4）。これにより，特別支配株主から売渡株主への売渡請求がおこなわれたことになり，特別支配株主は取得日に売渡請求した株式等をすべて取得することができる。なお，特別支配株主は，取得日の前日までに会社の承認（取締役会の決議）を得た場合に限り，すべての株式等売渡請求を撤回することができる（179条の6）。この撤回を会社が承諾した旨は，売渡株主等に通知されなくてはならない。

　一方，この制度では，株主総会の決議を要しないから，支配株主の専横により，売渡価格が不当に低いなど少数株主の利益は害されるおそれがある。そこで，会社法は，売渡株主は，特別支配株主に対して売渡株式等の全部の取得の差止めを請求することができる（179条の7）とした。また，売渡株主は裁判所に対しても，自分が有する売渡株式等の売買価格の決定を申し立てることができる（179条の8）。さらに，売渡株主は，取得日以後も6か月以内であれば，特別支配株主に対して無効の訴えを提起できる（846条の2，846条の3）。

◆事 業 譲 渡

　さて，最後に事業譲渡について解説する。事業譲渡は，合併のように法人格の得喪がテーマではなく，むしろ，法人格はそのままで，会社の事業活動を財産的にとらえて，他の会社に対する会社の重要な財産の譲渡とする契約がテーマと考えられる。しかし，事業譲渡の効果は組織再編である。たとえば，A社が複数の事業部門（食品製造部門，食品販売部門，レストラン部門）の多角経営を行っていた場合，外食チェーンB社にレストラン部門を事業譲渡して，A社は食品の製造販売業に徹するという組織再編は，吸収分割ではなく，事業譲渡としても考えることができる。

　事業譲渡等の承認は会社法468条1項に規定がある。すなわち，①事業の全部の譲渡，②事業の重要な一部の譲渡，③子会社株式の譲渡，④他の会社の事業の全部の譲り受け，⑤事業の全部の賃貸，事業の全部の経営の委任，他人と事業上の損益の全部を共通にする契約その他これに準ずる契約の締結，変更または解約，が列挙されている。②の場合であっても，譲渡する資産額が会社の総資産額の5分の1を超える場合は株主総会の決議（特別決議）を要し，金額が小さい場合，または金額が大きくても重要でない場合は株主総会の決議は不要である。では，事業譲渡等の手続を解説する。

　会社が事業譲渡等を行う場合，その効力発生日の20日前までに株主に通知等を行わなければならない。これにより当該会社の株主は事業譲渡等の差止請求と株式買取請求の開会を得る。つぎに，会社は株主総会の特別決議で事業譲渡等の承認を得る（467条1項）。事業譲渡等に反対する株主には公正な価格による買取請求権が認められ，会社に請求できる。公正な価格については，会社は反対株主と協議を行ない，整えば買取りを行うが，整わない場合は会社または株主は裁判所に対し，価格決定の申立てを行う。

　一方，事業譲渡等を行う会社間に親子会社関係があれば，子会社の株主総会決議はほぼ承認されるので，親会社が特別支配会社である場合は子会社の株主総会の承認決議は不要とする略式手続が認められている（468条1項）。また，小規模の事業の全部を譲り受ける場合も，その対価として交付する財産（金銭を基本とする）の帳簿価額の合計額が，純資産額の5分の1を超えない場合は，譲り受ける側の会社では株主総会の承認決議は不要である。

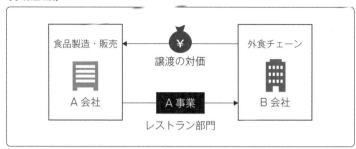

〔事業譲渡〕

食品製造・販売

A 会社

譲渡の対価

A 事業

レストラン部門

外食チェーン

B 会社

　会社が，その子会社の株式の一部または全部を他者に譲渡する場合，譲渡する株式の額が会社の純資産額の5分の1を超え，かつ譲渡の効力発生日に会社が当該子会社の議決権数の過半数を保有しない場合は，効力発生日の前日までに，株主総会の特別決議による承認が行わなければならない（467条1項2号の2）。また，この決議に反対する親会社株主には株式買取請求権が認められる。このように，事業譲渡は他の組織再編行為と手続的には類似性があるといってよい。

第8章

会社の設立・組織変更

◆会社の設立とは何か

「ローマは一日にしてならず」という諺があるが，会社の設立も電子化により迅速になったとはいえ，会社法の定める手続をクリアすることを要する。会社法の定める会社形態のうち，持分会社（合名会社・合資会社・合同会社）の場合は，出資者（社員）の数が少ないお互いに顔の見える範囲，つまり信頼性が高く，会社の事業規模も小さいため，その設立に関する手続は簡素である。しかし，株式会社の場合は，すでに学習したように，株式という割合的単位で広く出資を募り，出資者（株主）には株式の自由譲渡と間接有限責任の原則が適用される。しかも，株式会社の場合，事業規模が大きい。たとえば，2022年度の利益が1兆円を超えた大手総合商社も存在している。したがって，株式会社の設立に関する手続と第9章で学習する「会社の計算」，この二つが株式会社の枢要であり，厳格性が求められている。では，株式会社の設立手続についてみていこう。

◆発起人・疑似発起人

株式会社を設立する計画を開始した段階では，いまだ法人格取得以前の段階であるから，権利義務は会社名義にすることはできない。会社が成立していないから，まだ取締役もいない。では，誰が設立行為を行い，責任を負うのであろうか。このように会社の設立を計画し，会社の成立に向けて設立行為を行い，その責任を負う者を**発起人**という（25条2項）。会社の定款に発起人として署名した者（26条1項）が発起人となる。発起人は1名以上いればよいが，

必ず株式1株以上を引き受ける義務がある。

　発起人が設立の段階で行う行為は，設立後の会社に帰属させることができるか，発起人の権限はどこまで認められるかが問題となる。この点については，裁判例（最判昭和38年12月24日）と多数説は，「発起人の権限は，設立自体を目的とする行為に限られる」と解している。設立後の「営業」のための準備行為（**開業準備行為**）は設立自体を目的とする行為でないから，ただちに設立後の会社に帰属させることはできないことになる。たとえば，営業店舗の賃貸契約などは設立行為でないことになる。

　株式会社の場合，株主を広く募集する必要がある。このため株式会社の設立に賛助する旨を広告に記載する者がいることがあり，第三者が外観からそのような者を発起人と信じてしまうことがある。そこで会社法は，たとえ定款に署名していなくても，広告やインターネットで自己の氏名（名称）と当該株式会社の設立を賛助する旨を記載し，または記録することを承諾した者を発起人とみなして責任を負わせることとした（103条4項）。このような者を**疑似発起人**という。この制度により，発起人らしい外観を信じた第三者は保護されることになる。

◆設立中の会社

　さて，株式会社の設立の流れは，**定款の作成→出資の履行→会社機関の具備→設立の登記**と進み，設立登記によって法人格が付与され，株式会社の成立となる（49条）。このステップを済ませて，ようやく株式会社が誕生することになる。では，定款の作成から成立までの手続の間はどのようにとらえるべきであろうか。

　これを便宜的に「**設立中の会社**」という概念でとらえることになる。自然人は出生によって私権を享有し（民法1条），出生をもって権利能力の始期と定め，胎児と区別されるが，胎児は出生後の赤ちゃんと同一人物である。会社法人の場合も，設立中の会社には法人格はないが，設立後の会社と実質的に同一の存在であると考えられる。ゆえに，設立手続中の発起人による設立行為がそのまま成立後の会社に帰属するという考え方である。もっとも，設立中の会社に法人格はないから，権利義務の移転があっても会社名義とすることはできな

いから発起人名義となるしかない。また，設立手続を途中で中止して会社が成立できなかった場合は，設立中の会社は解散し，設立に関する行為は発起人が責任を負うことになる。

◆発起設立と募集設立

株式会社の設立手続は，発起人だけで出資して会社を設立する**発起設立**と発起人以外からも出資者を募る**募集設立**と2種類がある（25条1項）。小規模会社を目指す場合やベンチャー企業など，発起人らの起業意欲の結びつきや信頼関係がある場合は発起設立が利用される。

一方，募集設立では，発起人だけでなく，他の投資家も株式を引き受けることになるため，発起人以外の株主が会社成立の当初から存在することになる。このため，出資者である株主間の関係は希薄になりやすいが，多くの資本を得て大規模会社への一歩を踏み出すことになる。募集設立の場合，株式引受人の募集や，創立総会を開催して株式会社の役員を選出するなど，その手続は発起設立にくらべより複雑なものになる。

◆会社設立の流れ

では，株式会社の設立手続の流れを見ていこう。なお，発起設立と募集設立と手続内容が異なる場合はそれぞれ説明する。そのほかは発起設立も募集設立も共通の内容である。

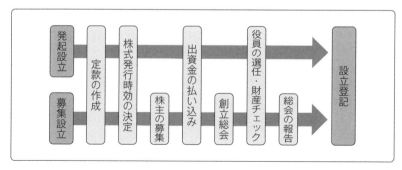

(1) 定款の作成

株式会社を設立する際，最初に作成されるのが定款である。**定款**には，設立

する株式会社のコンセプトが記載され，株式会社として事業活動を行っていくための根本を記した基本となる重要な文書である。会社が成立後，この定款を変更するには株主総会の特別決議が必要となることからもその重要性がわかる。発起人は，この定款を作成し，発起人全員が署名をしなければならない（26条）。

　次に定款を有効にするためには，**公証人**による**認証**を受けなければならない（30条）。作成された定款は公証人よる認証を受けて，その適法性を問われることになる。なお，いったん認証を受けた定款が，後日創立総会や株主総会で決議により変更される場合には，公証人による再度の認証は不要である。議案や議事録に記録が残り違法性リスクが減じるからである。

> ## ★ Plus　公証人とは？
>
> 　公証人は，国家公務員法上の公務員ではないが，国の公務である公証作用を担う実質的な公務員である。国から給与や補助金など一切の金銭的給付を受けず，国が定めた手数料収入によって事務を運営しており，手数料制の公務員とも言われる。公証人は，全国で約500名おり，公証人が執務する事務所である公証役場は約300か所ある。
>
> 　公証人が担う公証事務は，国民の権利義務に関係し，私的紛争の予防の実現を目指すものであり，公証人が作成する文書には，私署証書の認証のひとつである定款認証のほか，遺言や強制執行が可能である公正証書も含まれる。そのため，公証人は，単に高度な法的知識と豊富な法律実務経験を有していることが必要であるばかりでなく，職務の性質上，一方の当事者に偏ることなく，中立・公正の立場でなければならない。この点で，一方の当事者からの依頼を受けて，依頼者の代理人等として依頼者の公正な利益のために活動する弁護士や司法書士等の立場とは異なる。公証人は，原則として，裁判官や検察官あるいは弁護士として法律実務に携わった者で，公募に応じた者の中から，法務大臣が任命する（公証人法第13条）。また，多年法務事務に携わり法曹有資格者に準ずる学識経験を有する者で公募に応じ，かつ，検察官・公証人特別任用等審査会の選考を経たものについても，法務大臣が公証人に任命している（公証人法第13条の2）（日本公証人連合会公式 HP 参照 https://www.koshonin.gr.jp/system/s02/s02_02）。

では，定款には何が記載されているのであろうか。定款に記載される事項には，次の3種に分類される。

　絶対的記載事項（27条）は，記載しないと定款自体が無効となり，会社設立できなくなる事項である。すなわち，①目的（27条1号）：会社の事業目的やその内容などが示される，②商号（同2号）：商号にはA株式会社というように，かならず会社の種類を含まなければならない（6条2項），③本店の所在地（同3号）：会社の住所（4条）であり，本店の所在地で設立登記がなされる（49条），④設立に際して出資される財産の価額またはその最低額（27条4号），⑤発起人の氏名または名称および住所（27条5号）。

　相対的記載事項（28条）は，その事項につき定款に記載しないと効力が否定される（＝認められない）事項をいい，**変態設立事項**，「**危険な約束**」ともいい，次の4つをいう。

　①　**現物出資**（28条1号）：出資者が金銭以外のものを出資することである。この場合，差し出された現物の財産（土地等不動産のほか，美術品・有価証券など動産）の評価額が出資者に割り当てられる株式に相当するかどうかの評価が難しい。そこで，現物出資が行われる場合，その者の氏名または名称，当該財産およびその価額，その者に割り当てられる株式数を定款に記載し，かつ検査役の調査が求められる。検査役の調査は，少額の場合，不当のおそれがない場合または公正な評価が行われている場合は不要となる（33条10項）。

　②　**財産引受け**（28条2号）：会社のために発起人が第三者との間で，会社の成立を条件に財産を譲受しその効果が会社に帰属する契約（財産引受契約）において，第三者に過大な金額の対価を支払う契約をすれば成立後の会社財産が危うくなる。そこで，財産引受けの場合，定款にあらかじめ現物出資と同様に，譲渡人の氏名または名称，成立後会社が引き受ける財産およびその価額を定款に記載しておく。このような発起人と第三者間の財産引受契約は，定款に記載しないかぎり無効となり，会社には帰属しない。

　③　**発起人の報酬等**（28条3号）：発起人は，会社の設立を計画し，会社の成立に向けて設立行為を行うので，その対価として会社から報酬を得ることができる。この報酬の金額をあらかじめ定款に記載させることにより不当な金額の設定を防止でき，記載がない場合は発起人の報酬はない。報酬という名称で

はなく，発起人の功労を報いる特別の利益（株式の付与など）を与える場合も定款への記載を要する。

④ **設立費用**（28条4号）：発起人が設立中の会社の機関として行為を行い，会社設立のために費用が生じた場合は設立費用として，成立後の会社に請求することができる。この請求金額が過大であったり，不当なものであったりすれば，会社を危うくする。そこで，設立費用もあらかじめ定款に記載させ，検査役の調査を受けることした。なお，会社法に従った公証人による定款の認証手数料等は，法令に定めがあり，その金額も一定の事項については設立費用として認められ，検査の対象外となっている。

★ Plus　検査役とは？

　相対的記載事項（28条）の現物出資や財産引受けのように，金銭以外の出資においては当該財産の評価が公正かつ適切に行われる必要がある。また，発起人の報酬についても金額の妥当性が問われる。そこで会社法33条1項は，相対的記載事項（28条各号）につき定款に記載または記録があるときは，公証人の認証後遅滞なく，発起人は裁判所に対し検査役の選任の申立てをしなければならないという原則を定めた。

　実務的には，検査役の選任につき時間を要し（1か月程度とされている），かつ検査費用も生じるため，33条10項では検査役の検査を要しない例外を定めている。この例外に該当すれば，相対的記載事項の記載または記録があっても検査役の調査は不要となる。たとえば，定款に記載された相対的記載事項の総額が500万円を超えないとき（33条10項1号）や弁護士・公認会計士・税理士等の証明を受けた場合（3号）である。

　なお，検査役の資格については会社法の定めはなく，33条10項3号の証明を受ければおのずと検査役の調査は不要となる。また同条11項では同条10項3号の規定する証明を行うことができない者（たとえば発起人，財産の譲渡人）を掲げている。

　成立した後会社が第三者から事業に必要な財産を譲受すること，これは定款に記載されることもなく行われる。しかし，こうした譲受行為が会社成立と同時もしくは直後に行われれば，事実上財産引受けと変わらず，設立時の定款記載における相対的記載事項の潜脱行為になりかねない。そこで会社法は，検査役の調査は不要とするも事後設立として規制を置いている。すなわち，会社成立後2年以内に，成立前から存在する事業用の財産であり，会社の事業のために継続して使用する財産の取得については，対価が一定以上（当該会社の純資産額の5分の1超にあたる対価）の場合は，契約の効力発生日の前日までに株主総会の承認決議が必要である（467条1項5号）。

　任意的記載事項とは，上記の絶対的記載事項および相対的記載事項以外の事項であり，法律の強行規定に違反したり，公序良俗に反しない限り，記載することによって定款の記載事項として認められる。自由に記載できる一方，かりに定款が有効に成立したあとは，当該任意的記載事項の変更・削除には株主総会の特別決議を要することになる。定款は会社にとってもっとも基本的な文書であるからである。

(2)　出資の履行

　株式会社として成立するためには，**出資の履行**により会社財産の形成を株式の引受けによって行うことになる。この**株式の引受け**を，発起人だけで行うか（発起設立），それ以外の人物にも募集を行うか（募集設立）により手続きが異なる。

①　発起設立の場合

　発起設立の場合は，出資者が発起人に限られるため，株式の募集の必要はない。発起人は定款を作成した後，株式の全部を引受け，引き受けた株式につき金銭の全額払込み（現物出資で出資を行うときは財産全部の給付）を履行しなければならない（34条1項）。金銭の払込みは発起人間で定めた銀行等金融機関の払込取扱い場所で行う（同条2項）。かりに，発起人のなかで出資の履行を

行わない者がいた場合は，他の発起人が，当該発起人に対し期日を定めて出資の履行を行うべき旨の通知を当該期日の2週間前までに通知を行う（36条1項・2項）。この期日までに履行を行わなかった当該発起人は株主となる権利を失う（同条3項）。このように，発起設立における出資の履行はシンプルである。

　②　募集設立の場合

　募集設立の場合は，出資者は発起人だけでなく，発起人以外の他者に株式の募集を行う（57条）。その手続は不特定多数の者に募集を行う公募と特定の者を対象とする縁故募集がある。いずれの場合においても，発起人全員の同意で募集株式の数・払込金額・金銭払込期日・期間等を定める（58条1項・2項）。

　上記の決定のあと，株式の募集が行われる。募集に対し，株式を引き受けようとする者（株式申込者）は申込みを行い，発起人はこの者に対し，定款に記載されている事項等を通知し（59条1項），**株式申込者**は書面で引き受けようとする株式数等を記載して引受けの申込みを行う（59条3項）。

　発起人は出資の金銭の払込期日（または払込期間の初日）の前日までに割り当てる株式数を株式申込者に通知する。通知を受けた株式申込者は**株式引受人**となる。このとき，発起人が株式を割り当てた者だけが株式引受人となり，割り当てられる株式数も申込数と同じとは限らないことに注意を要する。株式申込者に対する株式の割当ての決定は発起人の裁量に委ねられているからである。これを**割当自由の原則**という（60条1項）。株式引受人は上記の期日までに発起人の定めた**払込取扱場所**（銀行等金融機関）において払込金額の全額の払込みを行わなくてならない。払込みがない場合は株主となる権利を失う（63条1項・3項）。

　募集設立の場合，発起人は払込取扱場所である金融機関（銀行等）に対して，払い込まれた金銭の保管証明を請求できる（64条1項）。これは，発起人以外の者が株式引受人として出資の履行を行うので，かりに銀行と株式引受人が共謀して実際の入金を行わず形式的な払込みを見せかけるような行為，いわゆる仮装払込みを防止するためである。**払込保管証明**を発起人に交付した銀行等は，その記載が事実と異なっていても，証明内容につき成立後の会社に対抗することはできなくなる（64条2項）。

　仮装払い込みの典型的な手口として，預合（あずけあい）と見せ金が知られている。

　預合：発起人Aが払込取扱場所であるB銀行から資金100万円を借り入れて，出資の履行を行う。出資は履行されるが，B銀行は出資金を成立後の会社に出金されると困るため，Aとの間で現実に金銭の払込みが行われないかぎり出資金の引出しを行わない旨の合意を行う。つまり，AがB銀行に返済するまで，実質的な払込みはないままである。

　見せ金：発起人AがB銀行から資金100万円を借り入れて，Aは払込取扱場所になっているC銀行に100万円の出資の履行を行う。会社は成立する。発起人Aは成立した会社の代表となっており，会社からAが融資を受けたことにしてAは100万円を出金する。この100万円でAはB銀行に返済を行ってしまう。現実に資金の移動があるが，結果として成立した会社の財産はAへの融資100万円が債権として残るだけである。

　このような仮装払い込み行為では，現実に会社財産が充当されない恐れがあるが，このような場合に発起人や株式引受人を失権させてしまうと，かえって成立した会社への影響が大きい。そこで，会社法は，株式の払込期日や払込期間が経過したのちでも，発起人や株式引受人に出資の履行義務を残している（52条の2第1項・102条の2第1項）。

⑶　会社機関の具備

　定款の作成・認証，出資の履行が行われると，次は会社機関を具備して会社組織を固めることになる。発起人は会社が成立するまで活動を行うが，成立後は会社の経営者（取締役）にバトンタッチする。これに備えて，会社の成立後の活動に必要な機関をあらかじめ選出しておく必要がある。**設立時株主**のほか，設立中の会社の機関として，**設立時取締役**，**設立時監査役**，**設立時会計参与**，**設立時会計監査人**など**設立時役員**等を選任することになる。このとき，設立する会社の会社形態を想定して選任する必要があり，かりに設立後，監査役会設置会社を目指すならば，3名以上の監査役（社外含む）のほか取締役会を構成する3名以上の取締役の選任が必要となる。

　これら設立時役員等の選任権者は，会社法の原理からすると出資者，つまり

株主が選任することになる。発起設立の場合，株主は発起人のみであるが，募集設立の場合は発起人以外の株主も存在するので，創立総会での選任が必要となる。したがって，会社機関の選任についても，発起設立と募集設立と区別して解説する。

① 発起設立の場合

発起設立では会社成立後株主となる者は発起人のみであるから，設立時役員等の選任権者は発起人だけである（38条）。発起人が複数いる場合は，成立後の株主総会と同様，資本多数決の原則を用いて選任が行われる。このほか，あらかじめ定款で設立時役員等を定めておくこともできる（38条4項）。発起人の出資完了を条件に定款記載の者が設立時役員等に選任されたとみなされる簡便な方法となる。いずれにしろ，発起設立の場合は，選任の行うための総会の招集や会議体の構成など規定はなく，発起人の自治に委ねられている。

② 募集設立の場合

募集設立では会社成立後株主となる者には発起人と株式引受人の両者が混在するため，設立時役員等の選任にあたり，**創立総会の開催が必要**となる（88条1項）。**創立総会**は設立時株主による総会であり，会社の成立後の株主総会制度とは異なる点もある。たとえば，創立総会の招集は，設立時募集株式の払込期日または期間払込みの末日のうち最も遅い日から遅滞なく行われ，招集権限者は発起人である。創立総会の権限は会社法66条に限定され，その一つに設立時役員等の選任（88条1項）が包含される。決議が資本多数決の原則に基づく点は，通常の株主総会制度と同様であり，相互保有等による議決権停止ルールなど例外も適用される。

なお，設立する会社形態が取締役設置会社である場合は設立時取締役は3人以上，（39条1項），監査役会設置会社である場合は設立時監査役3人以上（39条2項），監査等委員会設置会社の場合は設立時監査等委員となる取締役は3人以上（39条3項）というように，成立後の会社形態に応じしてそれぞれ設立時役員の人数に定めがある点に注意を要する。設立する会社形態が指名委員会等設置会社である場合は，設立時取締役は指名委員会等の各委員を選定し（48条1項1号），設立時執行役となる者を選任する（同項2号）ことになる。設立時取締役は，設立時代表取締役（47条）または設立時代表執行役（48条1項3

号）の選定も行うことになる。

　さて，設立時役員等の職務について考えてみよう。選任が行われても，実際に会社が成立するのは，登記を行って法人格が認められた後である。それまでの設立行為に関しては発起人が行い，設立時役員等が実際に業務を稼働するのは会社成立後である。では，選任から会社成立まで，「就任予定」のような状態で何もしないのであろうか。これについては，選任後は，発起人の行う設立行為につき，設立経過の調査を行うという重要な職務が法定されている。すなわち，選任後遅滞なく，定款が法令に違反していないかどうか調査を行い，違反や不当な事項が発見された場合は発起人に通知し善処を求める（46条1項・2項）。募集設立の場合，設立時取締役は選任後，同様の調査を行い（93条1項），さらにその結果を創立総会に報告することになる（同条2項）。

(4)　設立の登記

　会社設立手続きの最後の仕上げは登記である。どのような会社の立ち上げるかについては定款の作成・認証，出資の履行により会社財産を形成し，会社の経営を担う会社機関を具備することにより，ようやく設立する会社の姿が見えてきた。あとは，法人格を取得して会社法人となればよい。そのために必要な最後の仕上げが，**設立登記**である。発起人は，定款に記載された会社の本店の所在地を管轄する**商業登記所**に登記申請を行い，会社は会社登記簿に登記されることにより，成立することになる（49条）。

　設立登記により会社に法人格が付与されることになるため，設立登記には**創設的効力**がある。このように設立登記の法的効果は法人格の付与であるが，これにより，出資を履行した者（発起人）および出資の全額払込みを行った株式引受人はこのときから設立時発行株式の株主となり，株主の地位を取得することになる。また，選任ないし選定された会社機関は成立した会社の機関となり，払い込まれた金銭出資等も成立した会社の財産となる。設立中の会社は成立した会社に引き継がれ，会社設立の手続きは終了することになる。

　会社法は，出資に関する意思表示の瑕疵につき，民法の規定の適用を制限している。このため，発起人ないし設立時募集株式の引受人は心裡留保や通謀虚偽表示に対する無効の主張ができない（51条1項・102条5項）。発起人および

設立時募集株式の引受人は，会社の成立後，設立時発行株式の引受けに関して錯誤や強迫による取消しの主張はできない（51条2項・102条6項）。成立前に創立総会において議決権を行使したときも同様である。

発起人や株式引受人としての地位，すなわち権利株は会社の成立により株式となるので，会社成立後は，株式の譲渡として扱われることになる。

(5) 設立の無効

設立手続の過程において瑕疵があった場合どのように対応すべきであろうか。会社の設立自体を無効とすれば，成立した会社が事業活動を開始している場合は取引の安全を危うくすることになりかねない。そこで，会社法は，法律関係に対する一般的な無効の主張と異なる制度を設けている。

まず，一般的な無効の主張は，「いつでも・誰でも・どんな方法でも」主張をすることができ，訴訟において無効の主張を確認する判決を得たときには，訴訟当事者間にかぎり，無効の効力は遡及効を持つことになる。かりにこのパターンが会社の設立にも適用されるとすれば，会社の設立は無効により不安定なものにならざるを得ない。

そこで，会社の設立無効の訴えの制度（828条1項1号）において，設立無効の主張は，「会社成立の日から2年以内」・「会社の株主，取締役，監査役，執行役のみを原告とし」・「会社を被告とし」・「訴えをもってのみ」主張ができるとする。さらに，原告の無効の主張を認める判決の効果は，訴訟当事者以外にも及ぶ対世効を有する（838条）が，遡及効は否定される（839条）。したがって，一般的な無効の主張と異なり，会社成立後2年以降は提訴のリスクはなく，仮に無効判決を得た場合でも，会社の設立無効の効果は判決の日から広く世間一般におよぶことになり，それまでの事業活動や取引関係に遡及することはない。無効判決が確定した段階で，会社は清算手続（475条2号）に入る。

会社法は，経済活動や雇用関係など会社が社会に与える影響や取引の安全を鑑みて，こうした制度を定めている。

(6) 発起人の責任

会社の設立手続きにおいて，発起人は重要な役割を果たしており，その責任

は重い。とくに，現物出資や財産引受（譲渡）契約の場面では，対象となった財産の実勢価額が，定款記載・記録上の価額に著しく不足している場合は深刻である。会社法は，そのような場合，発起人に対して不足額支払い義務を結果責任として負わせている（財産価額塡補責任，52条1項）。この責任は，会社に対する責任であり，発起人および設立時取締役は連帯責任を負うことになる。また，出資の履行につき**仮装行為**（仮装払い込み）があり，これに発起人らが関与している場合は，注意義務違反がなかったことを証明できないかぎり，仮装行為を行った発起人らと同様の義務を負うことになる（52条の2第2項・103条2項）。

　このほか，発起人および設立時役員等は任務懈怠責任も負うので，当人の任務懈怠（債務不履行）と因果関係のある損害を会社に負わせたときは損害賠償責任を負い（53条1項），責任を負うべき者が複数いるときは連帯責任となる（54条）。さらに，発起人らが，その職務において悪意または重過失によって第三者に損害を与えた場合は，その任務懈怠と損害に因果関係があるときは連帯して賠償責任を負う（53条2項・54条）。

　設立手続を進めてきた会社設立が不成立に終わったとき，発起人は責任を負う。すなわち発起人は連帯して会社の設立に関する行為についてその責任を負い，会社の設立に関する支出費用を負担する（56条）。この責任は会社不成立という結果に伴う無過失責任であるため，発起人の責任は重い。

◆組 織 変 更

　組織変更とは，**会社法上の会社形態の変更**を意味する（2条26号）。持分会社（合名会社・合資会社・合同会社）から株式会社への変更，または株式会社から持分会社への変更であってもよい。組織変更のメリットは，現存する会社を解散させて新たに会社を設立する手続を行う必要はなく，法人格を維持したまま，法人としての同一性をもって連綿と別の会社形態に移行することができることである。

　組織変更を行うには，組織変更計画を作成する（743条・744条・746条）。その内容は，変更後の会社の目的や商号（商号には会社形態を記載しなければならないので，たとえば甲合同会社から甲株式会社となる），効力発生日のほか，株式

会社への組織変更では変更後の発行可能株式総数に関する事項，逆に持分会社への変更では変更後の持分会社の種類や社員の責任に関する事項を記載することになる。

　組織変更は法人格を連綿と継続できるが，商号はもちろんのこと，会社の機関設計や株式・持分の譲渡の関する事項や社員（出資者）の責任形態（有限責任か無限責任か）などが変容する。このため，当該会社に出資する者および従業員や会社債権者には影響が及ぶことになる。そこで，株式会社から持分会社への変更にする場合は，組織変更計画の内容等につき株主および債権者に対し開示（775条）を要する。組織変更に異議を述べた債権者に対しては，弁済・担保提供などの債権者保護制度がある（779条・781条2項）。

　組織変更計画は，株式会社では総株主の同意（776条1項），持分会社では定款に定めがない限り総社員の同意（781条1項）を要する。組織変更に瑕疵がある場合には，会社の設立無効の訴えと同様，提訴期間や提訴権者に制限があるが訴訟で争うことができる。

　なお，合名会社から合資会社への変更のように持分会社間での変更は，組織変更ではなく，持分会社の種類の変更として定款の変更で処理される（638条）。

第 9 章

会社の計算

　会社法には株式会社の計算に関する規定がある。株式会社が健全かつ合理的に経営されるためには**適正な会計処理**が各々の株式会社で実施される必要がある。これを，会社法で原則として強行規定としているのは，会社関係者の利益保護を重視しているからである。この場合の保護されるべき会社関係者（ステークホルダー）とは，株主・会社債権者・投資家および取引先である。株主は，適正な会計処理により適切な配当が得られることを期待し，投資家は適正な会計処理により会社の財務状態を把握し，投資判断を行う。会社債権者および取引先は，株式会社が間接有限責任制である以上，会社財産のみが債権の担保となるため，適正な会計処理よる会社の財務情報の開示を求めている。こうしたことにより，会社法において，株式会社の計算に関する規定を定める意義がある。

　なお，会社の計算に対する関心は，会社関係者にとどまらず，企業への就職を考えている学生の皆さんや転職を考えているビジネスマンの間でも高まっている。ある株式会社への就職を決定することは，投資家が株式を購入する目線と同じだからである。会社法は会計学や企業会計の実務まで具体的に定めていないが，会社の計算に関する本章での学習は，皆さんの就職活動における企業選びにも応用できるのである。

◆会計帳簿と計算書類

⑴　会計原則

　会社法431条は，「株式会社の会計は，一般に公正妥当と認められる企業会

計の慣行に従うもの」と規定されており，実務上の**企業会計の慣行**に従うことを示している。つまり，企業会計の実務において慣習として構築されてきた**公正妥当な慣行**に，会社法もこれに従うことになる。

(2) 会計帳簿の作成と閲覧

会社法は法務省令（会社計算規則）の定めるところにより，適時に正確な会計帳簿を作成するものと規定している（432条1項）。**会計帳簿**とは計算書類等の作成にあたり，その原資料となる帳簿である。その保存期間は使用しなくなってから10年間であり，会計帳簿とその事業に関する重要な資料が保存されなければならない（432条2項）。このようにして保存されている会計帳簿等は，会社法433条1項に定める株式保有の要件を満たした株主は閲覧等を請求することができる。

★ **Plus　会計帳簿閲覧等が拒絶された事例（TBS 対 楽天）**

　X社は，インターネットサービス事業会社であるA社（楽天）の完全子会社で，有価証券の保有等を目的とする会社であり，Y社の株式を保有していた。Y社はテレビ放送等を業とする事業会社（TBS）であり，A社と実質的な競争関係にある。X社はY社の株主として，Y社の会計帳簿の閲覧謄写を請求したところ，Y社は会社法433条2項3号にいう「請求者の事業と会社の事業が実質的に競争関係にある場合には会社は請求を拒絶できる」旨に該当するとして，X社の閲覧謄写請求を拒絶した。そこで，X社は会計帳簿の閲覧謄写を求める訴えを提起した。

　本件では，「実質的競争関係」の解釈が争点となった。X社の完全親会社であるA社はたしかにY社と競争関係にあるが，X社は資産保有を事業目的とし，Y社と直接に同じ市場における競争関係にはないからである。

　これにつき，判決は（完全子会社である）「X社とA社は一体的に事業を営んでいると評価することができ，会社法433条2項3号の実質的な競争関係の有無を判断するにあたっては，（完全親会社である）A社の事業内容をも併せて考慮すべきである。」としたうえで，「Y社の営む事業とX社ら（傍点筆者）の営む事業は……現に競争関係にあり，かつ両社とも『インターネットと放送の融合』を指向しているのであるから，近い将来においてその競争関係はますます厳しくなる蓋然性が高いと認めるのが相当である」として，X社の請求を棄却，会計帳簿の閲覧謄写請求は拒絶できると判示した（東京地裁平成19年9月20日）。

---

(3) 計算書類等の種類

会社法の定める計算書類（435条2項括弧）とは，「貸借対照表，損益計算書その他株式会社の財産および損益の状況を示すために必要かつ適当なものとして法務省令で定めるもの」とされている。株式会社の場合は，とりわけ貸借対照表と各事業年度にかかる計算書類以外にも，事業報告や附属明細書の作成（電磁的記録も可）をしなければならない。そして，計算書類とその附属明細書の保存期間は作成のときから10年間である（435条4項）。

これら計算書類等には，①**貸借対照表**，②**損益計算書**のほか，**株主資本等変動計算書**と**個別注記表**が含まれる。ここでは，代表的な①と②につき解説する。

① **貸借対照表**は，決算日（例えば○年3月31日）における会社の財産構成を表したものである。左側に会社の「資産の部」，右側に「負債の部」「純資産」を記載し，双方の合計額が左右同じ金額になっている。

たとえば，2億円のタワーマンションに住んでいても，じつは銀行からの借入金が1億5千万円，返済不要の自己資金が5千万円のみという人もいる。これを貸借対照表で表現すると，左側は「資産の部」タワーマンション2億円，

① 貸借対照表

令和元年○月 × 日現在 　　　　単位：千円

会社が持っている財産	資産の部		負債の部		財産の元になる資金調達方法
	流動資産	15,500	流動負債	2,500	他人資本
	現金	200	買掛金	1,000	
	普通預金	15,000	短期借入金	1,500	
	売掛金	100	固定負債	20,000	
	商品	200	長期借入金	20,000	
	固定資産	29,500	純資産の部		
	土地	10,000	資本金	10,000	自己資本
	建物	15,000	当期利益	8,000	
	器具備品	4,500	利益剰余金	4,500	
	資産合計	45,000	負債・純資産合計	45,000	

右側は「負債の部」銀行借入金1億5千万円＋「純資産」5千万円＝2億円ということである。つまり資産に対して，負債がどれだけを占めるか明らかになり，貸借対照表から，純資産の占める割合（自己資本比率）や1株当たりの純資産額を算出することができる。

　②　**損益計算書**は，当該事業年度中の売上高から費用を差し引いて，最終的な利益（または損失）を明らかにするものである。「売上高－費用＝利益（または損失)」という構成なので，学習者の皆さんにもわかりやすい。

　②　**損益計算書**

平成30年〇月×日から令和元年〇月×日まで　　単位：千円

	科目		金額
本業の経営成績	売上高		264,000
	売上原価		−79,200
	売上総利益		184,800
	販売費及び一般管理費		−171,600
	営業利益		13,200
副業も含めた経営成績	営業外収益		
	受取配当金	20	
	受取利息	10	
	営業外収益合計		30
	営業外費用		
	手形売却損	30	
	支払利息	400	
	営業外費用合計		−430
	経常利益		12,800
最終的な経営成績	特別利益		
	固定資産売却益	500	
	特別利益合計		500
	特別損失		
	火災損失	3,000	
	特別損失合計		−3,000
	税引前当期利益		10,300
	法人税等		−2,300
	当期純利益		8,000

ただし，以下の点に留意する必要がある。たとえば，パンを製造販売する事業を営む会社の場合，パンの売上げから，原材料費や人件費等のコストを差し引いた結果が本業の製パン事業で稼いだ「営業利益（または損失）」である。ところが，会社は本業以外でも収入が合ったり，損失があったりする場合があり，これを「営業外収支」という。会社が他社の株式を保有している場合や本社ビルの一部を賃貸していた場合は配当金や賃料収入が望める。逆に，株式投資で損失が出る場合もある。このような場面の利益または損失を「営業利益（または損失）」に合わせたものを「経常利益」という。ここで，注意したいのは，かりに本業の製パン事業が芳しくなくても，本社ビルの賃料収入が好調であれば，「経常利益」はプラスとなり，本業の不振が隠れてしまうことだ。逆の場合もある。本業は好調なのに，株式投資の失敗が足を引っ張り，「経常利益」がマイナスになることもある。そして，この「経常利益（または損失）」に「特別利益」「特別損失」を合わせて，最終的な会社の「当期純利益」を算出する。「特別利益」「特別損失」とは，たとえばオリンピックでの特需，台風による社屋の倒壊，不動産の売却など当期のみに生じたイベントにおける利益・損失をいう。したがって，「経常利益」がプラスでも，豪雨被害で社屋が倒壊すれば「特別損失」としてマイナスの数字を計上することになる。このように，会社が事業活動を継続するとき，本業以外にも様々な場面があり，その結果，当該事業年度に「純利益」があるかどうか，これを明らかにするのが損益計算書の役割である。たとえ「純利益」がプラスでも，不動産関連によるもので本業は不振である場合や，逆に「純利益」がマイナスでも，株式投資の失敗によるもので本業は堅調という企業も多い。このように損益計算書を注視することは，投資家だけでなく，就職・転職活動の企業選択にも役に立つ。

　このほか計算書類等として，③事業報告と④附属明細書がある。

　③　**事業報告**は，当該事業年度の株式会社の現況を表すもので，たとえば，写真や図式などを用いて会社の事業の状況を説明したものである。上記①，②のように定型様式があるわけでなく，商品・会社施設・役員や従業員写真や近時ではSDGs活動やスポンサー活動の様子等の企業会計に直接関係のない要素も含めて，より分かりやすい記載が見られる。

　④　**附属明細書**は，上記の①②および③を補充することを目的として作成さ

れる文書である。計算書類に関する附属明細書と事業報告に関する附属明細書に分類できる。

(4) 計算書類等の監査と株主総会

　計算書類等を作成するのは，業務執行を行う取締役らによって作成されるので，作成後は業務執行側から独立した者の監査を受ける必要がある。すなわち，会計監査人と監査役の監査である。指名委員会等設置会社，監査等委員会設置会社では監査役がいないから，この役割を担うのは，前者では監査委員会，後者では監査等委員会が行う。

　計算書類およびその附属明細書の監査は監査役（または監査委員会・監査等委員会）と会計監査人の双方の監査を受けることになる。事業報告とその附属明細書については監査役（または委員会）が監査する（436条2項）。なお，監査役は監査委員会・監査等委員会の委員と違い独任制があるから，監査役会は監査役の権限行使を妨げることはできないので，監査報告書も，監査役会と各監査役とそれぞれの報告書が作成される（390条2項）。監査役の監査の範囲を定款で会計監査に限定している会社であっても，監査役による計算書類等の監査を受けなければならない（436条1項）。こうした監査を受けた書類が取締役会の承認を受けることになる（436条3項）。

　そして，定時株主総会の招集を通知するにあたり，会社は株主に対し，取締役会の承認を受けたこれらの書類および監査役・監査役会（または監査委員会，監査等委員会）の報告書を提供しなければならない（437条）。続いて，定時株主総会にあたり，これら計算書類等は提出・提供され（438条1項），事業報告を除き，計算書類は原則として定時株主総会の承認を受けることになる（438条2項・3項）。もっとも，会計監査人が設置されている会社は，これら計算書類等が法令及び定款に従い，当該株式会社の財産および損益の状況を正しく表示しているものとして法務省令の定める要件を満たす場合は，取締役による報告をもって株主の承認は不要とされている（439条）。

(5) 計算書類等の公告・備置・閲覧等

　このようにして定時株主総会が終了すると，会社は貸借対照表（大会社の場

合は損益計算書も含む）を公告しなければならない。その方法は，①電子公告（939条1項3号），②官報または日刊新聞紙（939条1項1号・2号），③計算書類のみ電磁的方法で公告（440条3項），④有価証券報告書（440条4項）の4種がある。従来は②による紙ベースが中心であった。現在は，電磁的方法による①が一般的になっているが，①を選択しない会社において計算書類についてのみ電磁的方法を利用するのが③である。このほか，金融商品取引法24条1項の定めにより，内閣総理大臣に有価証券報告書の提出が求められている会社は上記の公告は不要となる。

　会社法は，計算書類および事業報告ならびにこれらの附属明細書を本店および支店に備え置くことを定めている。期間は定時株主総会の会日の1週間前の日から5年間，支店の場合は3年間である（442条1項・2項）。なお，電磁的方法で記録作成され，支店で閲覧・交付請求ができる場合は支店での備置は不要となる。

★ Plus　有価証券報告書

　有価証券報告書（実務では「有報」と呼ばれる）とは，金融商品取引法で規定されている，事業年度ごとに作成する企業内容の外部への開示資料である。根拠となる法令は金融商品取引法 第24条および企業内容等の開示に関する内閣府令である。以下の要件①から④に該当する株式会社は，各事業年度終了後，3か月以内の内閣総理大臣（金融庁）への提出が義務づけられる。有価証券報告書を作成・提出している株式会社は計算書類の公告は不要である：①金融商品取引所（証券取引所）に株式公開している会社，②店頭登録している株式の発行会社，③有価証券届出書提出会社（ 有価証券届出書とは，1億円以上の有価証券（株券や社債券など）の募集（新規発行）または売出しを行う際に，有価証券の発行者が金融商品取引法第4条・5条にもとづき，内閣総理大臣（窓口は財務局）に提出することが義務づけられている書類で，発行する会社の営業状況や事業の内容，および有価証券の発行条件などが記載されている。）④過去5年間において，事業年度末日時点の株券もしくは優先出資証券の保有者数が1000人以上となったことがある会社（ただし，資本金5億円未満の会社を除く）

【有報の閲覧】

　2004年6月より，各財務局に提出される報告書は原則としてEDINET（金融庁の電子開示・提出システム）へ電子提出が義務付けられたため，有報の紙面による提出は終了している。会社法施行により，有価証券報告書提出が義務付

けられている会社の場合，自社ウェブサイトでの決算公告記載の代わりに，有報の提出をもって代えている会社もある。以前は紙ベースの有報による閲覧が財務局や証券取引所でも行われていたが，現在は上場会社（上記①）の場合は各社のHPにアクセスすれば，株主や会社関係者でなくても，すべての人々がHPからPDF形式などで閲覧できるようになった。EDINET経由での縦覧も可能である。したがって，学習者の皆さんもいつでも活用することができる。

【有報の記載内容】

　連結決算を行っている一般事業会社の場合，有価証券報告書の記載内容は以下のとおりである。

1．企業の概況：①主要な経営指標等の推移，②沿革，③事業の内容，④関係会社の状況，⑤従業員の状況

2．事業の状況：①業績等の概要，②生産，受注及び販売の状況，③経営方針，経営環境及び対処すべき課題等，④事業等のリスク，⑤経営上の重要な契約等，⑥研究開発活動，⑦財政状態，経営成績及びキャッシュ・フローの状況の分析

3．設備の状況：①設備投資等の概要，②主要な設備の状況，③設備の新設，除却等の計画

4．提出会社の状況：①株式等の状況（株式の総数，新株予約権の状況，大株主の状況など），②自己株式の取得等の状況，③配当政策，④株価の推移，⑤役員の状況，⑥コーポレート・ガバナンスの状況

5．経理の状況：①連結財務諸表等（連結貸借対照表・連結損益計算書・連結包括利益計算書・連結株主資本等変動計算書・連結キャッシュ・フロー計算書・連結附属明細表・その他）②財務諸表等（貸借対照表・損益計算書・株主資本等変動計算書・キャッシュ・フロー計算書・附属明細表・主な資産及び負債の内容・その他）③提出会社の株式事務の概要

6．提出会社の参考情報：①提出会社の親会社等の情報，②その他の参考情報

7．提出会社の保証会社等の情報

8．監査報告書

（監査報告書の例）

監　査　報　告　書

　当監査役会は、2022年4月1日から2023年3月31日までの第16期事業年度の取締役の職務の執行に関して、各監査役が作成した監査報告書に基づき、審議の上、本監査報告書を作成し、以下のとおり報告いたします。

1．監査役及び監査役会の監査の方法及びその内容

(1)　監査役会は、監査の方針、職務の分担等を定め、各監査役から監査の実施状況及び結果について報告を受けるほか、取締役等及び会計監査人からその職務の執行状況について報告を受け、必要に応じて説明を求めました。

(2)　各監査役は、監査役会が定めた監査役監査の基準に準拠し、監査の方針、職務の分担等に

従い、取締役、内部統制・監査室その他の使用人等と意思疎通を図り、情報の収集及び監査の環境の整備に努めるとともに、以下の方法で監査を実施しました。

①　取締役会その他重要な会議に出席し、取締役及び使用人等からその職務の執行状況について報告を受け、必要に応じて説明を求め、重要な決裁書類等を閲覧し、本社及び主要な事業所において業務及び財産の状況を調査いたしました。また、子会社については、子会社の取締役及び監査役等と意思疎通及び情報の交換を図り、必要に応じて子会社から事業の報告を受けました。

②　事業報告に記載されている取締役の職務の執行が法令及び定款に適合することを確保するための体制その他株式会社及びその子会社からなる企業集団の業務の適正を確保するために必要なものとして会社法施行規則第100条第1項及び第3項に定める体制の整備に関する取締役会決議の内容及び当該決議に基づき整備されている体制（内部統制システム）について、取締役及び使用人等からその構築及び運用の状況について定期的に報告を受け、必要に応じて説明を求め、意見を表明いたしました。

③　会計監査人が独立の立場を保持し、かつ、適正な監査を実施しているかを監視及び検証するとともに、会計監査人からその職務の執行状況について報告を受け、必要に応じて説明を求めました。また、会計監査人から「職務の遂行が適正に行われることを確保するための体制」（会社計算規則第131条各号に掲げる事項）を「監査に関する品質管理基準」（2005年10月28日企業会計審議会）等に従って整備している旨の通知を受け、必要に応じて説明を求めました。

以上の方法に基づき、当該事業年度に係る事業報告及びその附属明細書、計算書類（貸借対照表、損益計算書、株主資本等変動計算書及び個別注記表）及びその附属明細書並びに連結計算書類（連結貸借対照表、連結損益計算書、連結株主資本等変動計算書及び連結注記表）について検討いたしました。

２．監査の結果
(1)　事業報告等の監査結果
①　事業報告及びその附属明細書は、法令及び定款に従い、会社の状況を正しく示しているものと認めます。
②　取締役の職務の執行に関する不正の行為又は法令もしくは定款に違反する重大な事実は認められません。
③　内部統制システムに関する取締役会決議の内容は相当であると認めます。また、当該内部統制システムに関する事業報告の記載内容及び取締役の職務の執行についても、指摘すべき事項は認められません。
(2)　計算書類及びその附属明細書の監査結果
会計監査人有限責任　　　　監査法人の監査の方法及び結果は相当であると認めます。
(3)　連結計算書類の監査結果
会計監査人有限責任　　　　監査法人の監査の方法及び結果は相当であると認めます。

2023年5月○○日

株式会社　監査役会
常勤監査役　　　　　　　㊞
社外監査役　　　　　　　㊞
社外監査役　　　　　　　㊞

　このほか，事業年度を3か月毎（四半期）に区切って，前事業年度の有価証券報告書と比較して変動があった情報を開示する「四半期報告書」もある。

【有報の虚偽記載】
　有価証券報告書の虚偽記載は，金融商品取引法違反として，同法197条により，個人は10年以下の懲役もしくは1,000万円以下の罰金又は併科，法人は7億円以下の罰金と定められている。また金融商品取引所（証券取引所）の上場廃止基準に該当する。虚偽記載を行った会社が金融商品取引所（証券取引所）の

上場を維持しており，虚偽記載を行った有価証券報告書の縦覧が開始された当日以降に当該会社の株式を取得し，かつ証券取引等監視委員会による強制調査当日以降もその株式を保有していた場合は，当該株主には同法第21条により，会社に対する損害賠償請求権が発生する（ただし，その株式を強制調査前日までに売却したり，強制調査当日以降に取得した株式は株主による損害賠償請求権は発生しない）。このように有価証券報告書の虚偽記載は，上場廃止のほか，経営陣の責任など上場会社にとって，きわめて深刻な事態をもたらす。こうした厳しい制裁規定により，有報の信頼性が維持される。

【有報の提出遅延と上場廃止】

　なお，有価証券報告書の提出遅延は上場廃止となる場合がある。東京証券取引所の定める有価証券上場規程施行規則では，有価証券報告書の提出遅延による上場廃止基準は以下のとおりである：法定提出期限の日からの1か月以内に提出しなかった場合。天災地変等，上場会社の責めに帰すべからざる事由による場合は法定提出期限の日から3か月以内に提出しなかった場合。内閣総理大臣から有価証券報告書等の提出期間の延長の承認を得た場合は承認を得た期間の経過後，休業日を除く8日以内に提出しなかった場合。

◆資本金と法定準備金

(1) 資本金制度と準備金制度の意味

　株式会社は利益を株主に配当する。かりに利益より多く配当が行われば会社財産の払戻しが行われたことになり，会社財産が減少する。会社財産がなければ，会社債権者への支払いはできなくなる。株式会社の場合，株主は有限責任しか負わないので，会社財産の確保が枢要である。これが資本金制度であり，さらに準備金制度を定めて，セーフティーネットを二重にしている。**資本金と準備金を合わせた合計額を1つの金額として配当の分配可能の限度額**とし，投資家と会社債権者のバランスを保っているのである。

(2) 資本金の額と増減

　会社法は株式会社の資本金の額は，「設立または株式の発行に際して株主となる者が当該株式会社に対して払込み（金銭出資）または給付（現物出資）の財産の額」とした（445条1項）。たとえば，設立時に100万円の出資金があり，その後募集株式は発行し新たに100万円の払込みがあったときは，この株

式会社の資本金と準備金の合計200万円となる。

会社法445条2項は，資本金と準備金の関係を定めている。すなわち，払込みまたは給付にかかる額の2分の1を超えない額は資本金として計上せずに，準備金としてキープできるとした（**法定準備金**）。このキープした額が**資本準備金**となる（445条3項）。つまり，1株1,000円を払込金額として株式を発行したとき，600円を資本金，400円を資本準備金として計上することができ，この配分は株式の募集事項として決定すればよい（199条1項5号）。したがって，1株1,000円で1万株は発行し，払込金額が1,000万円の株式会社において，資本金600万円，資本準備金400万円とすることができる。

では，この資本準備金600万円にすることは可能であろうか。会社法は次のように定めている。まず，資本金の額を減少する場合を考えてみよう。資本金の減少する際は，株主総会の特別決議により，①減少する資本金の額，②減少する資本金の額の全部または一部を準備金に組み入れる場合はその額，③資本金の額の減少の効力発生日を決定する（447条1項各号）。たとえば，①を600万円，②を600万円，とすると，資本金はマイナスとなることはできないので，資本金ゼロ，600万円を資本準備金に組み入れることは理論上可能である。一方，会社に欠損が生じ，分配可能額のマイナス分を塡補するため，資本金の額を減少させる場合は，定時株主総会の普通決議で行うことができる。一方，資本金の額の減少は会社債権者に影響を及ぼすおそれがあるので，債権者保護制度が設けられている。

このほか，剰余金を取り崩してこれを資本金に組み入れて資本金の額を増加させることも可能である。この場合は株主総会の普通決議によって，減少する剰余金の額と増加する資本金の額の効力発生日を決定する（450条1項・2項）。剰余金の減少は，株主に配当する分配可能額が減少することを意味するが，効力発生日に剰余金をすべて資本金に組み入れることも理論的に可能である（同条3項）。

⑶　法定準備金の額と増減

法定準備金を減少する際は，株主総会の普通決議により，①減少する法定準備金の額　②減少する法定準備金の額の全部または一部を資本金に組み入れる

場合（法定準備金の資本組み入れ）はその額　③法定準備金の額の減少の効力発生日を決定する（448条1項）。資本金と同様，法定準備金はマイナスとなることはできないので，たとえば，①を400万円，②を400万円，とすることは可能とされ，法定準備金ゼロ，400万円を資本金に組み入れることは理論上可能である。

　取締役会があり，かつ会計監査人を設置している会社の場合，一定の条件を満たせば，定款の定めにもとづき，欠損を塡補するために法定準備金の額の減少を決定する権限を取締役会に授権することができる（459条1項2号）。

　法定準備金が減少する場合も，債権者保護制度が必要となる。しかし，債権者の利益に影響がない場合はこの限りでない。すなわち，①減少する法定準備金の額を資本金に組み入れる場合，②欠損塡補のために法定準備金の額が減少する場合である。①では法定準備金からある金額が資本金の移動するにすぎないからである。②では，定時株主総会の決議を経，法定準備金が欠損額を超えない範囲で塡補が行われ，法定準備金の役割として想定されるからである。これらの場合は，会社の債権者の利益を害するおそれがないので債権者保護制度の対象外となる。

　このほか，剰余金を取り崩してこれを法定準備金に組み入れて法定準備金の額を増加させることも可能である。この場合は株主総会の普通決議によって，減少する剰余金の額と増加する法定準備金の額の効力発生日を決定する（451条1項・2項）。剰余金をすべて法定準備金に組み入れることも理論的に可能である（同条3項）。なお，資本剰余金を減少させた場合は資本準備金の額が，利益剰余金を減少させた場合は利益準備金の額が増加することになる。

◆剰余金の配当

　すでに学習したように株主は**剰余金配当請求権**を有する（105条1項1号）。株式会社の株主の権利として配当請求権は重要な権利であるから，剰余金の配当を行うためには，まず剰余金の額が適正に算定される必要がある。

(1)　剰余金の算定

　会社法は**剰余金**の算定方法につき以下のように定めている（446条）。すでに

学んだように貸借対照表は事業年度の末日（決算日）における会社財産の状況を示している。この貸借対照表の数字をもとに剰余金の算定を行うことができる。すなわち、「資産の額＋自己株式の帳簿価額」の合計額Ａとし、「負債の額＋資本金および法定準備金の額」の合計額Ｂとし、「法務省令で定める各勘定項目に計上した額」の合計額Ｃとし、Ａ−（Ｂ＋Ｃ）＝剰余金の額として算定することができる。このようにして算定された剰余金の額は、「その他資本剰余金」と「その他利益剰余金」の合計額と一致する。

(2) 剰余金配当の手続

　会社法453条は、株式会社が株主に対し剰余金の配当を行うことができるとするが、会社が保有する自己株式に配当することはできない。株式会社は、原則として、株主総会（定時または臨時のいずれも可）の普通決議により、①配当財産の種類および帳簿価額の総額、②株主に対する配当財産の割当てに関する事項、③当該剰余金配当がその効力を生ずる日、を決定する（454条1項）。会社が種類株式として配当優先株式を発行している場合は、上記②の部分で、普通株式には配当を割り当てない等、異なる取扱いの内容につき定めることになる。このような取扱いの相違は、株主の保有する株式の数に応じる内容でなくてはならない（同条2項・3項）。これは、株主平等の原則が、同じ種類株式毎にその保有する数に応じた平等であるからだ。

　配当は**金銭配当**だけでなく**現物配当**を行うこともできる。上記①で配当する財産の種類を金銭以外、すなわち現物配当としたときは、株主総会で次のような事項を決議によって決定できる（454条4項）。すなわち、④株主には現物配当ではなく金銭を交付することを会社に請求する権利（＝金銭分配請求権）を付与し、その権利を行使できる期間、ならびに⑤一定の数未満の株式を保有する株主に配当財産を割り当てないこと、である。

(3) 配当に対する財源規制と責任

　剰余金の配当は決算日後、翌事業年度中に行われることになるため、その変動を加味して剰余金の算定がされる必要がある。しかも、事業年度中に複数回の配当を行うことも可能であるため、会社法は剰余金の配当につき、**分配可能**

額を制限する財源規制を定めている。そうでないと，配当が会社財産の払戻しになりかねないからだ。

　会社法461条1項は，剰余金の配当（同条1項8号）をはじめ，譲渡制限株式の買取，自己株式取得，全部取得条項付種類株式の取得など同条1項各号が掲げる一定の行為により，会社が株主に対して交付しようとする金銭等の帳簿価額の総額は，その行為の効力発生日における分配可能額を超えてはならないとしている。すでに述べたように，これらは会社財産が株主に払い戻されるのと同じであるから，会社に剰余金として分配能力が担保される必要がある。そこで，分配可能額をおいて財源規制を設けているのである。

　では，分配可能額はどのように算定されるのであろうか。**分配可能額**は，剰余金の額（その他資本剰余金＋その他利益剰余金）から法定の控除額をマイナスしたあとで，決算日以後に増減した剰余金の額をプラスマイナスすること（臨時決算）により算定される（461条2項）。ただし，会社の純資産額が300万円を下回る場合には，分配可能額が算定されたとしても，剰余金の配当を行うことはできない（458条）。

　財源規制に違反して，会社が剰余金の配当を行った場合は，会社法は取締役らに対する責任規定を定めている（461条1項柱書）。したがって，共通してこの責任を負う者は，①当該行為により金銭等を受け取った者（＝配当を受けた者），②当該行為に関する職務執行を行った業務執行者（取締役，執行役など）の双方である。さらに，③当該行為の決定機関が株主総会である場合は総会議案を提案した取締役，取締役会である場合は取締役会議案を提案した取締役も責任を負う。①，②ないし③に該当する者は，連帯して，①が受けた金銭等の帳簿価額に相当する金銭の弁済義務を負う。つまり，配当を受けた者（＝①）から回収不能の場合でも，取締役等である②および③の者により会社に対して弁済が行われることになる。

★ Plus　違法な配当と支払義務

　会社は，配当金を受け取った株主に対して返済請求権を有するため，そうした株主には善意・悪意を問わず支払義務（返済）があると解釈されている。会社債権者も，株主に対してその債権額を限度に直接債権者に対して金銭を支払うよう請求する権利が付与されている（463条2項）。

　一方，違法配当に関する職務を行った業務執行者（取締役，執行役）や決定機関（株主総会または取締役会）に議案を提案した取締役らについては，会社法はその職務を行うにつき注意義務違反がなかったことを証明すれば，支払義務は免除される（462条2項）。しかし会社債権者保護のため，行為時の分配可能額を限度として免除されるにすぎず，総株主の同意を持っても全額の免除はできない（462条3項）。これら取締役らが支払い義務を果たせば，違法な配当金を受け取った株主に対して求償できることになる。しかし，分配可能額を超えた分については，株主が善意であれば取締役らの求償に応じる義務はない（463条1項）。ようするに，実務上は，分配可能額を超える違法な剰余金配当が行われてしまった場合，取締役らにその責任を追及し，会社への返済を求めることで，会社の損失を補填できるということになる。

★ Plus　分配可能額を超えた場合の事後的規制

　分配可能額の超える剰余金配当や自己株式の取得を禁じることで，会社法は会社財産の流出を防ぐ財源規制を行っていることはすでに学習した。では，実際にそのような事象が生じてしまった場合の事後的規制も会社法は規定している。

　剰余金の配当や自己株式取得を行った事業年度に関する計算書類は翌事業年度の定時株主総会で承認されることになるが，その時点では分配可能額がマイナス，つまり欠損を生じたとしよう。会社法465条1項は，こうした場合そのような職務を行った業務執行者に対し，分配可能額に対する超過額や法定額のいずれか少ない額を会社に支払う義務があるとした。ただし，立証責任が転換された過失責任（取締役らが過失のないことを立証する）であり，総株主の同意が免除できる。

　定時株主総会で剰余金の配当決議を行っている場合，同様に株主総会で資本金の額・法定準備金の額を減少する決議を行った結果生じた剰余金で配当を行った場合は事後的な欠損の責任はない。

これらの民事責任のほか，会社法には刑事罰の規定がある。会社法963条は，会社の計算において不正にその株式を取得したとき，法令定款に違反して剰余金の配当をしたときは，取締役らは5年以下の懲役もしくは500万円以下の罰金，またはその併科を定めている。

第1部　主な参考文献

本文中に記載したもののほか，

近藤光男・志谷匡史・石田眞得・釜田薫子『基礎から学べる会社法〔第5版〕』（弘文堂，2021年）

江頭憲治郎『株式会社法〔第8版〕』（有斐閣，2021年）

神田秀樹『会社法〔第25版〕』（弘文堂，2023年）

中東正文・白井正和・北川徹・福島洋尚『会社法〔第2版〕』有斐閣ストゥディア（2021年）

『会社法判例百選〔第3版〕』別冊ジュリスト229号（2016年）

『会社法判例百選〔第4版〕』別冊ジュリスト254号（2021年）

久保田安彦・舩津浩司・松元暢子『会社法判例40！』（有斐閣，2019年）

第 **2** 部

企業を取り巻くソフト・ロー

第10章

ソフト・ローとは何か

　現代の企業，株式会社とくに上場会社は，制定法（ハード・ロー）だけ遵守していれば良いわけではない。学習者の皆さんは，「ソフト・ロー」，「コーポレートガバナンス・コード」，「スチュワードシップ・コード」あるいは「ガイドライン」という言葉を見聞きしたことがあるであろう。制定法（ハード・ロー）とは，「会社法」「民法」「独占禁止法」といった法律，法令・条例のことをいい，国家・自治体・私人（企業・個人）に対して強制力をもち，裁判規範となる強制力を持っているルールである。国会による立法など，その制定には民主主義にもとづくプロセスがある。

　これに対し，ソフト・ローとは，「民間で自主的に定められているガイドラインのほか，行政府が示す法解釈等も含む広い概念」（2021年内閣府知的財産戦略推進事務局）と定義されている。ソフト・ローは，作成や改変の容易さ，個別状況に合わせた作成・運用ができるなど，法改正によらずに時代の変化に対応した柔軟な内容の変更が可能という手続上の大きな利点があるとされる。ソフト・ローには，利害が対立する事例への解釈を示したり，法や制度の趣旨・解釈を明確化したり，様々な類型が存在している。このうち，企業に関係するソフト・ローの代表的なものに，「コーポレートガバナンス・コード」（CGコード）と「スチュワードシップ・コード」（Sコード）がある。

　CGコードは，正式名称を「コーポレートガバナンス・コード〜会社の持続的な成長と中長期的な企業価値の向上のために〜」といい，実効的なコーポレートガバナンスの実現に向けて役に立つ原則をまとめたものである。東京証券取引所の自主規制として2015年に策定され，その後2018年，2021年と改訂

されている（2023年現在）。東京証券取引所（東証）に上場する会社には，CGコードに関する情報をコーポレートガバナンス報告書という形式で開示する義務がある。CGコードは，東証の上場規程の別添という位置づけで組み込まれているため，CGコードに従わない株式会社は事実上上場できないことになる。株式を上場できないことは，広く資金調達を行い，企業価値を高めて事業活動を行う株式会社にとって致命的である。わかりやすくいうと，東証に上場することはCGコードに従うことを意味する。いまや，CGコードを遵守してその旨を報告書にまとめ，情報開示すること，この流れは，第1部で学習した実定法である会社法とならんで，上場会社のマストアイテムとなっている。

一方，Sコードは，正式名称を「責任ある機関投資家の諸原則（日本版スチュワードシップ・コード～投資と対話を通じて企業の持続的成長を促すために～)」といい，金融庁に設置された有識者会議によって2014年に策定されたものである。CGコードと違い，個々の金融機関がSコードの受入れを表明することにより，自らを拘束するもので，東証のような遵守を監視し実行する組織や団体はない。このため，Sコードを遵守しているかという評価も金融機関とその顧客の関係に委ねられていることになる。2023年現在，Sコードを受け入れ実施している金融機関等の数は323となっている（金融庁)。

このように，CGコードとSコードは上場会社の経営を行う取締役らと株主（とくに個人投資家ではない機関投資家）との間で交わされる「対話」を通じて，サステナブルな成長につながるように会社の意思決定を変容させるという目的を共有していると考えられている。

強行法規の規定が，法律違反となる行為を列挙ないし，そのすべてを記載しているのに対して，これらのソフト・ローは「対話」という概念により幅広な対処を求めており，任意法規になぞらえるものである。たとえば，「プリンシプルベース」（原則は示すが細則まで示さない）や「コンプライ・オア・エクスプレイン」（遵守しない場合はその理由を示しなさい）というソフト・ローならでは多様な手法が生かされている。こうしたソフト・ローの手法により，現代の企業は，より良い経営の選択を迫られており，実定法だけ遵守していればよいという時代は終わったといえる。したがって，私たちも，こうした現代の企業を取り巻くソフト・ローを学習せずには，会社法を理解したことにはならない

であろう。

　そこで，本書第2部では，会社法の教科書でありながら，あえて企業を取り巻くソフト・ローについて概説する。学習者の皆さんが大学の授業で単位を取得したり，資格試験で回答したりするときは，ハード・ローの会社法だけ学べば大丈夫かもしれない。しかし，皆さんの学習目的は，企業と接点をもって社会の一員として実際に活躍することであろう。世の中の事象，企業が対応すべき問題は，かならずしも大学や資格試験の科目名どおりに発生しているわけではない。皆さんには，ぜひハード・ローである会社法だけでなく，ソフト・ローについても学んでほしい。

　ソフト・ローはその最大の特徴である柔軟な内容の変更という性質から，更新が盛んである。したがって，それぞれのソフト・ローの目的は何か，どのような影響力が期待されているのか，これをしっかり理解することが肝要である。そうすれば，たとえ内容が更新されても対応できるし，逆に，社会や企業のニーズから更新すべきポイントを自分なりに予測することもできる。こうした法的素養を身に付けることこそ，リーガルマインドと呼ぶのであろう。

　第2部の構成は，イントロダクションとなる本章（第10章）に続き，第11章コーポレートガバナンス・コード（CGコード），第12章スチュワードシップ・コード（Sコード）に続き，近時のテーマとして，「サステナビリティ」「ビジネスと人権」「ジェンダー」について取り上げる。CGコードやSコードは上場会社のみを拘束するが，この他のテーマは，広く非上場会社にも深くかかわり，間接的な企業にも影響がでるので，海外法規にも目配りが必要となる。

　たとえば，欧米に航路を有する日本の航空会社Xや欧米に製品を輸出する日本の飲料メーカーYが，マネジメント会社ZとCM契約を締結していたとしよう。かりにZ社が，所属する俳優に虐待や強制労働を恒常的に行っていたことが判明し，それが人権侵害と認定された場合，強制労働禁止に関する法律を有する国では，X社やY社は事業活動ができなくなる可能性が生じるのである。X社もY社も自社では人権侵害はしていない。しかし，間接的に供給網（サプライチェーン）に含まれる取引先や契約先の企業に人権侵害の疑義があれば許さないという解釈をする国もある。自社が人権侵害を起さないことはいう

までもないが，契約の相手方に対して注意が必要となる。これが「ビジネスと人権」のテーマとなる。わが国では，経済産業省が，「責任あるサプライチェーン等における人権尊重のためのガイドライン」（2022年）および「責任あるサプライチェーン等における人権尊重のための実務参照資料」（2023年）に公表している。これらは「ビジネスと人権」というテーマをクリアするためのソフト・ローの一種である。第2部では，こうした政府の策定したガイドラインも含めて学習することになる。

〈参考文献〉
浜辺陽一郎「ソフトロー活用の進展」ビジネス法務2023年8月号
加藤貴仁「ソフトローの規範性の今後」商事法務2320号（2023年）

第11章

コーポレートガバナンス・コード

◆コーポレートガバナンス・コードはなぜ必要なのか

　では，第2部の中心となる**コーポレートガバナンス・コード**（**CGコード**）について学習を始めよう。神田秀樹教授はその著作『会社法入門第3版』（246頁以下，岩波新書，2023年）のなかで，「会社法の2014年改正が2015年5月1日に施行されたばかりなのに，コーポレートガバナンス・コードが翌月6月1日に施行され」たことは「衝撃で」あり，「上場会社にとって2015年という年は「コーポレートガバナンス改革」の年となった。」と述べている。

　CGコードはその後，2018年改訂，2021年改訂と更新されており，その間を縫うように会社法改正が2014年，2019年に行われている。つまり，CGコードと会社法は響きあうように改正・更新を繰り返していることになる（図1）。なぜだろうか。これは，金融・資本市場のニーズによるものと考えられており，日本国内だけではなく世界的なレベルの対応が株式を上場する企業にもとめられている。会社の所有者は株主であるという伝統的な立場であっても，株主には海外投資家が含まれているので，株主の多様性に応えなくてはならない。また，企業の社会的責任を重視する立場であれば，製品の輸出入や海外で事業展開の場面で，いわゆるグローバル・スタンダードが求められるため，わが国特有の企業文化が通用しないこともある。また，リーマン・ショックといわれる世界金融危機があり，その後デジタル化が企業経済にも急速に進展した。さらに，サステナビリティへの対応度が投資判断の基準となる「ESG投資」など，新たな要素が加わった。そうしたなか，ソフト・ローは，ハード・ローの改正を待つことなく，スピード感をもって機動的に策定できる。以上の

〔図1〕 会社法と東証の相関表

	（会社法）		（東証の動き）
2005	会社法制定		
		2007	企業行動規範の導入
		2009	独立役員制度の導入
		2012	独立役員制度の改訂
2014	会社法改正	2014	上場規程改訂
	（コンプライ・オア・エクスプレイン）	2015	CG コード施行
		2018	CG コード改訂
2019	会社法改正		
	（独立役員制度の強制）		
		2020	上場子会社の独立役員に対する ガイドライン
2021	ＣＧコード改訂		
	（2023 年現在）		

ことから，ハード・ローである会社法（あるいは金融商品取引法）とソフト・ローである CG コードは相互補完的な役割を果たしているのである。

◆コーポレートガバナンス・コードはどのようにしてできたのか

(1) 企業行動規範

2005 年に商法典から単行法として，「会社法」が制定されたことは第 1 部で学んだ。その後 2007 年に，東京証券取引所（東証）では「**企業行動規範**」を取引所に上場する株式会社に求めることとした。導入の趣旨は，「上場会社には，証券市場を構成する一員としての自覚のもと，会社情報開示の一層の充実により透明性確保が求められることに加えて，投資者保護及び市場機能の適切な発揮の観点から，適切な企業行動が求められる」とする。「企業行動規範」は，東証の有価証券上場規程（上場規程）において制定され，最低限守るべき事項を明示する「遵守すべき事項」と，要請事項を明示し努力義務を課す「望まれる事項」により構成されている。これらの事項には，会社法に定められて

いない，または会社法では任意規定にとどまっている事項も含まれており，東証が上場会社に対してはより強い規律を求めていることがわかる（図2）。「企業行動規範」は，上場規程に包含される建付けになっているので，上場会社は「企業行動規範」に拘束されることになる。つまり，実定法（会社法）をソフト・ロー（企業行動規範）が補完していることになる。

(2) 独立役員制度とCGコード

わが国の企業では，伝統的な終身雇用制度と戦後の高度成長期を通じて，新卒社員として就職した者が30年後，40年後には経営者となっていくスタイルがほとんどだった。労働市場の弾力性・流動性は低く（わかりやすくいえば，転職しない），個々の企業内での一体性が日本企業の強みとなる一方，しだいにその閉鎖性や非客観性が企業のイノベーションを妨げることになった。これに対し，欧米の企業社会は，経営者と労働者（従業員）の社会的階層は交わることなく分断しており，それぞれの労働市場での弾力性・流動性が高い（わかりやすくいえば，経営者層も労働者層もそれぞれ転職が活発）。このような労働市場の構造により，欧米企業は，社外の独立した人材から独立役員を容易に確保することができ，2000年代に生じた企業を取り巻く世界的な変化にすばやく対応ができたと言われている。

もっともわが国が手をこまねいていたわけではなく，政府レベルでの取り組みとして，2009年，金融庁は「我が国金融・資本市場の国際化に関するスタディグループ報告——上場会社等のコーポレートガバナンスの強化に向けて」を，経済産業省は「企業統治研究会報告書」をそれぞれ公表している。そこでは，欧米企業を意識してか，「上場企業は独立役員が少なくとも1人置く」ことや「社外取締役を置くか，または，置かない場合はそれに代わるコーポレートガバナンスの体制を開示する」ことが提言された。では，これらをどうやって実現するか。両報告書は，実定法（ハード・ロー）の改正ではなく，主として取引所の規則，すなわちソフト・ローで実現すると指摘したのである。

そこで，2009年東証は，上場規程を改訂して独立役員制度を導入した。すなわち，上場会社に対して，独立役員（一般株主と利益相反が生じるおそれのない社外取締役または社外監査役。「独立」とは会社法上の「社外」と異なる概念。）

〔図2〕　企業行動規範の項目

【遵守すべき事項】

第三者割当に係る遵守事項

流通市場に混乱をもたらすおそれのある株式分割等の禁止

MSCB 等の発行に係る遵守事項

書面による議決権行使等の義務

上場外国会社における議決権行使を容易にするための環境整備に係る義務

独立役員の確保義務

コーポレートガバナンス・コードを実施するか、実施しない場合の理由の説明

取締役会、監査役会又は委員会、会計監査人の設置義務

会計監査人の監査証明等を行う公認会計士等への選任義務

業務の適正を確保するために必要な体制整備の決定義務

買収防衛策の導入に係る遵守事項

MBO 等の開示に係る遵守事項

支配株主との重要な取引等に係る遵守事項

内部者取引の禁止

反社会的勢力の排除

流通市場の機能又は株主の権利の毀損行為の禁止

【望まれる事項（努力義務）】

望ましい投資単位の水準への移行及び維持

売買単位の統一

コーポレートガバナンス・コードの尊重

取締役である独立役員の確保

独立役員が機能するための環境整備

独立役員等に関する情報の提供

議決権行使を容易にするための環境整備

無議決権株式の株主への交付書類

内部者取引の未然防止に向けた体制整備

J-IRISS への情報登録

反社会的勢力排除に向けた体制整備等

会計基準等の変更等への的確な対応体制の整備

決算内容に関する補足説明資料の公平な提供

（有価証券上場規程第 432 条～第 452 条関係）

（https://www.jpx.co.jp/regulation/listing/compliance/index.html 参照。）

を1名以上確保することを，2007年導入の「企業行動規範」の「遵守すべき事項」として改めて規定し，さらに独立役員を確保したことを確認するために上場会社に対し「独立役員届出書」を取引所に提出させるという，二段構えの制度を導入した。さらに2012年には，「上場会社は独立役員には取締役会における議決権を有している者が含まれていることの意義を踏まえ，独立役員を確保するよう努めるものとする」という文言に改訂された。第1部で学習したように，取締役会のある会社の業務執行に関する意思決定は取締役会の決議により決定される。当該決議事項の特別利害関係人でないかぎり，社内外を問わず取締役には議決権がある。したがって，より客観的で公正な経営判断ができる人物が社外取締役に選任されていなければ，独立役員を置く意味はない。2012年改訂はそのことを意味している。

　しかし，2014年の会社法改正では，社外取締役の強制設置は条文化されず，ハード・ローによる義務化が回避された。かわりに，公開大会社である監査役会設置会社が事業年度の末日において社外取締役を置いていない場合，「取締役は定時株主総会において，社外取締役を置くことが相当でない理由を説明しなければならない」(2014年改正当時)とし，その理由は事業報告の内容とすることが要求された。さらに，当該会社が，社外取締役となる候補者がいない取締役選任議案を株主総会に提出する場合も，株主総会参考書類に，社外取締役を置くことが相当でない理由を記載しなければならないとした。「規範を実施しない場合には，実施しない理由を説明しないと違反となる」いわゆるコンプライ・オア・エクスプレイン規範が導入された。

　指名委員会等設置会社と監査等委員会設置会社は会社法上，すでに社外取締役の設置が義務付けられていたが，わが国の株式会社の多くを占める監査役会設置会社では，社外監査役の設置は義務付けられていたものの(会335条3項)，社外取締役の選任に関する言及はなかった。したがって，2014年の改正は，コンプライ・オア・エクスプレイン規範による説明義務という形で，上場会社である監査役会設置会社に対して社外取締役の選任を強く推奨するための措置といえる。

(3) CG コードの登場

さて，ハード・ローである会社法の改正直後の2015年3月，金融庁と東証を共同事務局とする有識者会議は，上場会社向けにコーポレートガバナンス・コード原案を策定し，東証の有価証券上場規程の別添という形式で，ソフト・ローとして規範化され，同年6月1日より適用されるに至った。現在に至る東証のCGコードの登場である。原案の策定に先立ち，2014年6月政府は「日本再興戦略（改訂2014)」を閣議決定しており，CGコード原案はこの文書に依拠しているとされる。

CGコード（正式名称「コーポレートガバナンス・コード～会社の持続的な成長と中長期的な企業価値の向上のために～」）の構成は，2015年版では，5基本原則・30原則・40補充原則，合計73の規範となっていた。その後2018年改訂版では，基本原則はそのままだが，31原則・42補充原則，合計78の規範，さらに2021年改訂版では，47補充原則，合計83の規範となっている。つまり，基本原則はそのままであるが，原則と補充原則は拡充される方向にある。

CGコードは東証の自主規制にすぎず，各原則の文章表現は，「ねばならない」ではなく「べきである」にとどまるコンプライ・オア・エクスプレイン規範であることから，強制力はないと思うかもしれない。しかし，すでに述べたように，上場規程にリンクさせてあるので，上場会社はCGコードを遵守せざるを得ない。また改訂についても，ソフト・ローであるが故，柔軟性かつ機動性を発揮する。ようするに，上場会社にとって，CGコードは会社法をはじめとするハード・ローと同様の存在感を持っていることになる。

★ Plus 独立役員と社外取締役

会社法の定める社外取締役の定義（会2条3号）よりも，東証が上場規程で定めた独立役員（独立取締役または独立監査役）の資格要件のほうが厳しいことに注意を要する。つまり，社外役員と独立役員の概念は同じではない。

会社法の社外役員の要件は，当該会社または子会社の業務執行を取締役・執行役・使用人として行う者または10年内のいずれかの時に行った者，またはそれらの者の配偶者または二親等内の親族に該当しないこととしている。

これに対し，東証の独立役員の基準は「一般株主と利益相反の生じるおそれのない」ことに着目している。たとえば，当該会社の主要取引先等の業務執行者，当該会社から多額の報酬を得ている専門家（コンサルタント・弁護士など）は会社法の定める社外役員の要件をクリアして社外取締役または社外監査役に就任できたとしても，独立役員の資格基準は満たさないと解されている。東証の上場規程では，あくまで「一般株主と利益相反の生じるおそれのない」ことをクリアした独立役員を独立取締役または独立監査役として必ず1名以上確保すべきとことを義務付けている（東証・有価証券上場規程436条の2）。さらに努力義務として，独立取締役を1名以上確保することを定めている（同445条の4）。

　監査役設置会社では，独立監査役1名の設置はマストであり，さらに独立取締役1名の選任が努力義務になる。指名委員会等設置会社や監査等委員会設置会社で，会社法上の社外取締役が選任されていても，その者が独立役員の資格基準を満たさない場合は，あらたに独立取締役の選任がマストとなる。ハード・ローである会社法より，ソフト・ローである東証の規程がより厳格な基準を定めていることになる。

(4) CGコード（2021年改訂版）の概要

　東証のCGコードは，2015年以降2回の改訂を重ね，2021年6月11日再改訂版が2024年現在，最新のものとなっている。再改訂版の主なポイントは，2022年4月から導入される東証の市場区分の見直しを視野に入れて，2018年改訂後の積み残し事項のほか，①取締役会の機能発揮，②中核人材の多様性（ダイバーシティ）の確保，③サステナビリティ関連の取り組みがとなっている。このほかは，企業集団のガバナンスの強化，監査・内部統制，リスク管理の充実，DX（デジタルトランスフォーメーション，デジタル化）による株主総会の運営など会社法の規定にちなんだ項目が多い。なお，金融庁では「投資家と企業の対話ガイドライン」を策定しており，この対話ガイドラインは，機関投資家と企業の対話において重点的に議論することが期待される事項を取りまとめたもので，CGコードとSコードの付属文書と位置付けられている。企業がCGコードの各原則について取り組むとき（コンプライ・オア・エクスプレインを行う場合），**対話ガイドライン**を参照する必要があり，CGコードの2021年再改訂に合わせて，対話ガイドラインも改訂されている。

上場会社は，CG コードの実施（実施しない場合その理由）の状況を「**コーポ
レートガバナンス報告書**」を策定して，開示（東証 HP により常時公開）しなけ
ればならず，これにより遵守が担保されていることになる。本書では，以上の
点をふまえて，2021年再改訂版の CG コードを中心に紹介していく。

★ Plus　東証の市場区分の見直し

　東京証券取引所（東証）は，以前は，「市場第一部」，「マザーズ」，「市場第二
部」，さらに JASDAC 市場の「スタンダード」と「グロース」に区分されてい
たが，2022年4月より，「プライム市場」「スタンダード市場」および「グロー
ス市場」の新しい市場区分に移行した。上場企業の成長に向けての企業価値向
上への動機づけという新しいコンセプトにもとづき，各企業はどの市場を希望
するか申請し，新市場の上場維持基準に満たさない会社に対しては基準適合に
向けた計画を開示し実施することになった。

　新市場区分の制度では，高い流動性とガバナンス水準に加え，グローバルな
投資家との建設的な対話を中心に据えた企業向けの「プライム市場」，公開され
た市場における投資対象として十分な流動性とガバナンス水準を備えた企業向
けの「スタンダード市場」および高い成長可能性を有する企業向けの「グロー
ス市場」の3つの市場区分に再構成された。各市場区分のコンセプトに応じた
基準が設定され，各市場区分の新規上場基準と上場維持基準の原則共通化を行
うとした。

　これにより，上場基準については，プライム市場とスタンダード市場は流動
性・ガバナンス・経営成績および財政状態による基準とし，数値基準だけでな
く質的基準も重視された。これに対しグロース市場は先行投資型企業を含め，
のびしろを重視し，前述の2市場より上場基準が緩和されている。したがって，
CG コードが求める遵守や開示についても，市場区分により相違点があることに
注意を要する。

★ Plus　ルールベース，プリンシプルベースとコンプライ・オア・エクスプレイン

　ルールベース，プリンシプルベース，コンプライ・オア・エクスプレイン，これらの用語は，法学部でわが国の法律を学んでいる学習者の皆さんには，少々聞きなれない用語かもしれない。この辺で整理しておこう。

　ルールベース　ある行為はルールに沿っているか否かについて明確な基準があることをいう。たとえば，「60点以下は不合格」「制限速度時速60キロ」のルールは61点で合格・時速61キロでスピード違反といった明確性がある。違反行為の予見も可能であるがゆえに法的制裁を科すことも容易である。一方，柔軟性がないので，適用にあたり状況の変化や個別対応できないことがある。

　プリンシプルベース　ルールベースに対し，原則を規範とすることをいう。原則（プリンシプル）は抽象的でおおざっぱな表現となるため，プリンシプルベースでは，規制の趣旨を十分に理解したうえでの解釈が枢要である。たとえば，「理解度が不十分な回答は不合格」「運転者は道路の状況に合わせた適切な速度で運転しなければならない」といった抽象的な規範となるため，ルールベースに比べて，違反行為を予見することが難しく行為者の主体的な判断が求められる。一方，規制対象を具体的に明示しないという柔軟性がある。

　コンプライ・オア・エクスプレイン　これは，「履行しなさい，そうでなければ説明しなさい」という意味で，ある規範の実施（履行）を一律に義務付けるのではなく，理由を説明すれば実施（履行）しないこともできる，という意味である。もっとも，合理的な説明が求められることは言うまでもないし，履行も説明もなければ違反としてみなされる場合もある。この用語は2014年の会社法改正で人口に膾炙するようになった。

　さて，コーポレートガバナンス分野では，これらの3種のアプローチは択一ではなく混在していることになる。自由主義経済が確立している主要国では，会社法や金融法など実定法の分野ではルールベースを用いて規制対象を絞りこみ，コーポレートガバナンス・コードなどソフト・ローの分野ではプリンシプルベースあるいはコンプライ・オア・エクスプレインのアプローチを用いて，規制の趣旨を理解した企業の主体的な判断による，より自由度の高い経済活動を期待している。企業の置かれる経営環境・市場での競争力，事業の規模は各社各様であり，業種によっても異なっている。そうした企業に対し，個別的な実情を無視して一律に規制や取り組みを義務付けることは，必ずしも企業価値を向上につながらず，ステークホルダーにとっても望ましくないであろう。そこで，プリンシプルベースやコンプライ・オア・エクスプレインのアプローチにより，よりよいコーポレートガバナンスの実現が求められている。わが国の

CG コードの表現が「……べきである」となっているのは，プリンシプルベース，あるいはコンプライ・オア・エクスプレインのアプローチにほかならない。ただし，これらのアプローチで実効性を確保するための基本となるのは，「会社と投資家等ステークホルダーの対話」であるとされる。また，わが国の CG コードで，上場会社がコードの定める各原則につき，実施もせず，その理由の説明もしない場合には，実効性確保手段の対象となり，コーポレートガバナンス報告書の記載内容に虚偽等があった場合は各悪質な開示として厳しい措置があることはすでに述べたとおりである（193 頁（1）「企業行動規範」参照）。

◆東証 CG コード（2021年再改訂版）の解説

　CG コード（2021年再改訂・教科書字体で表記）は，基本原則をそのままとして，原則・補充原則が改訂される形式となっており，「目的」「基本原則」につづき，基本原則ごとに 5 章で構成されている。各章の冒頭には改めて基本原則が記載され，続いて原則と補充原則が記載されている。必要な部分には「考え方」が付されている。実定法の条文より日常的な表現ではあるが，様々な業種・業態に対応するために抽象的な表現であることは否めない（本章におけるCG コード（2021年再改訂版）の解説部分は，浜田宰『コーポレートガバナンス・コードの解説』（商事法務，2022年）を参照している）。

CG コードの目的

　コーポレートガバナンス・コードについて本コードにおいて，「コーポレートガバナンス」とは，会社が，株主をはじめ顧客・従業員・地域社会等の立場を踏まえた上で，透明・公正かつ迅速・果断な意思決定を行うための仕組みを意味する。本コードは，実効的なコーポレートガバナンスの実現に資する主要な原則を取りまとめたものであり，これらが適切に実践されることは，それぞれの会社において持続的な成長と中長期的な企業価値の向上のための自律的な対応が図られることを通じて，会社，投資家，ひいては経済全体の発展にも寄与することとなるものと考えられる。

　〈解説〉　会社のステークホルダーを株主より広い範囲でとらえており，持続的・中長期的といった視点がとられている。証券取引所では株式取引は毎日行われており，毎日のように株主や株価が更新される。しかし，CG コードでは，対象範囲も時間的にも，より広範な視点に立って，株式を上場する企業が

実効的なコーポレートガバナンスを行うことを期待している。

基本原則

【株主の権利・平等性の確保】

1. 上場会社は，株主の権利が実質的に確保されるよう適切な対応を行うとともに，株主がその権利を適切に行使することができる環境の整備を行うべきである。また，上場会社は，株主の実質的な平等性を確保すべきである。少数株主や外国人株主については，株主の権利の実質的な確保，権利行使に係る環境や実質的な平等性の確保に課題や懸念が生じやすい面があることから，十分に配慮を行うべきである。

【株主以外のステークホルダーとの適切な協働】

2. 上場会社は，会社の持続的な成長と中長期的な企業価値の創出は，従業員，顧客，取引先，債権者，地域社会をはじめとする様々なステークホルダーによるリソースの提供や貢献の結果であることを十分に認識し，これらのステークホルダーとの適切な協働に努めるべきである。取締役会・経営陣は，これらのステークホルダーの権利・立場や健全な事業活動倫理を尊重する企業文化・風土の醸成に向けてリーダーシップを発揮すべきである。

【適切な情報開示と透明性の確保】

3. 上場会社は，会社の財政状態・経営成績等の財務情報や，経営戦略・経営課題，リスクやガバナンスに係る情報等の非財務情報について，法令に基づく開示を適切に行うとともに，法令に基づく開示以外の情報提供にも主体的に取り組むべきである。その際，取締役会は，開示・提供される情報が株主との間で建設的な対話を行う上での基盤となることも踏まえ，そうした情報（とりわけ非財務情報）が，正確で利用者にとって分かりやすく，情報として有用性の高いものとなるようにすべきである。

【取締役会等の責務】

4. 上場会社の取締役会は，株主に対する受託者責任・説明責任を踏まえ，会社の持続的成長と中長期的な企業価値の向上を促し，収益力・資本効率等の改善を図るべく，(1)企業戦略等の大きな方向性を示すこと，(2)経営陣幹部による適切なリスクテイクを支える環境整備を行うこと，(3)独立した客観的な立場から，経営陣（執行役及びいわゆる執行役員を含む）・取締役に対する実効性の高い監督を行うことをはじめとする役割・責務を適切に果たすべきである。こうした役割・責務は，監査役会設置会社（その役割・責務の一部は監査役及び監査役会が担うこととなる），指名委員会等設置会社，監査等委員会設置会社など，いずれの機関設計を採用する場合にも，等しく適切に果たされるべきである。

【株主との対話】

5. 上場会社は，その持続的な成長と中長期的な企業価値の向上に資するため，株主総会の場以外においても，株主との間で建設的な対話を行うべきである。経営陣幹部・取締役（社外取締役を含む）は，こうした対話を通じて株主の声に耳を傾け，その関心・懸念に正当な関心を払うとともに，自らの経営方針を株主に分かりやすい形で明確に説明しその理解を得る努力を行い，株主を含むステークホルダーの立場に関するバランスのとれた理解と，そうした理解を踏まえた適切な対応に努めるべきである。

〈解説〉　上記5つの基本原則は2015年版以来，不動の原則となっている。文章の末尾が「べきである」という表現になっており，要請であり，義務でないことに注意したい。

第1章　株主の権利・平等性の確保

【基本原則1】

> 　上場会社は，株主の権利が実質的に確保されるよう適切な対応を行うとともに，株主がその権利を適切に行使することができる環境の整備を行うべきである。
> 　また，上場会社は，株主の実質的な平等性を確保すべきである。
> 　少数株主や外国人株主については，株主の権利の実質的な確保，権利行使に係る環境や実質的な平等性の確保に課題や懸念が生じやすい面があることから，十分に配慮を行うべきである。

考え方

　上場会社には，株主を含む多様なステークホルダーが存在しており，こうしたステークホルダーとの適切な協働を欠いては，その持続的な成長を実現することは困難である。その際，資本提供者は重要な要であり，株主はコーポレートガバナンスの規律における主要な起点でもある。上場会社には，株主が有する様々な権利が実質的に確保されるよう，その円滑な行使に配慮することにより，株主との適切な協働を確保し，持続的な成長に向けた取組みに邁進することが求められる。

　また，上場会社は，自らの株主を，その有する株式の内容及び数に応じて平等に取り扱う会社法上の義務を負っているところ，この点を実質的にも確保していることについて広く株主から信認を得ることは，資本提供者からの支持の基盤を強化す

ることにも資するものである。

〈解説〉　ソフト・ローの特徴として，「適切な対応」「十分な配慮」の具体的
な基準までは記載されていない。プリンシプルベースにより，上場会社は，自
社の事業活動においてそれぞれ何をすべきが判断することが求められている。
その判断力は，むしろ不祥事や事故等の有事の際に発揮されることになり，平
時からの対応力を醸成しておくことが期待されている。

【原則 I - I. 株主の権利の確保】

> 上場会社は，株主総会における議決権をはじめとする株主の権利が実質的に
> 確保されるよう，適切な対応を行うべきである。

補充原則
I - I①　取締役会は，株主総会において可決には至ったものの相当数の反対票が投
じられた会社提案議案があったと認めるときは，反対の理由や反対票が多くなった
原因の分析を行い，株主との対話その他の対応の要否について検討を行うべきであ
る。

〈解説〉　株主総会において，会社側提案の決議事項が可決されたものの，か
なりの反対票が投じられた場合，取締役会はなぜそのような結果を招いたの
か，分析等を行うべきことを促すものである。反対票は経営陣と株主の間に齟
齬があることを示すと考えられるから，そうした場合，原因の分析のほか，株
主との対話を求めている点が新しい。

I - I②　上場会社は，総会決議事項の一部を取締役会に委任するよう株主総会に提
案するに当たっては，自らの取締役会においてコーポレートガバナンスに関する役
割・責務を十分に果たし得るような体制が整っているか否かを考慮すべきである。
他方で，上場会社において，そうした体制がしっかりと整っていると判断する場合
には，上記の提案を行うことが，経営判断の機動性・専門性の確保の観点から望ま
しい場合があることを考慮に入れるべきである。
I - I③　上場会社は，株主の権利の重要性を踏まえ，その権利行使を事実上妨げる
ことのないよう配慮すべきである。とりわけ，少数株主にも認められている上場会

社及びその役員に対する特別な権利（違法行為の差止めや代表訴訟提起に係る権利等）については，その権利行使の確保に課題や懸念が生じやすい面があることから，十分に配慮を行うべきである。

〈解説〉 取締役会に決議を委任できる会社形態が一般的な諸外国に比べて，わが国の場合，株主総会での決議事項が相対的に多い。今後，監査役設置会社以外の会社形態を選択するなどして取締役会に委任される事項が増加する場合は，今まで以上に取締役会での合議による議論が期待される。

【原則１－２．株主総会における権利行使】

> 上場会社は，株主総会が株主との建設的な対話の場であることを認識し，株主の視点に立って，株主総会における権利行使に係る適切な環境整備を行うべきである。

補充原則

１－２① 上場会社は，株主総会において株主が適切な判断を行うことに資すると考えられる情報については，必要に応じ適確に提供すべきである。

１－２② 上場会社は，株主が総会議案の十分な検討期間を確保することができるよう，招集通知に記載する情報の正確性を担保しつつその早期発送に努めるべきであり，また，招集通知に記載する情報は，株主総会の招集に係る取締役会決議から招集通知を発送するまでの間に，TDnetや自社のウェブサイトにより電子的に公表すべきである。

１－２③ 上場会社は，株主との建設的な対話の充実や，そのための正確な情報提供等の観点を考慮し，株主総会開催日をはじめとする株主総会関連の日程の適切な設定を行うべきである。

１－２④ 上場会社は，自社の株主における機関投資家や海外投資家の比率等も踏まえ，議決権の電子行使を可能とするための環境作り（議決権電子行使プラットフォームの利用等）や招集通知の英訳を進めるべきである。

特に，プライム市場上場会社は，少なくとも機関投資家向けに議決権電子行使プラットフォームを利用可能とすべきである。

１－２⑤ 信託銀行等の名義で株式を保有する機関投資家等が，株主総会において，信託銀行等に代わって自ら議決権の行使等を行うことをあらかじめ希望する場合に対応するため，上場会社は，信託銀行等と協議しつつ検討を行うべきである。

〈解説〉　株主総会で株主が権利行使を行うための情報提供については，取締役のスキルマトリックス（各取締役の得意分野の組み合わせ表）や中期経営計画・資本政策，人的資本・サステナビリティ関連情報など，従来よりもはるかに幅広い情報が必要とされる。これらにより株主ははじめて適切な判断ができる。一方，「必要に応じて」の文言により，無限定な情報提供までも求めていない。招集通知については，会社法の定める期間より早期にかつ，英訳を進めることが求められている。こうした点は，電子化によって対応できる。また，プライム市場に上場する会社には議決権電子行使プラットフォームの利用を求めている。しかし，こうした点は，会社にとってコスト負担が生じることになる。なお，株主総会で議決権を行使できる株主の基準日と株主総会開催日までの期間はできるだけ短いことが望ましく，逆に招集通知の発送から株主総会会日までの期間はできるだけ長いことが望ましい。すでに，プライム市場の上場する会社では，会社法の定める期間より短く，あるいは長く設定する対応がデジタル化とともに実現されている。さらに推進するには，実定法の改正が必要であろう。

【原則 I － 3. 資本政策の基本的な方針】

> 　上場会社は，資本政策の動向が株主の利益に重要な影響を与え得ることを踏まえ，資本政策の基本的な方針について説明を行うべきである。

【原則 I － 4. 政策保有株式】

> 　上場会社が政策保有株式として上場株式を保有する場合には，政策保有株式の縮減に関する方針・考え方など，政策保有に関する方針を開示すべきである。また，毎年，取締役会で，個別の政策保有株式について，保有目的が適切か，保有に伴う便益やリスクが資本コストに見合っているか等を具体的に精査し，保有の適否を検証するとともに，そうした検証の内容について開示すべきである。
>
> 　上場会社は，政策保有株式に係る議決権の行使について，適切な対応を確保するための具体的な基準を策定・開示し，その基準に沿った対応を行うべきである。

補充原則

I−4① 上場会社は，自社の株式を政策保有株式として保有している会社（政策保有株主）からその株式の売却等の意向が示された場合には，取引の縮減を示唆することなどにより，売却等を妨げるべきではない。

I−4② 上場会社は，政策保有株主との間で，取引の経済合理性を十分に検証しないまま取引を継続するなど，会社や株主共同の利益を害するような取引を行うべきではない。

〈解説〉 政策保有株式とは，会社が事業に関連する他社の株式を保有することをいうが，俗にいう「株式の持合い」と同様，上場会社においては，安定株主政策として，馴れ合いや緊張感のない非効率的な経営につながりかねない。企業側は資本提携を通じて事業に利益をもたらすと主張するが，逆に株主による監視機能が形骸化し，株主総会における議決権の空洞化は，会社法の理念に反することになる。このため，CG コードでは原則1−4以下で政策保有株式の項を設定することになった。なお，2022年の東証の市場区分の見直しにより，流通株式基準が厳格化され，プライム市場では流動株式が35％必要であるとされ，かつ政策保有株式が流通株式の定義から除外されている。

【原則1−5．いわゆる買収防衛策】

> 買収防衛の効果をもたらすことを企図してとられる方策は，経営陣・取締役会の保身を目的とするものであってはならない。その導入・運用については，取締役会・監査役は，株主に対する受託者責任を全うする観点から，その必要性・合理性をしっかりと検討し，適正な手続を確保するとともに，株主に十分な説明を行うべきである。

補充原則

I−5① 上場会社は，自社の株式が公開買付けに付された場合には，取締役会としての考え方（対抗提案があればその内容を含む）を明確に説明すべきであり，また，株主が公開買付けに応じて株式を手放す権利を不当に妨げる措置を講じるべきではない。

〈解説〉 ここでいう「買収防衛の効果をもたらすことを企図してとられる方

策」とは，意図せずに買収防衛の効果を事実上もたらし得るような通常の事業活動まで含まれないが，いわゆる新株予約権等を用いたライツ・プラン型の買収防衛策のような手法に限定されないと解されている。たとえば，敵対的な公開買付けが開始された後，対象会社が多額の配当や重要な資産の売却等の実施を発表して1株当たりの純資産額が低下し，買付者の提示した買付価額に見合わなくなり，公開買付けを撤回に追い込むケースがある。このような場合，売却があらかじめ事業計画にあった場合は，CGコードの対象にならないと考えられる。また「株主が公開買い付けに応じて株式を手放す権利を不当に妨げる措置」については，プリンシプルベースにより具体的に示されていない。こちらも前者と同様に，あらかじめ計画されていた措置であるか，公開買付けの開始後企図された措置かが重要である。つまり，第三者割当増資や優先配当などの措置であっても必ずしも不当とはならず，そうした措置の必要性・合理性によることになる。

【原則1－6．株主の利益を害する可能性のある資本政策】

> 支配権の変動や大規模な希釈化をもたらす資本政策（増資，MBO等を含む）については，既存株主を不当に害することのないよう，取締役会・監査役は，株主に対する受託者責任を全うする観点から，その必要性・合理性をしっかりと検討し，適正な手続を確保するとともに，株主に十分な説明を行うべきである。

【原則1－7．関連当事者間の取引】

> 上場会社がその役員や主要株主等との取引（関連当事者間の取引）を行う場合には，そうした取引が会社や株主共同の利益を害することのないよう，また，そうした懸念を惹起することのないよう，取締役会は，あらかじめ，取引の重要性やその性質に応じた適切な手続を定めてその枠組みを開示するとともに，その手続を踏まえた監視（取引の承認を含む）を行うべきである。
> 〈解説〉上場会社の取締役会に対して，その役員や主要株主等と取引（いわゆる関連当事者間の取引）は，経営に対する影響力を利用して，上場会社の利益を

不当に損ねて自己の利益を得るといった利益相反の危険がある。すでに会社法では，利益相反取引についての取締役会決議（会365条・356条）を必要とする規定があるが，CG コードでは，会社や株主共同の利益を害するおそれにある関連当事者間取引全般とより幅広にとらえている。たとえば，原則1−6のMBOの場合においても，上場会社の経営者と一般株主との間には利益相反が生じる。経営者が一般株主から株式を取得するのであるから，その価額については，売主である一般株主と買主である経営者の間にはつねに利益対立があるからである。

第2章　株主以外のステークホルダーとの適切な協働

【基本原則2】

> 　上場会社は，会社の持続的な成長と中長期的な企業価値の創出は，従業員，顧客，取引先，債権者，地域社会をはじめとする様々なステークホルダーによるリソースの提供や貢献の結果であることを十分に認識し，これらのステークホルダーとの適切な協働に努めるべきである。
> 　取締役会・経営陣は，これらのステークホルダーの権利・立場や健全な事業活動倫理を尊重する企業文化・風土の醸成に向けてリーダーシップを発揮すべきである。

考え方

　上場会社には，株主以外にも重要なステークホルダーが数多く存在する。これらのステークホルダーには，従業員をはじめとする社内の関係者や，顧客・取引先・債権者等の社外の関係者，更には，地域社会のように会社の存続・活動の基盤をなす主体が含まれる。上場会社は，自らの持続的な成長と中長期的な企業価値の創出を達成するためには，これらのステークホルダーとの適切な協働が不可欠であることを十分に認識すべきである。

　また，「持続可能な開発目標」（SDGs）が国連サミットで採択され，気候関連財務情報開示タスクフォース（TCFD）への賛同機関数が増加するなど，中長期的な企業価値の向上に向け，サステナビリティ（ESG 要素を含む中長期的な持続可能性）が重要な経営課題であるとの意識が高まっている。こうした中，我が国企業において

は，サステナビリティ課題への積極的・能動的な対応を一層進めていくことが重要である。

　上場会社が，こうした認識を踏まえて適切な対応を行うことは，社会・経済全体に利益を及ぼすとともに，その結果として，会社自身にも更に利益がもたらされる，という好循環の実現に資するものである。

　〈解説〉　たしかに伝統的な株主中心主義（会社は株主の物である）という立場からすれば，ソフト・ローとはいえ，「株主以外のステークホルダー……」という独立した章を設けていること自体，画期的であろう。これは，わが国では終身雇用や愛社精神など企業文化・風土があり，株主以外のステークホルダーとして従業員の存在が大きかったからではないか。実際，英独仏のコーポレートガバナンス・コードにはこのような章立てはない。こうしたわが国のCGコードには先進性が感じられるかもしれないが，実効性の面では逆に遅れを取っていることが後述の各論部分で明らかになる。プリンシプルベースだからこそ，実効性が確保されなければ意味はない。リーダーシップの発揮にとどまらず，実務における取組みが大切である。

【原則２−１．中長期的な企業価値向上の基礎となる経営理念の策定】

> 　上場会社は，自らが担う社会的な責任についての考え方を踏まえ，様々なステークホルダーへの価値創造に配慮した経営を行いつつ中長期的な企業価値向上を図るべきであり，こうした活動の基礎となる経営理念を策定すべきである。

　〈解説〉　「経営理念」とは，会社の価値観を定めるとともに事業活動の大きな方向性を定め，具体的な経営戦略・経営計画や会社の様々な活動の基本となるものであり，「社是」「企業理念」「創業の精神」などと換言することもできる。近時欧米では，ステークホルダー主義の文脈で，企業の目的，ミッションとして「パーパス」という用語が散見されるが，これも「経営理念」と同義であろう。

【原則２－２．会社の行動準則の策定・実践】

> 上場会社は，ステークホルダーとの適切な協働やその利益の尊重，健全な事業活動倫理などについて，会社としての価値観を示しその構成員が従うべき行動準則を定め，実践すべきである。取締役会は，行動準則の策定・改訂の責務を担い，これが国内外の事業活動の第一線にまで広く浸透し，遵守されるようにすべきである。

補充原則

２－２①　取締役会は，行動準則が広く実践されているか否かについて，適宜または定期的にレビューを行うべきである。その際には，実質的に行動準則の趣旨・精神を尊重する企業文化・風土が存在するか否かに重点を置くべきであり，形式的な遵守確認に終始すべきではない。

　〈解説〉「行動準則」とは，倫理基準，行動規範等と呼称される場合もある。ここでは，やりっぱなし，ではなく，実践・実行しそれを適宜または定期的にレビューすることを求めている。その方法として，行動準則に関する従業員研修を実施した際にアンケートやヒアリングを行ったり，その結果をスコア化したりして，フォローアップを行う実務が考案されている。

【原則２－３．社会・環境問題をはじめとするサステナビリティを巡る課題】

> 上場会社は，社会・環境問題をはじめとするサステナビリティを巡る課題について，適切な対応を行うべきである。

補充原則

２－３①　取締役会は，気候変動などの地球環境問題への配慮，人権の尊重，従業員の健康・労働環境への配慮や公正・適切な処遇，取引先との公正・適正な取引，自然災害等への危機管理など，サステナビリティを巡る課題への対応は，リスクの減少のみならず収益機会にもつながる重要な経営課題であると認識し，中長期的な企業価値の向上の観点から，これらの課題に積極的・能動的に取り組むよう検討を深めるべきである。

　〈解説〉　いわゆる SDGs に関する分野である。サステナビリティを巡る課題

についての「適切な対応」という表現は極めて抽象的であり，具体的には業種・業態により各様であるため，結局，上場会社それぞれの自主的な取り組みに頼らざるを得ない。もっとも，取締役会においてサステナビリティを巡る課題は重要な経営課題（マテリアリティ）に位置づけておき，それゆえ積極的・能動的に取り組むことを求めている。しかし，文言は「取り組むべき」ではなく「取り組むよう検討を深めるべきである」となっており，抽象的課題であるがゆえ，その具体化には各社各様の検討がまず第一歩であると考えられる。

【原則２－４．女性の活躍促進を含む社内の多様性の確保】

> 上場会社は，社内に異なる経験・技能・属性を反映した多様な視点や価値観が存在することは，会社の持続的な成長を確保する上での強みとなり得る，との認識に立ち，社内における女性の活躍促進を含む多様性の確保を推進すべきである。

補充原則

２－４① 上場会社は，女性・外国人・中途採用者の管理職への登用等，中核人材の登用等における多様性の確保についての考え方と自主的かつ測定可能な目標を示すとともに，その状況を開示すべきである。

また，中長期的な企業価値の向上に向けた人材戦略の重要性に鑑み，多様性の確保に向けた人材育成方針と社内環境整備方針をその実施状況と併せて開示すべきである。

〈解説〉 原則２－４では「女性の活躍促進を含む」と表現されている。よって，本項は一般的な多様性を求めており，女性（性別・ジェンダー）に限られるものではなく，経歴・年齢・国籍・文化的背景等幅広い内容が含まれ，「女性の活躍促進」は多様性の例示にすぎないと考えられる。CGコードにより各社で作成するコーポレートガバナンス報告書の記載要領では，「女性」「外国人」「中途採用者」に関する開示項目があり，回答にあたりコンプライ・オア・エクスプレインが適用される。その結果は東証HPに公表されるので，上場会社各社の現状については一目瞭然であるが，わが国においてジェンダー分野については，様々な方面で消極的な結果が判明している。適材適所による結

果ならば，人材育成につき機会均等であるべきことをCGコードは言及していると思われる。後述する取締役会の構成につき，ソフト・ローでクォーター制を導入することは容易であるが，わが国の場合，ハード・ローでクォーター制を導入することは，公務員の採用や議員の立候補者の構成ではなく，営利目的で事業を営む民間企業の従業員（管理職）や役員の構成に導入することはきわめて高い課題であろう。

【原則2－5．内部通報】

> 上場会社は，その従業員等が，不利益を被る危険を懸念することなく，違法または不適切な行為・情報開示に関する情報や真摯な疑念を伝えることができるよう，また，伝えられた情報や疑念が客観的に検証され適切に活用されるよう，内部通報に係る適切な体制整備を行うべきである。取締役会は，こうした体制整備を実現する責務を負うとともに，その運用状況を監督すべきである。

補充原則

2－5①　上場会社は，内部通報に係る体制整備の一環として，経営陣から独立した窓口の設置（例えば，社外取締役と監査役による合議体を窓口とする等）を行うべきであり，また，情報提供者の秘匿と不利益取扱の禁止に関する規律を整備すべきである。

〈解説〉　内部通報制度に関しては，実定法として，すでに公益通報保護法があり，同法のガイドライン（消費者庁），また同法の2020年改正により内部通報に適切に対応するために必要な体制の整備義務が定められた。CGコードでは，それらを踏まえて「経営陣から独立した窓口」として，業務執行を行わない社外取締役と監査役による合議体を窓口とすることを例とする。この意味は，業務執行サイドが内部通報に携わらないことである。

【原則2－6．企業年金のアセットオーナーとしての機能発揮】

> 上場会社は，企業年金の積立金の運用が，従業員の安定的な資産形成に加えて自らの財政状態にも影響を与えることを踏まえ，企業年金が運用（運用機関

に対するモニタリングなどのスチュワードシップ活動を含む）の専門性を高めてアセットオーナーとして期待される機能を発揮できるよう，運用に当たる適切な資質を持った人材の計画的な登用・配置などの人事面や運営面における取組みを行うとともに，そうした取組みの内容を開示すべきである。その際，上場会社は，企業年金の受益者と会社との間に生じ得る利益相反が適切に管理されるようにすべきである。

第3章　適切な情報開示と透明性の確保
【基本原則3】

> 　上場会社は，会社の財政状態・経営成績等の財務情報や，経営戦略・経営課題，リスクやガバナンスに係る情報等の非財務情報について，法令に基づく開示を適切に行うとともに，法令に基づく開示以外の情報提供にも主体的に取り組むべきである。
>
> 　その際，取締役会は，開示・提供される情報が株主との間で建設的な対話を行う上での基盤となることも踏まえ，そうした情報（とりわけ非財務情報）が，正確で利用者にとって分かりやすく，情報として有用性の高いものとなるようにすべきである。

考え方

　上場会社には，様々な情報を開示することが求められている。これらの情報が法令に基づき適時適切に開示されることは，投資家保護や資本市場の信頼性確保の観点から不可欠の要請であり，取締役会・監査役・監査役会・外部会計監査人は，この点に関し財務情報に係る内部統制体制の適切な整備をはじめとする重要な責務を負っている。

　また，上場会社は，法令に基づく開示以外の情報提供にも主体的に取り組むべきである。

　更に，我が国の上場会社による情報開示は，計表等については，様式・作成要領などが詳細に定められており比較可能性に優れている一方で，会社の財政状態，経営戦略，リスク，ガバナンスや社会・環境問題に関する事項（いわゆるESG要素）などについて説明等を行ういわゆる非財務情報を巡っては，ひな型的な記述や具体性を欠く記述となっており付加価値に乏しい場合が少なくない，との指摘もある。取締役会は，こうした情報を含め，開示・提供される情報が可能な限り利用者にとっ

て有益な記載となるよう積極的に関与を行う必要がある。

　法令に基づく開示であれそれ以外の場合であれ，適切な情報の開示・提供は，上場会社の外側にいて情報の非対称性の下におかれている株主等のステークホルダーと認識を共有し，その理解を得るための有力な手段となり得るものであり，「『責任ある機関投資家』の諸原則《日本版スチュワードシップ・コード》」を踏まえた建設的な対話にも資するものである。

　〈解説〉　本章はOECDコーポレートガバナンス原則を踏まえたもので，「非財務情報」が重要である。日本企業の非財務情報の開示内容については国際的に評価が低いのは，資金調達の方法を間接金融に頼っていたため，株主・投資家や資本市場に対する情報提供（開示）が乏しかったと言われている。CGコードであらためて非財務情報の重要性が浮き彫りにされ，上場会社は，情報開示は規制上必要最小限度の対応に済ませるといった慣行を見直して，より積極的に主体性をもって情報開示に取り組むこととなった。

【原則3−1.　情報開示の充実】

> 　上場会社は，法令に基づく開示を適切に行うことに加え，会社の意思決定の透明性・公正性を確保し，実効的なコーポレートガバナンスを実現するとの観点から，（本コードの各原則において開示を求めている事項のほか，）以下の事項について開示し，主体的な情報発信を行うべきである。
> （ⅰ）会社の目指すところ（経営理念等）や経営戦略，経営計画
> （ⅱ）本コードのそれぞれの原則を踏まえた，コーポレートガバナンスに関する基本的な考え方と基本方針
> （ⅲ）取締役会が経営陣幹部・取締役の報酬を決定するに当たっての方針と手続
> （ⅳ）取締役会が経営陣幹部の選解任と取締役・監査役候補の指名を行うに当たっての方針と手続
> （ⅴ）取締役会が上記（ⅳ）を踏まえて経営陣幹部の選解任と取締役・監査役候補の指名を行う際の，個々の選解任・指名についての説明

補充原則

3−1①　上記の情報の開示（法令に基づく開示を含む）に当たって，取締役会は，ひな型的な記述や具体性を欠く記述を避け，利用者にとって付加価値の高い記載と

なるようにすべきである。

3－1②　上場会社は，自社の株主における海外投資家等の比率も踏まえ，合理的な範囲において，英語での情報の開示・提供を進めるべきである。

特に，プライム市場上場会社は，開示書類のうち必要とされる情報について，英語での開示・提供を行うべきである。

3－1③　上場会社は，経営戦略の開示に当たって，自社のサステナビリティについての取組みを適切に開示すべきである。また，人的資本や知的財産への投資等についても，自社の経営戦略・経営課題との整合性を意識しつつ分かりやすく具体的に情報を開示・提供すべきである。特に，プライム市場上場会社は，気候変動に係るリスク及び収益機会が自社の事業活動や収益等に与える影響について，必要なデータの収集と分析を行い，国際的に確立された開示の枠組みである TCFD またはそれと同等の枠組みに基づく開示の質と量の充実を進めるべきである。

〈解説〉　原則3－1では，経営理念・経営戦略・経営計画という文言が記載されているが，これらは非財務情報の1つに属する。経営理念に基づいた戦略，そして収益計画・資本政策・事業ポートフォリオの基本方針を策定の議論の場は，取締役会であるが，ここでは，その議論を行う組織（取締役会）の構成すら戦略の決定に包含されることになる。

つぎに，経営幹部・取締役の報酬決定と指名手続が言及されている。俗にいえば，給料と人事の透明性である。まず報酬に関しては，実定法（会社法・金融商品取引法）において共通する内容の開示が定められているので，それ以上のレベルが求められる。役員の指名手続についても，会社法の定めるところによるが，CG コードでは，経営戦略に照らして取締役会が全体として備えるべきスキル等をまず特定し，そのうえで，これを実現するための取締役会・監査役会の規模・構成，専門的知見や国際性，ジェンダー，経歴等の多様性に関する開示を求めている。

また，海外投資家を想定して，「合理的な範囲」での英文による開示が求められている。上場会社のなかには，海外投資家をほとんどおらず，海外で事業展開していない企業もある。また英文の文書準備にはコストもかかる。そこで，CG コードでは，プライム市場上場会社がグローバルな機関投資家との建設的な対話の対象となると考えている。

最後に，もっとも重要なキーワードは「TCFD またはそれと同等の枠組み」

であろう。TCFDとは，気候関連財務情報開示タスクフォース（Task Force on Climate related Financila Disclosure）のことをいい，2015年12月，金融安定理事会（FSB）により設立された。TCFDは2017年6月，企業による自主的な開示を促すための提言をまとめた最終報告書（TCFD提言）を公表しした。日本でも2019年に経団連によりTCFDコンソーシアムが設置され，これに賛同する企業・機関は2022年5月末の時点で878となっている。一方，企業会計には国際会計基準（IFRS）を設定する主体として国際会計基準委員会（IASB）があり，このIASBの傘下団体にIFRS財団がある。このIFRS財団が，国際サステナビリティ基準審議会を設置して，その報告基準を策定することになる。つまり，TCFDまたはそれと同等の枠組みには，国際サステナビリティ基準のことを想定している。2021年再改訂版ＣＧコードの補充原則3－1③，同2－3①および4－2②で言及される，サステナビリティを巡る課題への対処には，これらの要素が非財務情報の開示として包摂されていることになる。

【原則3－2．外部会計監査人】

> 外部会計監査人及び上場会社は，外部会計監査人が株主・投資家に対して責務を負っていることを認識し，適正な監査の確保に向けて適切な対応を行うべきである。

補充原則

3－2① 監査役会は，少なくとも下記の対応を行うべきである。

（ⅰ）外部会計監査人候補を適切に選定し外部会計監査人を適切に評価するための基準の策定

（ⅱ）外部会計監査人に求められる独立性と専門性を有しているか否かについての確認

3－2② 取締役会及び監査役会は，少なくとも下記の対応を行うべきである。

（ⅰ）高品質な監査を可能とする十分な監査時間の確保

（ⅱ）外部会計監査人からCEO・CFO等の経営陣幹部へのアクセス（面談等）の確保

（ⅲ）外部会計監査人と監査役（監査役会への出席を含む），内部監査部門や社外取締役との十分な連携の確保

（ⅳ）外部会計監査人が不正を発見し適切な対応を求めた場合や，不備・問題点を指

摘した場合の会社側の対応体制の確立

〈解説〉「外部会計監査人」とは，公認会計士または監査法人のことをいい，会社法上の会計監査人と同義と考えられる。わが国の場合，監査役設置会社（取締役会が設置されている場合は監査役会が必置となり，監査役の過半数は社外監査役）と監査役のいない会社があり，後者には指名委員会等設置会社や監査等委員会設置会社が含まれる。会計監査人の選任・解任にあたっては，監査役会設置会社では，会計監査人の選解任に関する株主総会議案の内容には監査役会の同意が必要となるが，指名委員会等設置会社では指名委員会が，監査等委員会設置会社では監査等委員会が行うことになり，監査を受ける業務執行側の恣意的な選任議案の提出を防止するスキームとなっている。CGコードでは，これら実定法上の規制をふまえたうえで，外部会計監査人による適正な監査を確保する観点から，監査役や監査委員会の委員である取締役だけでなく，経営責任者と直接コミュニケーション行うことと，取締役会および監査役会にもとめている。なお，金融商品取引法の定める監査人の監査報告書において，「監査上の主要な検討事項（KAM）」の記載が義務付けられるようになったので，この監査報告書の作成にあたっては，監査人と監査役（監査等委員会・監査委員会の委員である取締役）等の意見交換・協議が今後重要になってくる。従前はルーティンな文章の監査報告書が多かったが，KAMは毎事業年度における検討事項を具体的に記載することを求めている。

第4章　取締役会等の責務
【基本原則4】

上場会社の取締役会は，株主に対する受託者責任・説明責任を踏まえ，会社の持続的成長と中長期的な企業価値の向上を促し，収益力・資本効率等の改善を図るべく，
(1) 企業戦略等の大きな方向性を示すこと
(2) 経営陣幹部による適切なリスクテイクを支える環境整備を行うこと
(3) 独立した客観的な立場から，経営陣（執行役及びいわゆる執行役員を含む）・取締役に対する実効性の高い監督を行うこと

をはじめとする役割・責務を適切に果たすべきである。

　こうした役割・責務は，監査役会設置会社（その役割・責務の一部は監査役
及び監査役会が担うこととなる），指名委員会等設置会社，監査等委員会設置会
社など，いずれの機関設計を採用する場合にも，等しく適切に果たされるべき
である。

考え方

　上場会社は，通常，会社法が規定する機関設計のうち主要な3種類（監査役会設
置会社，指名委員会等設置会社，監査等委員会設置会社）のいずれかを選択するこ
ととされている。前者（監査役会設置会社）は，取締役会と監査役・監査役会に統
治機能を担わせる我が国独自の制度である。その制度では，監査役は，取締役・経
営陣等の職務執行の監査を行うこととされており，法律に基づく調査権限が付与さ
れている。また，独立性と高度な情報収集能力の双方を確保すべく，監査役（株主
総会で選任）の半数以上は社外監査役とし，かつ常勤の監査役を置くこととされて
いる。後者の2つは，取締役会に委員会を設置して一定の役割を担わせることによ
り監督機能の強化を目指すものであるという点において，諸外国にも類例が見られ
る制度である。上記の3種類の機関設計のいずれを採用する場合でも，重要なこと
は，創意工夫を施すことによりそれぞれの機関の機能を実質的かつ十分に発揮させ
ることである。

　また，本コードを策定する大きな目的の一つは，上場会社による透明・公正かつ
迅速・果断な意思決定を促すことにあるが，上場会社の意思決定のうちには，外部
環境の変化その他の事情により，結果として会社に損害を生じさせることとなるも
のが無いとは言い切れない。その場合，経営陣・取締役が損害賠償責任を負うか否
かの判断に際しては，一般的に，その意思決定の時点における意思決定過程の合理
性が重要な考慮要素の一つとなるものと考えられるが，本コードには，ここでいう
意思決定過程の合理性を担保することに寄与すると考えられる内容が含まれており，
本コードは，上場会社の透明・公正かつ迅速・果断な意思決定を促す効果を持つこ
ととなるものと期待している。

　そして，支配株主は，会社及び株主共同の利益を尊重し，少数株主を不公正に取
り扱ってはならないのであって，支配株主を有する上場会社には，少数株主の利益
を保護するためのガバナンス体制の整備が求められる。

　〈解説〉　第4章は原則と補充原則を合わせて，もっとも分量が多く，内容的

にも，コーポレートガバナンスの取り組みの中心となる項目となっている。実効的なコーポレートガバナンスを実現するうえで，取締役会の役割は重要である。第1部で学んだように，監査役（会）設置会社のように取締役会を業務執行機能を中心とするマネジメント・モデルととらえる場合と，指名委員会等設置会社や監査等委員会設置会社のように取締役会を監督機能を中心とするモニタリング・モデルととらえる場合がある。しかし，実定法である会社法は取締役の職務執行を監督する義務をすべての会社形態の取締役会に求めている（会362条2項2号）。マネジメント・モデルであろうと，モニタリング・モデルであろうと，取締役会はつねに取締役に対する監督義務を独立性・客観性をもって行う必要がある。CGコードでは，これにつき，支配株主との関係に言及している。取締役は株主総会で選任されるから，少数株主の利益をふくめた株主共同の利益を尊重し，少数株主利益保護のためにガバナンス体制を構築すべきことを忘れてはならない。

【原則4-1．取締役会の役割・責務（1）】

> 取締役会は，会社の目指すところ（経営理念等）を確立し，戦略的な方向付けを行うことを主要な役割・責務の一つと捉え，具体的な経営戦略や経営計画等について建設的な議論を行うべきであり，重要な業務執行の決定を行う場合には，上記の戦略的な方向付けを踏まえるべきである。

補充原則

4-1① 取締役会は，取締役会自身として何を判断・決定し，何を経営陣に委ねるのかに関連して，経営陣に対する委任の範囲を明確に定め，その概要を開示すべきである。

4-1② 取締役会・経営陣幹部は，中期経営計画も株主に対するコミットメントの一つであるとの認識に立ち，その実現に向けて最善の努力を行うべきである。仮に，中期経営計画が目標未達に終わった場合には，その原因や自社が行った対応の内容を十分に分析し，株主に説明を行うとともに，その分析を次期以降の計画に反映させるべきである。

4-1③ 取締役会は，会社の目指すところ（経営理念等）や具体的な経営戦略を踏まえ，最高経営責任者（CEO）等の後継者計画（プランニング）の策定・運用に主体

的に関与するとともに，後継者候補の育成が十分な時間と資源をかけて計画的に行われていくよう，適切に監督を行うべきである。

　〈解説〉　個別の業務執行において取締役会がどこまで決定し，取締役に委任するかは，実務上各社各様である。CGコードはそうした決定・委任の範囲を明確化とその仕組みの概要の開示を求めている。会社の中期経営計画を株主に説明することが求められるが，計画の説明だけでなく，計画の達成度や未達の場合の理由説明まで行うことが期待されている。後継者育成の計画については，文書化はハードルが高いが，形式ではなく実質が重要であるから，十分な時間と資源をかけて計画的に実施されることを求めている。後継者計画は独立した指名委員会の適切な関与・助言を得るべきである。また，経営者トップは突然職務遂行ができなくなる不測の事態に備えることも必要とされる。

【原則4－2．取締役会の役割・責務（2）】

> 　取締役会は，経営陣幹部による適切なリスクテイクを支える環境整備を行うことを主要な役割・責務の一つと捉え，経営陣からの健全な企業家精神に基づく提案を歓迎しつつ，説明責任の確保に向けて，そうした提案について独立した客観的な立場において多角的かつ十分な検討を行うとともに，承認した提案が実行される際には，経営陣幹部の迅速・果断な意思決定を支援すべきである。
> 　また，経営陣の報酬については，中長期的な会社の業績や潜在的リスクを反映させ，健全な企業家精神の発揮に資するようなインセンティブ付けを行うべきである。

補充原則

4－2①　取締役会は，経営陣の報酬が持続的な成長に向けた健全なインセンティブとして機能するよう，客観性・透明性ある手続に従い，報酬制度を設計し，具体的な報酬額を決定すべきである。その際，中長期的な業績と連動する報酬の割合や，現金報酬と自社株報酬との割合を適切に設定すべきである。

4－2②　取締役会は，中長期的な企業価値の向上の観点から，自社のサステナビリティを巡る取組みについて基本的な方針を策定すべきである。

　また，人的資本・知的財産への投資等の重要性に鑑み，これらをはじめとする経営資源の配分や，事業ポートフォリオに関する戦略の実行が，企業の持続的な成長

に資するよう，実効的に監督を行うべきである。

〈解説〉　経営者の責任の取り方，いわゆるリスクテイクについてもCGコードは言及している。経営者の適切なリスクテイクは適切な報酬体系とも関連する。わが国では，経営者の報酬水準は欧米企業に比べ低いが，逆に固定報酬部分が厚く業績連動部分が少ないという特徴がある。このバランスを見直し，業績連動部分を増やすことでインセンティブを図ろうということである。一方，2019年の会社法改正では，取締役会は取締役の個人別報酬等の決定方針を決議すべきとされ（会361条7項），この決定方針に沿っていると判断した理由を取締役会は理由を示すべきとしている。投資家と企業の対話という観点から，かりに投資家から報酬制度や具体的な報酬額について質問を受けた場合に，取締役会はその合理性等を含めて説明ができることをCGコードは求めている。なお，独立社外取締役については，業務執行を行わないから業績連動型報酬にはなじまないという考えから，CGコードではその対象に含んでいない。しかし，米国では独立社外取締役にも株式報酬を導入しているが，欧州では逆に導入しない国もあり，その対応が分かれている。

【原則4－3．取締役会の役割・責務（3）】

> 　取締役会は，独立した客観的な立場から，経営陣・取締役に対する実効性の高い監督を行うことを主要な役割・責務の一つと捉え，適切に会社の業績等の評価を行い，その評価を経営陣幹部の人事に適切に反映すべきである。
> 　また，取締役会は，適時かつ正確な情報開示が行われるよう監督を行うとともに，内部統制やリスク管理体制を適切に整備すべきである。
> 　更に，取締役会は，経営陣・支配株主等の関連当事者と会社との間に生じ得る利益相反を適切に管理すべきである。

補充原則

4－3①　取締役会は，経営陣幹部の選任や解任について，会社の業績等の評価を踏まえ，公正かつ透明性の高い手続に従い，適切に実行すべきである。

4－3②　取締役会は，CEOの選解任は，会社における最も重要な戦略的意思決定であることを踏まえ，客観性・適時性・透明性ある手続に従い，十分な時間と資源を

かけて，資質を備えた CEO を選任すべきである。

4－3③　取締役会は，会社の業績等の適切な評価を踏まえ，CEO がその機能を十分発揮していないと認められる場合に，CEO を解任するための客観性・適時性・透明性ある手続を確立すべきである。

4－3④　内部統制や先を見越した全社的リスク管理体制の整備は，適切なコンプライアンスの確保とリスクテイクの裏付けとなり得るものであり，取締役会はグループ全体を含めたこれらの体制を適切に構築し，内部監査部門を活用しつつ，その運用状況を監督すべきである。

〈解説〉　東証ではコーポレートガバナンス報告書の別添として「適時開示体制の概要及び適時開示体制の整備のポイント」が公表されており，会社法では内部統制システムについて取締役会で決議することが規定されている（会362条4項6号）。また金融商品取引法でも財務報告につき内部統制報告制度がある。これら従来からの東証のルールや実定法上の義務に十分にはたすため，CG コードでも開示義務を言及している。CG コードが求める「公正かつ透明性の高い手続」の具体的な内容は示されていないので，まさにプリンシプルベースでの適切な判断が必要となる。経営トップである CEO を解任する場合のタイミング（適時性）の判断については，法令違反の場合は直ちに解任することが考えられるが，業績不振などの場合は改選時に交代を行うことが多い。いずれにしろ解任基準をあらかじめ定めておくべきという考えもある。こうしたリスク体制管理については，有価証券報告書の「重要なリスク」の開示の記載がワンパターンの表現という批判もあるので，CG コードの趣旨に従った記載を行うことが望ましい。

【原則4－4．監査役及び監査役会の役割・責務】

　監査役及び監査役会は，取締役の職務の執行の監査，監査役・外部会計監査人の選解任や監査報酬に係る権限の行使などの役割・責務を果たすに当たって，株主に対する受託者責任を踏まえ，独立した客観的な立場において適切な判断を行うべきである。

　また，監査役及び監査役会に期待される重要な役割・責務には，業務監査・会計監査をはじめとするいわば「守りの機能」があるが，こうした機能を含め，

その役割・責務を十分に果たすためには，自らの守備範囲を過度に狭く捉えることは適切でなく，能動的・積極的に権限を行使し，取締役会においてあるいは経営陣に対して適切に意見を述べるべきである。

補充原則

４－４① 監査役会は，会社法により，その半数以上を社外監査役とすること及び常勤の監査役を置くことの双方が求められていることを踏まえ，その役割・責務を十分に果たすとの観点から，前者に由来する強固な独立性と，後者が保有する高度な情報収集力とを有機的に組み合わせて実効性を高めるべきである。また，監査役または監査役会は，社外取締役が，その独立性に影響を受けることなく情報収集力の強化を図ることができるよう，社外取締役との連携を確保すべきである。

〈解説〉 会社法上，監査役は株主総会で選任されるので，その役割については，「受託者責任」つまり「株主から経営を付託された者としての責任」を意識すべきであろう。監査役が監査上の主要な検討事項（KAM）について会計監査人と協議を行っているか，内部通報制度にも取り組んでいるかなど，より実務的な役割が期待されている。また，監査役・監査役会と社外取締役の連携によって，社外取締役への情報共有が適確におこなわれることが期待されている。もっとも会社法上，監査役設置会社の監査役は「独任制」を有しており，社外取締役や監査委員会の取締役と大きく違う。よって，監査役と社外取締役の連携においては，監査役の「独任制」および両者の「独立性」に疑義が生じてはならない。

【原則４－５．取締役・監査役等の受託者責任】

上場会社の取締役・監査役及び経営陣は，それぞれの株主に対する受託者責任を認識し，ステークホルダーとの適切な協働を確保しつつ，会社や株主共同の利益のために行動すべきである。

【原則４－６.経営の監督と執行】

上場会社は，取締役会による独立かつ客観的な経営の監督の実効性を確保す

べく，業務の執行には携わらない，業務の執行と一定の距離を置く取締役の活用について検討すべきである。

〈解説〉　ここでは，上場会社の業務の執行から一定の距離を置く非業務執行取締役の活用を求めている。監督・監視者と執行者が分離していることが，上場会社のコーポレートガバナンスの基本である。業務執行者と非業務執行者を分離することである。したがって，独立社外取締役を含む非業務執行取締役をの位置づけをあらためて確認している。

【原則4－7．独立社外取締役の役割・責務】

　　上場会社は，独立社外取締役には，特に以下の役割・責務を果たすことが期待されることに留意しつつ，その有効な活用を図るべきである。
（ⅰ）経営の方針や経営改善について，自らの知見に基づき，会社の持続的な成長を促し中長期的な企業価値の向上を図る，との観点からの助言を行うこと
（ⅱ）経営陣幹部の選解任その他の取締役会の重要な意思決定を通じ，経営の監督を行うこと
（ⅲ）会社と経営陣・支配株主等との間の利益相反を監督すること
（ⅳ）経営陣・支配株主から独立した立場で，少数株主をはじめとするステークホルダーの意見を取締役会に適切に反映させること

〈解説〉　社外取締役の候補者に期待される役割について，2019年の会社法改正により，株主総会の参考書類において記載することが法務省令（会社法施行規則74条4項3号）に定められた。同様に事業報告には，そうした社外取締役の果たした職務の概要を記載することを求めている。

【原則4－8．独立社外取締役の有効な活用】

　　独立社外取締役は会社の持続的な成長と中長期的な企業価値の向上に寄与するように役割・責務を果たすべきであり，プライム市場上場会社はそのような資質を十分に備えた独立社外取締役を少なくとも3分の1（その他の市場の上場会社においては2名）以上選任すべきである。

また，上記にかかわらず，業種・規模・事業特性・機関設計・会社をとりまく環境等を総合的に勘案して，過半数の独立社外取締役を選任することが必要と考えるプライム市場上場会社（その他の市場の上場会社においては少なくとも３分の１以上の独立社外取締役を選任することが必要と考える上場会社）は，十分な人数の独立社外取締役を選任すべきである。

補充原則

４−８①　独立社外取締役は，取締役会における議論に積極的に貢献するとの観点から，例えば，独立社外者のみを構成員とする会合を定期的に開催するなど，独立した客観的な立場に基づく情報交換・認識共有を図るべきである。

４−８②　独立社外取締役は，例えば，互選により「筆頭独立社外取締役」を決定することなどにより，経営陣との連絡・調整や監査役または監査役会との連携に係る体制整備を図るべきである。

４−８③　支配株主を有する上場会社は，取締役会において支配株主からの独立性を有する独立社外取締役を少なくとも３分の１以上（プライム市場上場会社においては過半数）選任するか，または支配株主と少数株主との利益が相反する重要な取引・行為について審議・検討を行う，独立社外取締役を含む独立性を有する者で構成された特別委員会を設置すべきである。

　〈解説〉　原則４−８では，上場会社と独立社外取締役の関係につき，まず役割と責務を定義したあと，プライム市場では３分の１以上の独立社外取締役の選任，その他の市場では２名以上の独立社外取締役の選任を求めている。一方，2019年の会社法改正では，監査役会設置会社に対しても社外取締役の選任が義務付けられた（会327条の２）。

　こうしたハード・ローとソフト・ローの両面による社外取締役の選任の要請は，実務において負担が大きく，監査等委員会設置会社への移行を促進するという結果を招いたことは本書第３章でも示唆した。そもそも，社外役員の人材市場はわが国では欧米に比べ脆弱であった。監査役会設置会社では，すでに社外監査役を２名以上選任する必要があったが，社外取締役の選任は会社法上任意であった。それが，今回の要請で，プライム市場の監査役会設置会社では社外監査役２名とは別に取締役のうち３分１以上が社外取締役とされた。かりに取締役７名いる企業の場合，社外取締役は２名の会社法の定める法定要件プラ

ス1名の3名が必要となる，したがって，社外役員は社外監査役2名に加え，新たに社外取締役3名を選任し，併せて5名，これに対し社内役員は，社内監査役1名，社内取締役4名の5名となる。社外と社内の比率が50％となり，コーポレートガバナンスの視点では望ましいが，人材を外部にもとめ，社内人材を抑制することになり，会社にとってハードルが高い。

　そこで，いっそのこと監査等委員会設置会社に移行すれば，社外監査役を社外取締役に読み替えることができるので，かりに役員が6名の会社であれば，新たに社外取締役候補者を探す必要がない。こうした実務的事情により，監査等委員会設置会社ににわかに移行したプライム市場の上場会社が少なくない。

　このほか，独立社外役員のみを構成員とする会合は，情報交換の場として有益なものである。この点は会社法に言及はないので，CGコードの独自の要請である。さらに，支配株主と少数株主が利益相反する場合には，独立社外取締役を含むいわゆる特別委員会を構成して対応すべきことも考えられている。

【原則4－9．独立社外取締役の独立性判断基準及び資質】

> 　取締役会は，金融商品取引所が定める独立性基準を踏まえ，独立社外取締役となる者の独立性をその実質面において担保することに主眼を置いた独立性判断基準を策定・開示すべきである。また，取締役会は，取締役会における率直・活発で建設的な検討への貢献が期待できる人物を独立社外取締役の候補者として選定するよう努めるべきである。

　〈解説〉　独立社外取締役の独立性の判断基準については，東証をはじめ，金融商品取引所が定めているほか，日本取締役協会も「取締役会規則における独立取締役の選任基準（モデル）」を公表している。実務では，いわゆるメインバンク出身者が「主要な取引先出身者」に該当するかが問題となっていた。東証では2021年「独立役員の確保に係る実務上の留意事項」が改訂され，メインバンクという表現から「多額の借入れ等の取引の相手である金融機関」という表現に改められ，総合的な勘案により「主要な取引先」に該当するか上場会社が判断することになった。つまり，メインバンク出身者は必ずしも排除され

るわけでなくなった。

【原則4－10. 任意の仕組みの活用】

> 上場会社は，会社法が定める会社の機関設計のうち会社の特性に応じて最も適切な形態を採用するに当たり，必要に応じて任意の仕組みを活用することにより，統治機能の更なる充実を図るべきである。

補充原則

4－10① 上場会社が監査役会設置会社または監査等委員会設置会社であって，独立社外取締役が取締役会の過半数に達していない場合には，経営陣幹部・取締役の指名（後継者計画を含む）・報酬などに係る取締役会の機能の独立性・客観性と説明責任を強化するため，取締役会の下に独立社外取締役を主要な構成員とする独立した指名委員会・報酬委員会を設置することにより，指名や報酬などの特に重要な事項に関する検討に当たり，ジェンダー等の多様性やスキルの観点を含め，これらの委員会の適切な関与・助言を得るべきである。特に，プライム市場上場会社は，各委員会の構成員の過半数を独立社外取締役とすることを基本とし，その委員会構成の独立性に関する考え方・権限・役割等を開示すべきである。

〈解説〉 原則4－10では，会社法の定める機関以外に，必要に応じて任意の仕組みを活用することを求めている。たとえば，監査役会設置会社や監査等委員会設置会社において，指名委員会や報酬委員会，あるいはコンプライアンス委員会を任意で設置することが考えられる。「独立した指名委員会・報酬委員会」の設置はコンプライ・オア・エクスプレインの対象となっている。こうした任意の委員会において，独立社外取締役を過半数とすることを基本とすべきという意味は，独立性の確保が指名委員会・報酬委員会の機能発揮には重要であるからだ。監査役のいる会社形態では，社外監査役をこうした任意の委員会の構成員に含めることが必要となる。

【原則4－11. 取締役会・監査役会の実効性確保のための前提条件】

> 取締役会は，その役割・責務を実効的に果たすための知識・経験・能力を全体としてバランス良く備え，ジェンダーや国際性，職歴，年齢の面を含む多様

性と適正規模を両立させる形で構成されるべきである。また，監査役には，適切な経験・能力及び必要な財務・会計・法務に関する知識を有する者が選任されるべきであり，特に，財務・会計に関する十分な知見を有している者が1名以上選任されるべきである。

取締役会は，取締役会全体としての実効性に関する分析・評価を行うことなどにより，その機能の向上を図るべきである。

補充原則

4-11① 取締役会は，経営戦略に照らして自らが備えるべきスキル等を特定した上で，取締役会の全体としての知識・経験・能力のバランス，多様性及び規模に関する考え方を定め，各取締役の知識・経験・能力等を一覧化したいわゆるスキル・マトリックスをはじめ，経営環境や事業特性等に応じた適切な形で取締役の有するスキル等の組み合わせを取締役の選任に関する方針・手続と併せて開示すべきである。その際，独立社外取締役には，他社での経営経験を有する者を含めるべきである。

4-11② 社外取締役・社外監査役をはじめ，取締役・監査役は，その役割・責務を適切に果たすために必要となる時間・労力を取締役・監査役の業務に振り向けるべきである。こうした観点から，例えば，取締役・監査役が他の上場会社の役員を兼任する場合には，その数は合理的な範囲にとどめるべきであり，上場会社は，その兼任状況を毎年開示すべきである。

4-11③ 取締役会は，毎年，各取締役の自己評価なども参考にしつつ，取締役会全体の実効性について分析・評価を行い，その結果の概要を開示すべきである。

〈解説〉 取締役の選任において，スキルマトリックスの公表と他社での経営経験を有する者を社外取締役に含めることが要請された。このことにより，独立社外取締役について，形式的な人数が揃っているのではなく，取締役会の実効的な機能の発揮が期待される。2015年CGコードの導入当時，社外役員には，外部専門家・有識者として弁護士・公認会計士・大学教授等の登用が多く，他社の経営者の登用は少なかった。また，役員数を増員すれば役員報酬の増額も生じるので，全役員数は据え置いて，社内役員を減員する会社も多かった。しかも，女性活躍推進の要請から社外役員に女性を登用する傾向もあった。

スキルマトリックスはこの点，会社役員の各自の得意分野が一目瞭然にする

ので，選任の理由が明確になる。とりわけ2021年の改訂の原則4－11では，多様性（ダイバーシティ）の例示に関し，「職歴，年齢」が記載され，女性という文言はない。監査役についても財務・会計に関する「十分な知見」が記載された。このことは，会社法施行規則121条9号において「会社役員のうち監査役，監査等委員または監査委員が財務および会計に関する相当程度の知見を有しているものであるときはその事実」を事業報告に記載するとしたことと連動しており，取締役・監査役等すべての会社役員のスキルの確保が求められている。そのためのスキルマトリックス作成であるから，実務上，CGコードの趣旨に沿えばかならずしもマトリックス形式で開示すること必要はないが，社内役員についても同様の事項を開示すべきであろう。

　社外役員の場合，わが国ではその人的資源がいまだ脆弱であることと相まって，役員の兼任という現象がみられる。そこで，兼任の「合理的な範囲」の基準が問題となる。ここでは数値的基準を置かずに本人の良識に頼る建付けになっているが，実務上は取締役・監査役の重要な兼職状況は事業報告での開示対象となっており（会社法施行規則121条8号），株主総会参考書類では役員候補者に関し，兼職状況を記載している上場会社がほとんどである。

　取締役会の実効的役割を果たすために取締役会の評価を定期的に検証し，その長所短所を洗い出し改善強化の措置を講じる継続的なプロセスが必要である。東証ではコーポレートガバナンス白書を作成し取締役会評価における評価の項目を記載しているが，取締役会の評価を行うに際しては，その前提として，評価基準が明確にされ，評価者の間で共有されることが重要となる。こうした取締役会評価の結果の開示は，株主等との建設的な対話の材料となり，結果としてステークホルダーの信認を獲得することにつながる。

【原則4－12. 取締役会における審議の活性化】

> 　取締役会は，社外取締役による問題提起を含め自由闊達で建設的な議論・意見交換を尊ぶ気風の醸成に努めるべきである。

補充原則

4－12① 取締役会は，会議運営に関する下記の取扱いを確保しつつ，その審議の活性化を図るべきである。

（ⅰ）取締役会の資料が，会日に十分に先立って配布されるようにすること

（ⅱ）取締役会の資料以外にも，必要に応じ，会社から取締役に対して十分な情報が（適切な場合には，要点を把握しやすいように整理・分析された形で）提供されるようにすること

（ⅲ）年間の取締役会開催スケジュールや予想される審議事項について決定しておくこと

（ⅳ）審議項目数や開催頻度を適切に設定すること

（ⅴ）審議時間を十分に確保すること

〈解説〉 わが国の取締役会の審議は，形式的なものにとどまり，代表取締役への一任などが多いと指摘されている。モニタリング・モデルであれ，マネジメント・モデルであれ，取締役会が合議体であることは会社法の定めるところである。原則4－12はこうした問題につき審議の活性化を図るべきとするものである。とくに社外取締役に対しては主体的な発言が可能となるような環境の整備，実務的には関連資料や情報の事前提供や会議室の座席配置，会議の年間スケジュールの調整など工夫が必要となる。一方，取締役会において経営戦略等に関する審議時間を確保すれば個別業務執行案件に割く時間が短くなり，取締役会の下に個別委員会を設ければ社外役員のコミットが難しくなる。これらの準備はすべて事務局が行うと考えられ，取締役会の審議の活性化の達成はかなりの工夫が必要である。

【原則4－13. 情報入手と支援体制】

> 取締役・監査役は，その役割・責務を実効的に果たすために，能動的に情報を入手すべきであり，必要に応じ，会社に対して追加の情報提供を求めるべきである。
>
> また，上場会社は，人員面を含む取締役・監査役の支援体制を整えるべきである。
>
> 取締役会・監査役会は，各取締役・監査役が求める情報の円滑な提供が確保されているかどうかを確認すべきである。

補充原則

4－13①　社外取締役を含む取締役は，透明・公正かつ迅速・果断な会社の意思決定に資するとの観点から，必要と考える場合には，会社に対して追加の情報提供を求めるべきである。また，社外監査役を含む監査役は，法令に基づく調査権限を行使することを含め，適切に情報入手を行うべきである。

4－13②　取締役・監査役は，必要と考える場合には，会社の費用において外部の専門家の助言を得ることも考慮すべきである。

4－13③　上場会社は，取締役会及び監査役会の機能発揮に向け，内部監査部門がこれらに対しても適切に直接報告を行う仕組みを構築すること等により，内部監査部門と取締役・監査役との連携を確保すべきである。また，上場会社は，例えば，社外取締役・社外監査役の指示を受けて会社の情報を適確に提供できるよう社内との連絡・調整にあたる者の選任など，社外取締役や社外監査役に必要な情報を適確に提供するための工夫を行うべきである。

〈解説〉　取締役・監査役が適切に職務を果たすために必要な情報は，能動的に自ら獲得することが求められている。監査役の場合，独任制により会社法上も情報入手の権限が認められている。原則4－13は，あらためて取締役・監査役に対する情報入手とその支援体制を求めており，その対応の実施状況の確保は原則4－11にいう取締役会評価の対象ともなっている。情報入手については，社外の者は会社の内部情報へのアクセスが限られやすいので，あらためて社外取締役・社外監査役が情報入手の行動をとることを促している。また，取締役・監査役が会社の費用で外部専門家の助言を求めることも可とした。現在の経営者が全部または一部の資金を出資し，事業の継続を前提として一般株主から対象会社の株式を取得するMBO（マネジメント・バイアウト）のように利益相反が生じる場合もあり，そうしたときは，外部専門家の助言は有用であろう。さらに，会社の業務執行の一部に内部監査部門を置く企業が増えている。こうした内部統制監査部門から取締役会，監査役会あるいは監査委員会等への適切な直接報告する仕組み（デュアルレポーティングライン）の構築も有用であり，これを社内規定で定めておくことも大切である。内部監査部門と取締役・監査役の連携の１つの例として，内部統制監査部門の人事決定プロセスに，監査役等が関与することが考えられる。取締役会における適切なコンプライアンスとリスクテイクの裏付けとなりうる内部統制や全社的リスク管理体

制の構築とその運用状況については，まずは内部統制監査部門で対応し，引き続き取締役会が適切な判断を行うための情報が準備されていなくてはならない。

【原則4－14．取締役・監査役のトレーニング】

> 新任者をはじめとする取締役・監査役は，上場会社の重要な統治機関の一翼を担う者として期待される役割・責務を適切に果たすため，その役割・責務に係る理解を深めるとともに，必要な知識の習得や適切な更新等の研鑽に努めるべきである。このため，上場会社は，個々の取締役・監査役に適合したトレーニングの機会の提供・斡旋やその費用の支援を行うべきであり，取締役会は，こうした対応が適切にとられているか否かを確認すべきである。

補充原則

4－14①　社外取締役・社外監査役を含む取締役・監査役は，就任の際には，会社の事業・財務・組織等に関する必要な知識を取得し，取締役・監査役に求められる役割と責務（法的責任を含む）を十分に理解する機会を得るべきであり，就任後においても，必要に応じ，これらを継続的に更新する機会を得るべきである。

4－14②　上場会社は，取締役・監査役に対するトレーニングの方針について開示を行うべきである。

　〈**解説**〉　原則4－14では，取締役・監査役のトレーニングの必要性を説いている。社内役員であれば，自社に固有な業務関連情報については精通しているが，客観的かつ専門的な知識には乏しいかもしれない。社外役員はその逆であろう。CGコードでは両者ともにトレーニングが必要と解いている。実務的には外部セミナー・研修で法律・財務会計・コーポレートガバナンス・コンプライアンス等を学ぶ例が多い。しかし，すでに専門家である場合はこうした研修は不要であり，そのレベル設定は難しい。

第5章　株主との対話
【基本原則5】

> 　上場会社は，その持続的な成長と中長期的な企業価値の向上に資するため，

株主総会の場以外においても，株主との間で建設的な対話を行うべきである。

　経営陣幹部・取締役（社外取締役を含む）は，こうした対話を通じて株主の声に耳を傾け，その関心・懸念に正当な関心を払うとともに，自らの経営方針を株主に分かりやすい形で明確に説明しその理解を得る努力を行い，株主を含むステークホルダーの立場に関するバランスのとれた理解と，そうした理解を踏まえた適切な対応に努めるべきである。

考え方

　「『責任ある機関投資家』の諸原則《日本版スチュワードシップ・コード》」の策定を受け，機関投資家には，投資先企業やその事業環境等に関する深い理解に基づく建設的な「目的を持った対話」（エンゲージメント）を行うことが求められている。

　上場会社にとっても，株主と平素から対話を行い，具体的な経営戦略や経営計画などに対する理解を得るとともに懸念があれば適切に対応を講じることは，経営の正統性の基盤を強化し，持続的な成長に向けた取組みに邁進する上で極めて有益である。また，一般に，上場会社の経営陣・取締役は，従業員・取引先・金融機関とは日常的に接触し，その意見に触れる機会には恵まれているが，これらはいずれも賃金債権，貸付債権等の債権者であり，株主と接する機会は限られている。経営陣幹部・取締役が，株主との対話を通じてその声に耳を傾けることは，資本提供者の目線からの経営分析や意見を吸収し，持続的な成長に向けた健全な企業家精神を喚起する機会を得る，ということも意味する。

　〈解説〉　CG コード第 5 章は，わが国の CG コード独自の取組みとして，CG コードと S コードをセットとして考え，実効的なコーポレートガバナンスの実現に向けた株主との対話による会社の取組みの促進を期待している。株主は，従業員・取引先・金融機関と異なり，上場会社の経営陣が日頃接する機会はほとんどない。そのうえで上場会社が株主と建設的な対話を行うにはどうすればよいか，その対話から会社の持続的な成長に結び付けるにはどうすべきがか問われている。

【原則 5−1．株主との建設的な対話に関する方針】

　上場会社は，株主からの対話（面談）の申込みに対しては，会社の持続的な成長と中長期的な企業価値の向上に資するよう，合理的な範囲で前向きに対応

すべきである。取締役会は，株主との建設的な対話を促進するための体制整備・取組みに関する方針を検討・承認し，開示すべきである。

補充原則

5－1①　株主との実際の対話（面談）の対応者については，株主の希望と面談の主な関心事項も踏まえた上で，合理的な範囲で，経営陣幹部，社外取締役を含む取締役または監査役が面談に臨むことを基本とすべきである。

5－1②　株主との建設的な対話を促進するための方針には，少なくとも以下の点を記載すべきである。

（ⅰ）株主との対話全般について，下記（ⅱ）～（ⅴ）に記載する事項を含めその統括を行い，建設的な対話が実現するように目配りを行う経営陣または取締役の指定

（ⅱ）対話を補助する社内のIR担当，経営企画，総務，財務，経理，法務部門等の有機的な連携のための方策

（ⅲ）個別面談以外の対話の手段（例えば，投資家説明会やIR活動）の充実に関する取組み

（ⅳ）対話において把握された株主の意見・懸念の経営陣幹部や取締役会に対する適切かつ効果的なフィードバックのための方策

（ⅴ）対話に際してのインサイダー情報の管理に関する方策

5－1③　上場会社は，必要に応じ，自らの株主構造の把握に努めるべきであり，株主も，こうした把握作業にできる限り協力することが望ましい。

　〈解説〉　上場会社が株主との対面の「面談」による対話を実現することが記載されているが，「合理的な範囲で」という条件から，実際には，投資家説明会やIR活動のイベントやフォーラムでの対話となろう。株式の所有が分散している上場会社で，個別面談は現実的ではないからだ。さらに株主との対話において，会社の未公表の重要事実に関する伝達はインサイダー取引規制に抵触するおそれが多く，会社はその防止には十分な注意を要する。上場会社は対話の際，自社の情報管理体制や内部規程をインサイダー取引規制や適時開示規制の遵守だけでなく，いわゆるフェア・ディスクロージャー・ルール（金融商品取引法27条の36第1項）に対応する必要がある。また，対話には株主の協力が「望ましい」とされる。これは，Sコードの2019年改訂版以降のパブリックコメント等で，株主の協力につき「望ましい場合もある」としたためと言われている。なぜなら，無数の株主を抱える上場会社では，保有株式数が個人投資家

と機関投資家の間では乖離しており，また実質株主の確認制度にも整備が必要であるからである。

【原則5－2．経営戦略や経営計画の策定・公表】

　　経営戦略や経営計画の策定・公表に当たっては，自社の資本コストを的確に把握した上で，収益計画や資本政策の基本的な方針を示すとともに，収益力・資本効率等に関する目標を提示し，その実現のために，事業ポートフォリオの見直しや，設備投資・研究開発投資・人的資本への投資等を含む経営資源の配分等に関し具体的に何を実行するのかについて，株主に分かりやすい言葉・論理で明確に説明を行うべきである。

補充原則

5－2①　上場会社は，経営戦略等の策定・公表に当たっては，取締役会において決定された事業ポートフォリオに関する基本的な方針や事業ポートフォリオの見直しの状況について分かりやすく示すべきである。

　〈解説〉　原則5－2は，日本企業では経営環境の変化に応じたダイナミックな経営判断が行われておらず，投資家と企業の間に認識の離齬があると指摘する。そうした経営判断にはまず事業ポートフォリオの見直しや自社の資本コストの的確な把握とそれに適応した様々な投資の重要性を認識する必要がある。まず，取締役会は事業ポートフォリオ戦略の実施状況について，取締役（業務執行取締役）を監督しなくてはならない。そして，事業ポートフォリオに関する基本方針を決定するのは取締役会であり，その実施状況のモニタリングも取締役会の責務である。

〈参考文献〉
浜田宰『コーポレート・ガバナンス・コードの解説』（商事法務，2022年）
東証CGコード（2021年6月，再改訂版）https://www.jpx.co.jp/equities/listing/cg/tvdivq0000008jdy-att/nlsgeu000005lnul.pdf
東証のコーポレート・ガバナンスに関するHP　https://www.jpx.co.jp/equities/listing/cg/index.html
伊藤邦雄・茂木美樹他「改訂コーポレートガバナンス・コード適用後のガバナンス

対応の進展と今後の課題」商事法務2321号（2023年）

島崎征夫・池田直隆他「コーポレートガバナンス・コードと投資家と企業の対話ガイドラインの改訂と解説」商事法務2266号（2021年）

白井正和「社外取締役の選任義務づけと業務執行の委託」商事法務2234号（2023年）

第12章

スチュワードシップ・コード

◆スチュワードシップ責任とはなにか

　本章では，金融庁の公表した再改訂版（2020年3月）**スチュワードシップ・コード（Sコード）**（正式名称「責任ある機関投資家」の諸原則《日本版スチュワードシップ・コード》〜投資と対話を通じて企業の持続的成長を促すために〜について解説するが，その前提として「スチュワードシップ」となにか，「スチュワードシップ責任」とは何かを確認しておこう。

　まず一般的に，「スチュワード」とは執事や財産管理人を意味し，「スチュワードシップ」とは他人から預かった資産を責任もって管理すること，**受託者責任**を意味する。リーマン・ショックによる世界的な金融危機の原因は，金融機関による投資先企業の経営監視が不十分であったためといわれており，英国では2010年に金融機関を中心とした機関投資家のあるべき姿を規定したガイダンス（解釈指針），いわゆる「スチュワードシップ・コード」が誕生した。これに対して，わが国の金融庁で策定された**「責任ある投資家の諸原則」**を，日本版スチュワードシップ・コード（Sコード）と呼んでいる。

　Sコードにおいて，「スチュワード」とは機関投資家を意味する。**機関投資家**とは，個人投資家ではなく，個人などが拠出した資金を集めて，有価証券（株式・債券）等に投資し，運用・管理する社団や法人，あるいは財団のことをいい，具体的にはいわゆる資金運用を行う金融機関（保険会社，投資信託，信託銀行，投資顧問会社，年金基金など）を指す。したがって，Sコードにおける**「スチュワードシップ責任」**とは，こうした機関投資家が，投資先企業やその事業環境等に関する深い理解のほか運用戦略に応じたサステナビリティ（ESG

要素を含む中長期的な持続可能性）の考慮に基づく建設的な「目的を持った対話」（エンゲージメント）などを通じて，当該企業の企業価値の向上や持続的成長を促すことにより，「顧客・受益者」（最終受益者を含む。以下同じ）の中長期的な投資リターンの拡大を図る責任を意味することになる。Ｓコードは，機関投資家が，顧客・受益者と投資先企業の双方を視野に入れ，「責任ある機関投資家」として当該スチュワードシップ責任を果たすために有用と考えられる諸原則を定めている。このＳコードに沿って，機関投資家が適切にスチュワードシップ責任を果せば，経済全体の成長にもつながるという理念にもとづく。

　すでに学んできたように，会社法上，株式は自由譲渡が原則であり，種類株式の発行や新株予約権など資金調達には様々なツールがあり，株式市場の活性化が私たち資本主義経済社会のベースになっている。しかし，会社法は，株式を保有し続けている株主が株主総会の議決権を行使することで経営に参加すること求めており，これもまた，近代法の基本である所有権をベースにしている。株式をこまめに売買することと，株式を保有しつづけて株主として経営に関与することは，一見相対立する概念と考えられるが，これらのバランスを提言しているのが，ソフト・ローであるＳコードである。

◆Ｓコードができるまでの歴史

　2014年2月26日に，「日本版スチュワードシップ・コードに関する有識者検討会」によりはじめて，日本版スチュワードシップ・コードが策定され，その後，2017年5月29日に，「スチュワードシップ・コードに関する有識者検討会」によって同コードが改訂された。一方，2018年6月には，コーポレートガバナンス・コードも改訂された。その後，2019年からは金融庁・東京証券取引所に設置された「スチュワードシップ・コード及びコーポレートガバナンス・コードのフォローアップ会議」（以下，「フォローアップ会議」）において，「コーポレートガバナンス改革の更なる推進に向けた検討の方向性」と題する意見書（以下，「意見書」）が公表され，スチュワードシップ・コードの更なる改訂が提言された。そこで，金融庁は「スチュワードシップ・コードに関する有識者検討会」を組織し，改訂に向けた議論を重ねたうえ，コード改訂案を公表して，広く各界の意見（パブリックコメント）を求めた。そして，2020年3月24日に

公表されたスチュワードシップ・コード再改訂版が，本章で取り上げるSコードである。

◆Sコードの目的

　すでに説明したように，Sコードにおいて，「スチュワードシップ責任」とは，機関投資家が，投資先の日本企業やその事業環境等に関する深い理解のほか運用戦略に応じたサステナビリティの考慮に基づく建設的な「目的を持った対話」（エンゲージメント）などを通じて，当該企業の企業価値の向上や持続的成長を促すことにより，顧客・受益者の中長期的な投資リターンの拡大を図る責任を意味する。Sコードは，機関投資家が，顧客・受益者と投資先企業の双方を視野に入れ，「責任ある機関投資家」として当該「スチュワードシップ責任」を果たすに当たり有用と考えられる諸原則を定めている。

　投資の対象となっている企業には，CGコードに示されているように，経営の基本方針や業務執行に関する意思決定を行う取締役会が，経営陣による執行を適切に監督しつつ，適切なガバナンス機能を発揮することにより，企業価値の向上を図る責務がある。つまり，投資の対象である企業の負っている責務とSコードに定める機関投資家の責務とは，セットになっており，両者が適切に連動することで，はじめて質の高いコーポレートガバナンスが実現され，企業の持続的な成長と顧客・受益者の中長期的な投資リターンの確保が図られていくことになる。そうでなければ，株式市場は短期的な投機目的のマネーゲームのフォーラムになってしまい，企業の成長できず，私たちの経済社会は成り立たなくなる。Sコードは，こうした観点から，機関投資家と投資先企業との間で建設的な「目的を持った対話」（エンゲージメント）が行われることを促すものであり，機関投資家が投資先企業の経営の細部にまで介入することを意図するものではないし，機関投資家が保有株式を売却することが資金拠出した顧客の利益に適うと判断した時に売却を行うことを否定するものでもない。

　また，スチュワードシップ責任を果たすための機関投資家の活動（スチュワードシップ活動）のなかで，投資先企業における株主総会議決権の行使は重要な要素である。しかしそれだけではない。スチュワードシップ活動は，機関投資家が，投資先企業の持続的成長に向けてスチュワードシップ責任を適切に

果たすためには，当該企業の状況を適切に把握することや，これを踏まえて当該企業と建設的な「目的を持った対話」（エンゲージメント）を行うことなどを含む，幅広い活動を行うことが期待されている。

　Ｓコードにおいて，機関投資家は，資金の運用等を受託し自ら企業への投資を担う，単純な「資産運用者としての機関投資家」（「運用機関」）である場合と，当該資金の出し手を含む自らも「資産保有者としての機関投資家」（「アセットオーナー」）である場合がある。前者の運用機関である場合は，投資先企業との日々の建設的な対話等を通じて，当該企業の企業価値の向上に寄与すれば足りる。一方，後者の自らも保有者としてのアセットオーナーである場合は，スチュワードシップ責任を果たす上での基本的な方針を示した上で，さらに，自ら，あるいは機関投資家がさらに運用機関に委託している場合は当該運用機関の行動を通じて，投資先企業の企業価値の向上に寄与することが期待される。いずれにしろ運用機関は，アセットオーナーの期待するサービスを提供できるよう，その意向の適切な把握などに努めるべきであり，また，アセットオーナーは，運用機関の評価に当たり，短期的な視点のみに偏ることなく，Ｓコードの趣旨を踏まえた評価を行うべきである（少々ややこしいが，アセットオーナー自身が別の運用機関に委託を行う場合は，アセットオーナーが委託者，運用機関が受託者としてスチュワードシップ・コード責任を負うという関係となる）。こうした機関投資家による実効性のある適切なスチュワードシップ活動は，最終的には顧客・受益者の中長期的な投資リターンの拡大を目指すことになる。したがって，スチュワードシップ活動の実施に伴う適正なコストは，投資に必要なコストであるという意識を，機関投資家と顧客・受益者の双方において共有しなくてはならない。

　議決権行使助言会社や年金運用コンサルタントなど，機関投資家から業務の委託等を受け，機関投資家が実効的なスチュワードシップ活動を行うことに資するサービスを提供している主体が存在している。これらの機関投資家向けサービス提供者は，顧客・受益者から投資先企業へと向かう投資資金の流れ（インベストメント・チェーン）全体の機能向上のために重要な役割を果たすことが期待されている。のちに解説する，Ｓコード原則８は，機関投資家向けサービス提供者に適用される。その他の原則（指針を含む）も，原則８と矛盾

しない範囲で機関投資家向けサービス提供者に適用される。つまり，こうした機関投資家向けサービス提供者，とりわけ議決権行使助言会社は近時大きな影響力を持つようになったからである。

　Sコードは，基本的に，機関投資家が日本の上場株式に投資を行う場合を想定しており，「スチュワードシップ責任」の遂行に資する限りにおいて，他の資産に投資を行う場合にも適用することが可能である。

◆Sコードと「プリンシプルベース」および「コンプライ・オア・エクスプレイン」

　第11章のCGコードで学んだ，プリンシプルベースとコンプライ・オア・エクスプレインのアプローチはSコードにも適用されている。Sコードにおけるアプローチについても確認しておこう。しかも，Sコードは各機関投資家（機関投資家向けサービス提供者を含む）が受け入れを自ら表明することによる，ソフト・ローである。おなじソフト・ローであっても東証への上場の要件となっているCGコードとは大きな違いである。

　Sコードの各原則の適用の仕方は，各機関投資家（機関投資家向けサービス提供者を含む）が自らの置かれた状況に応じて工夫すべきものとされ，Sコードの履行の態様は，たとえば，機関投資家の規模や運用方針（長期運用であるか短期運用であるか，アクティブ運用であるかパッシブ運用であるか等）などによって様々に異なっている。したがって，Sコードは，機関投資家が取るべき行動について詳細に規定する「ルールベース・アプローチ」ではなく，機関投資家が各々の置かれた状況に応じて，自らのスチュワードシップ責任をその実質において適切に果たすことができるよう，いわゆる「プリンシプルベース・アプローチ」（原則主義）を採用している。なぜなら，Sコードは，ソフト・ローであり，法令とは異なり，法的拘束力を有する規範ではないからだ。

　さらに，Sコードは，いわゆる「コンプライ・オア・エクスプレイン」（原則を実施するか，実施しない場合には，その理由を説明するか）の手法も採用している。すなわち，Sコードの原則の中に，自らの個別事情に照らして実施することが適切でないと考える原則があれば，それを「実施しない理由」を十分に説明することにより，一部の原則を実施しないことも想定している。したがっ

て，Ｓコードの受入れ表明（公表）を行った機関投資家であっても，全ての原則を一律に実施する必要はない。ただし，機関投資家が当該説明を行う際には，実施しない原則に係る自らの対応について，顧客・受益者の理解が十分に得られるよう説明（エクスプレイン）に工夫すべきである。一方，機関投資家に委託する顧客・受益者の側においても，こうしたソフト・ローの手法を理解して，Ｓコードの受入れを表明（公表）した機関投資家の個別の状況を十分に尊重することが望まれる。Ｓコードの各原則の文言・記載を表面的に捉え，その一部を実施していないことのみをもって，機械的にスチュワードシップ責任が果たされていないと評価することは適切ではないであろう。なお，機関投資家がＳコードの原則を実施しつつ，併せて自らの具体的な取組みについて積極的に説明を行うことも，顧客・受益者から十分な理解を得るために有益であると考えられる。

◆ Ｓコード（2020年再改訂版）の解説

　本章では2020年3月24日に金融庁・有識者会議が公表した，「責任ある機関投資家」の諸原則《日本版スチュワードシップ・コード》〜投資と対話を通じて企業の持続的成長を促すために〜の文書（教科書字体で表記部分）をもとに解説していく。

> 原則１　機関投資家は，スチュワードシップ責任を果たすための明確な方針を
> 　　　　策定し，これを公表すべきである。

指針

１－１．機関投資家は，投資先企業やその事業環境等に関する深い理解のほか運用戦略に応じたサステナビリティ（ESG 要素を含む中長期的な持続可能性）[6]の考慮に基づく建設的な「目的を持った対話」（エンゲージメント）などを通じて，当該企業の企業価値の向上やその持続的成長を促すことにより，顧客・受益者の中長期的な投資リターンの拡大を図るべきである。

１－２．機関投資家は，こうした認識の下，スチュワードシップ責任を果たすための方針，すなわち，スチュワードシップ責任をどのように考え，その考えに則って当

該責任をどのように果たしていくのか，また，顧客・受益者から投資先企業へと向かう投資資金の流れ（インベストメント・チェーン）の中での自らの置かれた位置を踏まえ，どのような役割を果たすのかについての明確な方針を策定し，これを公表すべきである。

　その際，運用戦略に応じて，サステナビリティに関する課題をどのように考慮するかについて，検討を行った上で当該方針において明確に示すべきである。

Ⅰ-3．アセットオーナーは，最終受益者の視点を意識しつつ，その利益の確保のため，自らの規模や能力等に応じ，運用機関による実効的なスチュワードシップ活動が行われるよう，運用機関に促すべきである。アセットオーナーが直接，議決権行使を伴う資金の運用を行う場合には，自らの規模や能力等に応じ，自ら投資先企業との対話等のスチュワードシップ活動に取り組むべきである。

Ⅰ-4．アセットオーナーは，自らの規模や能力等に応じ，運用機関による実効的なスチュワードシップ活動が行われるよう，運用機関の選定や運用委託契約の締結に際して，議決権行使を含め，スチュワードシップ活動に関して求める事項や原則を運用機関に対して明確に示すべきである。特に大規模なアセットオーナーにおいては，インベストメント・チェーンの中での自らの置かれている位置・役割を踏まえ，運用機関の方針を検証なく単に採択するのではなく，スチュワードシップ責任を果たす観点から，自ら主体的に検討を行った上で，運用機関に対して議決権行使を含むスチュワードシップ活動に関して求める事項や原則を明確に示すべきである。

Ⅰ-5．アセットオーナーは，自らの規模や能力等に応じ，運用機関のスチュワードシップ活動が自らの方針と整合的なものとなっているかについて，運用機関の自己評価なども活用しながら，実効的に運用機関に対するモニタリングを行うべきである。このモニタリングに際しては，運用機関と投資先企業との間の対話等のスチュワードシップ活動の「質」に重点を置くべきであり，運用機関と投資先企業との面談回数・面談時間や議決権行使の賛否の比率等の形式的な確認に終始すべきではない。

　〈解説〉　原則1については，より具体的な説明として5つの指針が示されている。指針1-1に記載されている「対話」「持続的成長」「顧客・受益者」「中長期的」という文言は，Sコードを貫くキーワードである。Sコードにいう機関投資家には，もっぱら資産運用を中心に行動している機関投資家（運用機関）とみずから資産保有者でもある機関投資家（アセットオーナー）の2種類がある。前者は顧客の資金運用を受託する。後者は企業年金のように自らの資

金運用を行う資産保有者でありかつ受益者の資金も運用することになる。さらに，アセットオーナーがさらに他の運用機関に資金運用を委託することもあり，その場合，最終受益者（顧客）からかなり遠くなる。この点に注意が必要である。指針1－3で，アセットオーナーは，委託している運用機関が投資先企業に対して実効的なスチュワードシップ活動を行っているかを当該運用機関に全般的に確認することを求めている。指針1－4，1－5においても，アセットオーナーである機関投資家が運用機関に対して確認やモニタリングすべき内容について解説している。

> 原則2　機関投資家は，スチュワードシップ責任を果たす上で管理すべき利益
> 　　　　相反について，明確な方針を策定し，これを公表すべきである。

指針
2－1．機関投資家は顧客・受益者の利益を第一として行動すべきである。一方で，スチュワードシップ活動を行うに当たっては，自らが所属する企業グループと顧客・受益者の双方に影響を及ぼす事項について議決権を行使する場合など，利益相反の発生が避けられない場合がある。機関投資家は，こうした利益相反を適切に管理することが重要である。
2－2．機関投資家は，こうした認識の下，あらかじめ想定し得る利益相反の主な類型について，これをどのように実効的に管理するのかについての明確な方針を策定し，これを公表すべきである。
　特に，運用機関は，議決権行使や対話に重要な影響を及ぼす利益相反が生じ得る局面を具体的に特定し，それぞれの利益相反を回避し，その影響を実効的に排除するなど，顧客・受益者の利益を確保するための措置について具体的な方針を策定し，これを公表すべきである。
2－3．運用機関は，顧客・受益者の利益の確保や利益相反防止のため，例えば，独立した取締役会や，議決権行使の意思決定や監督のための第三者委員会などのガバナンス体制を整備し，これを公表すべきである。
2－4．運用機関の経営陣は，自らが運用機関のガバナンス強化・利益相反管理に関して重要な役割・責務を担っていることを認識し，これらに関する課題に対する取組みを推進すべきである。

〈解説〉　原則2では「利益相反」について述べている。ここでいう利益相反とは，機関投資家とその顧客・受益者の間における利益相反である。指針2－2では，こうした利益相反のパターンをあらかじめ想定しておくことを機関投資家にもとめ，さらに運用機関である機関投資家には具体的なレベルまで特定することを求めている。指針2－3,2－4においても，運用機関あるいはその経営陣に対して利益相反防止を強く求めている。こうした受託者責任がスチュワードシップ責任の核心となる。

原則3　機関投資家は，投資先企業の持続的成長に向けてスチュワードシップ責任を適切に果たすため，当該企業の状況を的確に把握すべきである。

指針

3－1．機関投資家は，中長期的視点から投資先企業の企業価値及び資本効率を高め，その持続的成長に向けてスチュワードシップ責任を適切に果たすため，当該企業の状況を的確に把握することが重要である。

3－2．機関投資家は，こうした投資先企業の状況の把握を継続的に行うべきであり，また，実効的な把握ができているかについて適切に確認すべきである。

3－3．把握する内容としては，例えば，投資先企業のガバナンス，企業戦略，業績，資本構造，事業におけるリスク・収益機会（社会・環境問題に関連するものを含む）及びそうしたリスク・収益機会への対応など，非財務面の事項を含む様々な事項が想定されるが，特にどのような事項に着目するかについては，機関投資家ごとに運用戦略には違いがあり，また，投資先企業ごとに把握すべき事項の重要性も異なることから，機関投資家は，自らのスチュワードシップ責任に照らし，自ら判断を行うべきである。その際，投資先企業の企業価値を毀損するおそれのある事項については，これを早期に把握することができるよう努めるべきである。

　〈解説〉　原則3では，投資先企業の持続的成長について述べている。投機目的の短期的な売買から，企業の持続的成長の目的をもって中長期的視点の投資することがスチュワードシップ責任の本質とする。指針3－3は具体的な把握すべき内容を示すが，実務的には難しい。つまり，機関投資家は複数の企業に投資を行っており，投資先企業も複数の機関投資家が株式を保有している。機

関投資家はそれぞれ顧客・受益者の利益を第一に行動する。したがって，かなり複雑になるからである。

> 原則4　機関投資家は，投資先企業との建設的な「目的を持った対話」を通じて，投資先企業と認識の共有を図るとともに，問題の改善に努めるべきである。

指針

4－1．機関投資家は，中長期的視点から投資先企業の企業価値及び資本効率を高め，その持続的成長を促すことを目的とした対話を，投資先企業との間で建設的に行うことを通じて，当該企業と認識の共有を図るよう努めるべきである。なお，投資先企業の状況や当該企業との対話の内容等を踏まえ，当該企業の企業価値が毀損されるおそれがあると考えられる場合には，より十分な説明を求めるなど，投資先企業と更なる認識の共有を図るとともに，問題の改善に努めるべきである。

4－2．機関投資家は，サステナビリティを巡る課題に関する対話に当たっては，運用戦略と整合的で，中長期的な企業価値の向上や企業の持続的成長に結び付くものとなるよう意識すべきである。

4－3．パッシブ運用は，投資先企業の株式を売却する選択肢が限られ，中長期的な企業価値の向上を促す必要性が高いことから，機関投資家は，パッシブ運用を行うに当たって，より積極的に中長期的視点に立った対話や議決権行使に取り組むべきである。

4－4．以上を踏まえ，機関投資家は，実際に起こり得る様々な局面に応じ，投資先企業との間でどのように対話を行うのかなどについて，あらかじめ明確な方針を持つべきである。

4－5．機関投資家が投資先企業との間で対話を行うに当たっては，単独でこうした対話を行うほか，必要に応じ，他の機関投資家と協働して対話を行うこと（協働エンゲージメント）が有益な場合もあり得る。

4－6．一般に，機関投資家は，未公表の重要事実を受領することなく，公表された情報をもとに，投資先企業との建設的な「目的を持った対話」を行うことが可能である。また，「G20/OECD コーポレート・ガバナンス原則」や，これを踏まえて策定された東京証券取引所の「コーポレートガバナンス・コード」は，企業の未公表の重要事実の取扱いについて，株主間の平等を図ることを基本としている。投資先企

業と対話を行う機関投資家は，企業がこうした基本原則の下に置かれていることを踏まえ，当該対話において未公表の重要事実を受領することについては，基本的には慎重に考えるべきである。

〈解説〉　原則4では，投資先企業との建設的な「目的をもった対話」について述べている。建設的という文言は，中長期的・持続可能性（サステナビリティ）を意味している。対話は形式主義に陥ることがないようにすべきである。指針4－1で示す対話に実務においては，機関投資家は内部に投資先企業との対話担当部署を設置し，対話を行う際当該機関投資家の株式保有数を示すことが望ましいとされ，対話は合意ではないので意見の一致まで求めるものではない。投資先企業の対話者については非業務執行の役員（独立社外取締役や監査役）などが想定されている。指針4－3でいう「パッシブ運用」とは，株式市場平均となる指数（インデックス）と同じレベルで穏やかな運用することをいう。つまり，パッシブ運用はSコードの視点と矛盾しないといえる。これに対し「アクティブ運用」とは，市場平均以上の攻めの運用をいい，顧客の受託を受け運用を行うスチュワードの采配が強くなるため，受託者責任と信頼が求められる。さて，指針4－3では，パッシブ運用であれば売却せずに中長期的に保有し続けることになるので，保有期間が長期化すれば対話の機会も増えると考えている。指針4－4にいう，機関投資家には，運用機関とアセットオーナーがあるので，「明確は方針」は自ずと異なることになる。指針4－5では，投資先企業には複数の機関投資家が投資しているから，それらが協働することを認めている。指針4－6では，対話における情報管理の重要性を指摘している。第11章CGコード（原則5－1③の部分）でインサイダー情報の取り扱いにつき解説したが（235頁），未公表の重要事実が対話のなかで特定の機関投資家が受領した場合は，当該機関投資家は当該投資先企業の株式取引は停止すべきである。通常，投資家は公表された情報に基づいて公平かつ平等な条件で投資行動を行っているからである。Sコードでは対話を求めるが，それは情報の濫用を許すものであってはならない。

原則5　機関投資家は，議決権の行使と行使結果の公表について明確な方針を
　　　　持つとともに，議決権行使の方針については，単に形式的な判断基準に
　　　　とどまるのではなく，投資先企業の持続的成長に資するものとなるよう
　　　　工夫すべきである。

指針

5－1．機関投資家は，すべての保有株式について議決権を行使するよう努めるべき
であり，議決権の行使に当たっては，投資先企業の状況や当該企業との対話の内容
等を踏まえた上で，議案に対する賛否を判断すべきである。

5－2．機関投資家は，議決権の行使についての明確な方針を策定し，これを公表す
べきである。当該方針は，できる限り明確なものとすべきであるが，単に形式的な
判断基準にとどまるのではなく，投資先企業の持続的成長に資するものとなるよう
工夫すべきである。

5－3．機関投資家は，議決権の行使結果を，少なくとも議案の主な種類ごとに整
理・集計して公表すべきである。

　また，機関投資家がスチュワードシップ責任を果たすための方針に沿って適切に
議決権を行使しているか否かについての可視性をさらに高める観点から，機関投資
家は，議決権の行使結果を，個別の投資先企業及び議案ごとに公表すべきである。
それぞれの機関投資家の置かれた状況により，個別の投資先企業及び議案ごとに議
決権の行使結果を公表することが必ずしも適切でないと考えられる場合には，その
理由を積極的に説明すべきである。

　議決権の行使結果を公表する際，機関投資家が議決権行使の賛否の理由について
対外的に明確に説明することも，可視性を高めることに資すると考えられる。特に，
外観的に利益相反が疑われる議案や議決権行使の方針に照らして説明を要する判断
を行った議案等，投資先企業との建設的な対話に資する観点から重要と判断される
議案については，賛否を問わず，その理由を公表すべきである。

5－4．機関投資家は，議決権行使助言会社のサービスを利用する場合であっても，
議決権行使助言会社の人的・組織的体制の整備を含む助言策定プロセスを踏まえて
利用することが重要であり，議決権行使助言会社の助言に機械的に依拠するのでは
なく，投資先企業の状況や当該企業との対話の内容等を踏まえ，自らの責任と判断
の下で議決権を行使すべきである。仮に，議決権行使助言会社のサービスを利用し
ている場合には，議決権行使結果の公表に合わせ，当該議決権行使助言会社の名称
及び当該サービスの具体的な活用方法についても公表すべきである。

〈解説〉　原則5は，機関投資家が投資先企業の株主総会において，議決権を行使すること，行使の結果につき明確な方針を有すべきことを述べている。指針5－3では，議決権行使を前提としたうえで，機関投資家が形式的な議決権行使ではなく，明確な方針にもとづいた個別の投資先企業および議案毎の行使結果の公表を求めている。運用機関として最終受益者に対し活動の透明性が必要である。とくにわが国では金融グループ系の運用機関が多いので，グループ内での利益を重視して最終受益者との利益相反が生じないよう個別の議決権行使結果の公表，つまり可視化が重要とされる。指針5－4では，いわゆる議決権行使助言会社と機関投資家の関係につき言及している。機関投資家は，単に機械的に助言会社を利用するのではなく，助言としてとらえ，最終的には自らの責任と判断によって，議決権を行使すべきである。

原則6　機関投資家は，議決権の行使も含め，スチュワードシップ責任をどのように果たしているのかについて，原則として，顧客・受益者に対して定期的に報告を行うべきである。

指針

6－1．運用機関は，直接の顧客に対して，スチュワードシップ活動を通じてスチュワードシップ責任をどのように果たしているかについて，原則として，定期的に報告を行うべきである。

6－2．アセットオーナーは，受益者に対して，スチュワードシップ責任を果たすための方針と，当該方針の実施状況について，原則として，少なくとも年に1度，報告を行うべきである。

6－3．機関投資家は，顧客・受益者への報告の具体的な様式や内容については，顧客・受益者との合意や，顧客・受益者の利便性・コストなども考慮して決めるべきであり，効果的かつ効率的な報告を行うよう工夫すべきである。

6－4．なお，機関投資家は，議決権の行使活動を含むスチュワードシップ活動について，スチュワードシップ責任を果たすために必要な範囲において記録に残すべきである。

〈解説〉　原則6では，機関投資家が顧客・受益者に対してスチュワードシッ

プ責任の果たしていることを定期的に報告することを求めている。指針6－1では，運用機関は直接の顧客に対しては定期的に，指針6－2では，アセットオーナーは受益者に対し年1度，報告を行うべきとしている。このほか，指針6－3と6－4では，報告にはわかりやすい工夫を行うことや，記録を残すことを求めている。

> 原則7　機関投資家は，投資先企業の持続的成長に資するよう，投資先企業やその事業環境等に関する深い理解のほか運用戦略に応じたサステナビリティの考慮に基づき，当該企業との対話やスチュワードシップ活動に伴う判断を適切に行うための実力を備えるべきである。

指針
7－1．機関投資家は，投資先企業との対話を建設的なものとし，かつ，当該企業の持続的成長に資する有益なものとしていく観点から，投資先企業やその事業環境等に関する深い理解のほか運用戦略に応じたサステナビリティの考慮に基づき，当該企業との対話やスチュワードシップ活動に伴う判断を適切に行うための実力を備えていることが重要である。

　このため，機関投資家は，こうした対話や判断を適切に行うために必要な体制の整備を行うべきである。
7－2．特に，機関投資家の経営陣はスチュワードシップ責任を実効的に果たすための適切な能力・経験を備えているべきであり，系列の金融グループ内部の論理などに基づいて構成されるべきではない。

　また，機関投資家の経営陣は，自らが対話の充実等のスチュワードシップ活動の実行とそのための組織構築・人材育成に関して重要な役割・責務を担っていることを認識し，これらに関する課題に対する取組みを推進すべきである。
7－3．対話や判断を適切に行うための一助として，必要に応じ，機関投資家が，他の投資家との意見交換を行うことやそのための場を設けることも有益であると考えられる。
7－4．機関投資家は，本コードの各原則（指針を含む）の実施状況を適宜の時期に省みることにより，本コードが策定を求めている各方針の改善につなげるなど，将来のスチュワードシップ活動がより適切なものとなるよう努めるべきである。

　特に，運用機関は，持続的な自らのガバナンス体制・利益相反管理や，自らのス

チュワードシップ活動等の改善に向けて，本コードの各原則（指針を含む）の実施状況を定期的に自己評価し，自己評価の結果を投資先企業との対話を含むスチュワードシップ活動の結果と合わせて公表すべきである。その際，これらは自らの運用戦略と整合的で，中長期的な企業価値の向上や企業の持続的成長に結び付くものとなるよう意識すべきである。

　〈解説〉　原則7はSコードの目的を達成するために必要な機関投資家の実力のあり方について述べている。指針7－2では機関投資家の経営陣の在り方まで言及している。さらに指針7－3では，機関投資家が他の投資家との意見交換を一例にあげるが，未公表の情報の交換など濫用につながらないよう十分な注意が必要である。また，指針7－4では，特に運用機関の場合は，アセットオーナーが委託するべき運用機関の選定や評価ができるよう，Sコード各原則の実施状況のアセスメント（評価報告）を行い公表するべきとしている。

原則8　機関投資家向けサービス提供者は，機関投資家がスチュワードシップ責任を果たすに当たり，適切にサービスを提供し，インベストメント・チェーン全体の機能向上に資するものとなるよう努めるべきである。

指針

8－1．議決権行使助言会社・年金運用コンサルタントを含む機関投資家向けサービス提供者は，利益相反が生じ得る局面を具体的に特定し，これをどのように実効的に管理するのかについての明確な方針を策定して，利益相反管理体制を整備するとともに，これらの取組みを公表すべきである。

8－2．議決権行使助言会社は，運用機関に対し，個々の企業に関する正確な情報に基づく助言を行うため，日本に拠点を設置することを含め十分かつ適切な人的・組織的体制を整備すべきであり，透明性を図るため，それを含む助言策定プロセスを具体的に公表すべきである。

8－3．議決権行使助言会社は，企業の開示情報に基づくほか，必要に応じ，自ら企業と積極的に意見交換しつつ，助言を行うべきである。

　助言の対象となる企業から求められた場合に，当該企業に対して，前提となる情報に齟齬がないか等を確認する機会を与え，当該企業から出された意見も合わせて顧客に提供することも，助言の前提となる情報の正確性や透明性の確保に資すると

考えられる。

　〈解説〉　原則8はいわゆる議決権行使助言会社につき言及している。たとえ
ば，投資先企業であるA社における株主，すなわち株主総会で議決権行使を行
う株主には，個人株主のほか機関投資家が存在する。議決権行使助言会社のよ
うな機関投資家向けのサービス提供者は，自らの利益相反に対する管理体制を
整備し公表すべきである。そうでないと，サービス提供者の利益になるような
議決権の行使を助言するおそれがあるからである。こうした助言会社は海外の
会社である場合が多く，わが国の株式市場に上場する企業への議決権行使を助
言する以上，日本に拠点を置くべきことを指針8－2は求めている。また，助
言会社は，助言を策定する際の依拠した情報源や議決権を行使の対象となる企
業との対話をしたか等，そのプロセスについいても明らかにすべきであろう。
議決権行使の助言は，形式的な判断基準によるものではなく，投資先企業の持
続的成長に資するよう工夫された判断基準によることが期待される。指針8－
3では，助言会社が，議決権行使の対象となる企業の一般的な開示情報だけで
助言を策定せず，当該企業との対話（意見交換）を推奨している。本来，議決
権行使助言会社は，自らが株式を保有していないかぎり株主ではないから議決
権は行使できない。しかし議決権行使会社は，近年わが国でも存在感を示して
いる。こうした風潮に対し，株主が自ら判断により経営参加するという会社法
上の議決権行使の理念をソフト・ローであるSコードが再確認していることに
なる。

〈参考文献〉
Sコード再改訂版（2020年）https://www.fsa.go.jp/news/r1/singi/20200324/01.pdf
「責任ある機関投資家」の諸原則≪日本版スチュワードシップ・コード≫〜投資と対
　　話を通じて企業の持続的成長を促すために〜（再改訂版）の確定について：金融
　　庁
https://www.fsa.go.jp/news/r1/singi/20200324.html
神作裕之「日本版スチュワードシップ・コードの規範性について」『企業法の進路
　　江頭憲治郎先生古稀記念』（有斐閣，2017年）所収

第13章

サステナビリティと企業

◆ソフト・ローにサステナビリティが含まれる意味

　本書の学習者の皆さんは，第1部でハード・ローとして会社法を学び，第2部でソフト・ローの学習を始めている。そして，第11章ではコーポレートガバナンス・コード，第12章ではスチュワードシップ・コードを学んだ。第13章以降は，サステナビリティ，ビジネスと人権，ジェンダー（女性活躍推進と多様性）といったテーマごとに学んでいくこになる。ここで，今一度，ソフト・ロー学習の意味を考えてみよう。

　コーポレートガバナンス・コード（CGコード）とスチュワードシップ・コード（Sコード）はいずれも，株式を上場している株式会社を対象にしている。とくに，CGコードは東京証券取引所（東証）の上場規程とリンクしているから，東証に上場する会社にとってその拘束力はハード・ローと同じと考えてよい。しかし，上場していない会社にCGコードの適用はないので，一人会社や株式を公開していない（非公開）会社は，自らのコーポレートガバナンスのため任意的に参考することはあっても，CGコードに直接拘束されることはない。しかも，有名企業のすべてが上場しているわけではない。

　第11・12章では上場会社という適用対象を明確したソフト・ローを学んだが，これからはテーマごとになるので，その対象は，株式の上場・非上場，公開・非公開を問わず，また株式会社以外の会社形態，中小企業や個人企業などあらゆる事業者（企業）に関連するという大きな違いに注意してほしい。

　しかも，ソフト・ローを遵守しないデメリットは，場合によってはハード・ロー違反（違法行為）より，企業にとって厳しいこともある。ハード・ローは

罰則が明確で，裁判規範として機能する。金融機関や電力会社の取締役の善管注意義務を争点とした株主代表訴訟において，原告株主側が敗訴し，経営者が責任を問われなかった事案があるのは，経営判断の原則の適用や予見が不可能であったこと等により，民事責任を負うことが立証できなかったからである。しかし，ソフト・ローによれば，当該ソフト・ローを遵守しなかったことによるレピュテーションリスク（風評被害）や様々なリスクは青天井であり，投資家だけではなく，消費者・取引先などにも不信スパイラルが生じ，社名変更や組織変更におさまらず，事業撤退・会社の解散に至ることもある。ソフト・ローの曖昧さは両刃の剣であり，企業にたやすく見える反面，不遵守に対するリスクは無限大となる。

　したがって，CGコードやSコードの適用がなかった企業（事業者），とりわけ中小企業においても，ソフト・ロー遵守は必須である。とくにテーマごとのソフト・ローはすべての企業（事業者）の課題である。わけても2020年以降のコロナ禍やウクライナ情勢は予測不能な出来事であった。デジタル化や環境問題，多様性への取組みなど2000年代の初めから粛々と着手してきたソフト・ローのテーマをいよいよ実施する段階になって，この2つの出来事は，わが国の企業に大きな打撃を与えた。ソフト・ローの課題には企業活動を制約し，厳しい経営環境において短期的に企業活動を危うくする課題もあろう。しかし，第1部で学んだように，企業はゴーイングコンサーン（継続企業）である。中長期的視点に立ち，その企業価値を高めていくことに存在意義がある。よって，サステナビリティはまさに企業自身のサステナビリティであることを再認識したうえで，サステナビリティと企業について学んでゆこう。

◆サステナビリティ（SDGs）のおさらい

　「サステナビリティ，エスデージーズ」という語は，小学生から一般人までいまやその認知度は高い。ここで，念のため再確認しておこう。

　まず，SDGsとは「**Sustainable Development Goals（持続可能な開発目標）**」の略語であり，複数（17）の目標があるため，複数形Sが付いて，発音上「ジーズ」となる。17の目標には，気候変動など地球環境保護だけでなく，貧困・飢餓・差別など人権保護も含まれていることに注意が必要である。

SDGs といえば，カーボンニュートラルのような環境に配慮した行動を企業に求めているとイメージしがちだが，じつは当初から人間の尊厳・人権保護に配慮した行動を求めており，環境と人権はじつは SDGs のクルマの両輪である。もっともわが国の場合，どちらかと言えば，環境分野が先行したことは否めない。

　では，SDGs はどこから登場したのか。これは，周知のとおり，2015 年 9 月 25 日の**国連総会**で加盟国 193 か国すべてが賛同した国際目標，これが SDGs である。**17 の目標（goal），169 のターゲット（target）と 232 の指標（indicator）**からなり，世界の社会・経済・環境のあらゆる課題を相互的に連関させたもので，2030 年までの達成を目指している。また，『我々の世界を変革する：持続可能な開発のための 2030 アジェンダ』という文書も併せて採択されている。アジェンダは，「**変革なきところに持続可能な世界はない**」こと，および「**誰一人も取り残さない**」という 2 つの理念を説く。後者のフレーズは，SDGs に限らず，広く一般に親しまれるフレーズとなった。この 2 つの理念と 17 の目標には，通底する 5 つの大原則（5 つの P）がある。それは，People（人間）・Planet（地球）・Prosperity（繁栄）・Peace（平和）・Partnership（パートナーシップ）であり，これらが，一見抽象的で複雑な SDGs を整理し理解するためのキーワードとなる。一方，SDGs には，国際条約のように加盟国への法的拘束力はない。すべての国々がともに取り組む，まさに国際的なソフト・ロー，換言すれば 21 世紀のグローバル・スタンダードといえる。

　こうした 2015 年 SDGs の誕生に至るまで，国連では様々な歩みがあった。まず，「持続可能な開発（sustainable development）」の概念は，1987 年の国連「環境と開発に関する世界委員会」の報告書『我々の共有の未来』に登場し，その流れにより，1992 年リオ・デ・ジャネイロで世界初の地球環境サミット（環境と開発に関する国連会議）が開催された。2000 年の国連ミレニアムサミットでは，「ミレニアム開発目標（Millenium Development Goals, MDGs）が策定され，とくに貧国対策が謳われた。しかし，その目標年が 2015 年だったため，先の「持続可能な開発」と合わせたうえで，MDGs を発展させて誕生した後継国際目標が SDGs であると位置づけられよう。この間，1992 年リオの地球環境サミットの 20 年後の振り返りとして，2012 年 6 月再び「リオ + 20 サミッ

ト」が開催され，様々な外交の応酬を経て，その成果文書『我々が望む未来』
が合意されている。同文書では，SDGs 設定を国連総会のもとで行うことや
MDGs の後継として「ポスト 2015 年開発アジェンダ」に統合されることが盛
り込まれていた。

　まとめると，1992 年リオ地球サミットで登場した「持続可能な開発」の概
念は，2000 年の MDGs を合わせた後継国際目標に生まれ変わり，新たに 2015
年 SDGs が誕生したことになる。いずれも国連主導による提言であり，法的拘
束力のないソフト・ローである。

　次に，SDGs の内容は，インターネットや様々な解説書で確認できるが，本
書では，「5 つの P」により 17 の目標を俯瞰してみよう。

〈People（人間）のゴール〉貧困をなくし，人として生きられる社会を作る

　ゴール 1 が「貧困の終焉」，2 が「飢餓・食料・栄養」，3 が「保健」，4 が
「教育」，5 が「ジェンダー平等」，6 が「水と衛生」である。

〈Prosperity（繁栄）のゴール〉「続かない」経済から「続く」経済へ

　ゴール 7 から 11 までは，世界が持続的に繁栄する基礎となり持続可能な経
済を作る目標が示されており，これらは企業の経済活動に密接な目標である。
ただし，重要な点は，繁栄の意味が，産業革命以降の自由主義経済による経済
成長神話から，人間・環境・社会の視点で再定義されており，核心的な内容と
なっていることである。まさに，繁栄の意味のパラダイムシフトである。ゴー
ル 7 が「持続可能なエネルギー」，8 が「持続可能な成長と完全雇用および
ディーセント・ワーク（働きがいのある人間らしい雇用）」，9 が「インフラ・産
業化・イノベーション」，10 が「国内外の不平等の是正」，11 が「年や住環境
の改善と災害対策」となっている。

〈Planet（地球）のゴール〉「地球 1 個分」の生産と消費への移行

　ゴール 12 から 15 までは，私たち人間が壊してしまい，持続不能になりつつ
ある地球環境を，せめても未来に向けて持続可能な環境へと修復するための目
標である。ゴール 13 が「気候変動」，14 が「海の生物多様性」，15 が「陸の生
物多様性」の実現を目標としたうえで，ゴール 12 は総論的に「持続可能な生
産と消費」を提言する。現在の私たち人間による地球資源の消費量はその再生
能力をはるかに上回っており，早晩枯渇することが必須となっている。それに

警鐘をならして，生産と消費のメカニズムの根本的変革を喚起している。こうした生産と消費の新しいメカニズムにより，産業・商業の従来型ビジネスモデルの再構築が企業に期待されることになる。

〈Peace（平和）のゴール〉暴力・犯罪の防止と公正な参加型民主主義によるガバナンス

ゴール16は，戦争に対する平和の意味だけでなく，公正な司法へのアクセス，汚職・腐敗の防止，透明で能力の高い行政機関など，いわゆる民主主義ガバナンスにおける「正義」を意味しているとされる。

〈Partnership（パートナーシップ）のゴール〉持続可能な社会に向けたシェアリング

ゴール17にいうパートナーシップとは，新興国や島嶼国などで開発条件が不利な国々を包摂して，グローバルに貧困をなくし持続可能な地球社会を形成するために，ファンド・イノベーション，貿易ルールなど国際的なガバナンス面でのパートナーシップを意味する。

以上が17のゴールの内容である。なかには，企業と直接関連しないと思われるゴールあるが，じつはその達成には企業の事業活動の変革が不可欠な場合も多い。

では，企業のコーポレートガバナンスとサステナビリティ（SDGs）の関係性，そして実務はどのような対応を求められているのか，解説していくことにする。

◆サステナビリティ・ガバナンスの考え方

SDGs は国連に端を発するため，法律学の立場で整理すれば，直接的な名宛人は国家であり，国家経由で，つまり国内立法を通じて私人（法人・自然人）が取り込まれる必要がある。欧州諸国や EU では，私人である企業を規制するためにいち早くハード・ローの制定を開始した。つまり，国連の提言には法的拘束力はないが，それを国内立法でハード・ロー化して法的拘束力を持たせたのである。一方，自主規制を得意とするわが国では，ソフト・ロー（ガイドライン）による規制にとどまる方向で調整されている。会社法の関連で言えば，東証の CG コードや金融庁の S コードである。

たしかに，資本主義経済社会において，企業は，営利行為を継続的かつ計画的に行う独立した1つの経済主体であり，会社法人は準則主義により法人格を付与され，定款の定める会社の事業目的の範囲で対外的な活動を行い，利益を会社の所有者である出資者（株主）に分配する。つまり，会社法に人権（あるいは環境）に関する条項を直接取り込むことは原理的に難しく，労働法・社会法の立法や企業の社会的責任論（CSR）など，会社法の外部で様々な工夫がなされてきた。

　現在では，定款において会社の目的を柔軟に設定する手法（「当社の○○業に附帯関連する一切の事業」）やCSRを持続可能な（サステナブル）企業に必要な要素と位置付けて，リスク管理やコンプライアンス管理として内部統制（会362条4項6号）に落とし込む手法などにより，少しずつではあるが，会社法との連結点，すなわち内部化の可能性を見出している。上場会社の場合，人権尊重・環境重視の実績を情報開示し，それがESG投資により企業価値の向上につながれば，ビジネスに還元できる。いずれにしろ，SDGsは基本的に会社法とは繋がりづらい。とすれば，当面即効性のある手法はソフト・ローによる規制と考えられよう。

　こうしたなか，**サステナビリティ・ガバナンス**という考え方が登場している。この考え方は，「コーポレートガバナンスと経営システムにサステナビリティを統合し，気候変動・環境・人権に関する事業上の決定および当該会社の長期的な強靱性に係る事業上の決定をする際の枠組み」を意味し，EUの立法案に定義されている用語である。SDGsの要素を考慮するサステナブルな業務執行を監督し評価するコーポレートガバナンスの構築がサステナビリティ・ガバナンスである。このとき，会社側だけでなく，投資家側の理解が不可欠となる。そこで，サステナビリティの規格化・標準化を定めておけば，その取り組みの進捗状況や実効性を数値評価することができる。サステナビリティの指標による可視化である。そうすれば，投資家向けにサステナビリティ情報を開示することができ，投資家は適切な投資判断を行うことができる。このような規格化・標準化・情報開示の枠組みを—ハード・ローであれ，ソフト・ローであれ—示すことが，サステナビリティ・ガバナンスの実現には不可欠となる。

　いままでの企業の社会的責任論（CSR）は，企業の任意的あるいは不随的な

活動に頼るのみであったが，サステナビリティ・ガバナンスは一歩踏みこん
で，企業活動の本質にサステナビリティ（SDGs）を包摂し，実効的な取り組
みをする企業を評価する点に意義がある。

　では，サステナビリティあるいはSDGsにおける規格化・標準化とはいかな
るものであろうか。近時は，これを**タクソノミー（分類・列挙）**と表現してい
る。つまり，サステナビリティに貢献する活動を分類・列挙して，情報開示基
準の規格化・標準化を目指すことになる。EUのようにタクソノミーを立法化
する動きがあるが，具体的な表現でタクソノミーを行うためには，ハード・
ローよりもガイドラインのようなソフト・ローのほうが適切であろう。わが国
ではCGコードや関連ガイドラインに示されている。

　また，サステナビリティ・ガバナンスには，企業側だけでなく，投資者（株
主）側の理解が不可欠である。「会社は株主の物である」という伝統的な立場
からすれば，経営者の経営判断は株主の利益の最大化が基準となり，事業年度
単位で考える，いわゆる短期的利益にシフトすることになる。これにより株主
も短期的利益を投資判断の基準とする。かりに，アフリカで石油パイプライン
を敷設する事業計画により，参加企業には莫大な利益が見込まれる一方，自然
環境破壊により地元住民には不利益が生じるといった事例があったとしよう。
住民は株主ではなく，株式会社にとって外部の第三者にすぎない（**外部性**）。
参加企業の株主の利益は外部の不利益（負）から得た富である。こうした企業
経営による「**負の外部性**」をどのように考えるべきであろうか。短期的利益は
望めるが，長期的利益まで考えるとどうか。先に解説したSDGsの立場では，
こうした「負の外部性」は参加企業にとって将来決定的なマイナスとなること
が理解できるはずだ。経営者と投資家が，そろって長期的視点（ヴィジョン）
をもち，「負の外部性」が生じる企業経営を選択しないこと，これがサステナ
ビリティ・ガバナンスの着地点であろう。

　会社法の建付けにより，出資者（株主）が会社の所有者であり，株主主権が
基本であることに変わりはない。しかし，会社所有者（株主）の志向がサステ
ナビリティ・ガバナンスを重視するものとなれば，投資先企業の選択（ESG投
資）や株主総会の議決権行使だけでなく，SDGs目的による株主提案により経
営側に是正を求めることも可能である。また，経営者側も長期的視点によるサ

ステナビリティ経営に対する株主の理解が得られる。サステナビリティ・ガバナンスには，経営者だけでなく，投資家（株主）の理解が必要であり，両者の協同関係が肝要となる。

〈参考文献〉

日本政府の JAPAN SDGs Action Platform の HP　https://www.mofa.go.jp/mofaj/gaiko/oda/sdgs/statistics/index.html

仮屋広郷「サステナビリティの政治経済学〈起〉── コーポレートガバナンス・コード2021年改訂を契機として」法学セミナー809号（2022年）

久保田安彦「サステナビリティとコーポレート・ガバナンス」ビジネス法務2023年8月号

神作裕之「サステナビリティ・ガバナンスをめぐる動向」商事法務2296号（2022年）

神田秀樹・久保田安彦「対談サステナビリティを深く理解する」商事法務2302号（2022年）

石川真衣「サステナビリティ・ガバナンスを巡るフランス企業法の最新動向」商事法務2300号（2022年）

安井桂大・加藤由美子「欧州におけるサステナビリティ情報開示規制の動向」商事法務2320号（2023年）

南博・稲場雅紀『SDGs ── 危機の時代の羅針盤』岩波新書新赤版（2020年）

蟹江憲史『SDGs ── 持続可能な開発目標』中公新書（2020年）

第14章

ビジネスと人権

◆「ビジネスと人権」という考え方

　わが国にとって，2015年がコーポレートガバナンス元年なら，2023年は「ビジネスと人権」元年であろう。労働法や内部通報制度などを通じ，すでに企業活動におけるコンプライアンス意識は高まりをみせており，いじめやハラスメントを否定する社会的コンセンサンスがあることは確かである。しかし，それは，ハラスメント事案の当事者が当該企業に所属していたり，当該企業がその事実を見逃していたり，当該企業自身がコンプライアンス問題を抱えている場合であった。このような場合，取締役が会社法上の内部統制構築の義務違反を問われたり，従業員が刑法上の罪を問われたり，ハード・ローとの抵触により企業価値の毀損が生じることは周知のとおりである。

　しかし，本章で取り上げる「ビジネスと人権」は，当該企業になんら問題はなくても，取引先の事業者が人権侵害を起こせば，当該企業も社会的批判の対象となるという理念にもとづいている点が新しい。こうした企業に対する「負の影響」の考え方は，気候変動問題への対策として，CO_2をはじめとした温室効果ガス（GHG）の排出削減が求めるとき，サプライチェーン全体に通じた排出量，すなわち「スコープ1・2・3」の考え方で判断することに似ている。とりわけグローバルな事業活動を営む企業は，下請け事業者が長時間労働を強要したり，イメージキャラクターのタレントがハラスメント行為を行った場合は，それらの者と取引関係を断つか，関係を断たずに継続するなら客観的な説明を行わない限り，当該企業の企業価値が毀損される可能性が高いことになる。さらに，グローバルな事業に直接関与していない企業や中小または個人事

業者であっても，自らが人権問題をクリアしていない場合，社会的批判を受けるのは当然であるが，他社との取引関係を解約されたり，最悪のケースでは廃業に追い込まれることもある。このようなサプライチェーン全体が連帯して人権問題に取り組む姿勢が求められている。わかりやすくいえば，地球環境問題と同様に，すべての企業は，自社だけでなく，**サプライチェーン全体**で，人権侵害が存在しないことが21世紀の「ビジネスと人権」の基本である。

★ Plus　サプライチェーンを通じた温室効果ガスの排出と「スコープ1・2・3」

　「スコープ（scorp）1・2・3」は地球環境分野の用語であるが，サプライチェーン（バリューチェーン）全体をとらえる考え方は，「ビジネスと人権」分野の「負の影響」でも同じであるので，簡単に説明しておこう。

　モノがつくられ廃棄されるまでのサプライチェーンにおける温室効果ガス（GHG）排出量の捉え方として，「スコープ1」「スコープ2」「スコープ3」という分類方法があり，これは，GHGの排出量を算定・報告するために定められた国際的な基準「GHGプロトコル」で示されている。

「スコープ1」～自社が直接排出するGHG

　「スコープ1」は，燃料の燃焼や，製品の製造などを通じて企業・組織が「直接排出」するGHGのことを指す。たとえば，メーカーが製品をつくる際に，石油などを化学的に加工することでCO_2を排出する場合や，加工のために石炭を燃焼して熱エネルギーを使うことでCO_2を排出する場合などがこれにあたる。

「スコープ2」～自社が間接排出するGHG

　「スコープ2」は，他社から供給された電気・熱・蒸気を使うことで，間接的に排出されるGHGを対象とする。たとえば企業や組織が拠点を置くオフィスビルに，電力会社から電気が供給されており，その電気が石炭火力発電など化石燃料を使って作られている場合である。

　つまり，「スコープ1」と「スコープ2」は，企業が自社の活動を通じて排出しているGHGを対象としている。しかし，自社でGHG排出ゼロであったとしも，外部からの調達されたモノが多くのGHGの排出をしていれば，モノのライフサイクル全体の排出量は減らないことになる。

「スコープ3」～他の事業者からの原材料仕入れや販売後排出されるGHG

　そこで，サプライチェーン上で発生する自社以外のGHG排出をすべてひっくるめて考えなければ意味がない。原材料仕入れや販売後排出されるGHGまで対象にするのが，「スコープ3」である。GHGプロトコルでは，ある企業がモノやサービスを販売する場合には，仕入れた原料から販売後の利用，その後の廃棄

にいたるまでの間に排出される GHG も対象として分類している。

　次にサプライチェーンについて考えてみよう。モノのサプライチェーンには，「上流」と「下流」がある。たとえば自動車メーカーの場合「上流」にあたるのは，原材料や部品の調達，原材料メーカーから自社の工場や店舗などへの輸送・配送であり，「下流」にあたるのは，販売会社のほか，自動車を購入して利用する消費者，廃棄される際のスクラップ事業者などである。小売業におけるサプライチェーンでは，「上流」には食品メーカーや生産者が，「下流」には来店する消費者などとなる。「スコープ3」は，ある企業から見た時のサプライチェーンの「上流」と「下流」から排出される GHG を対象とする。消費者がモノを利用する時の GHG 排出も対象となるため，自動車メーカーのように利用時になんらかのエネルギーを必要とするモノ（製品）を販売している企業は，消費者が利用する際の GHG 排出も自社分として算定する必要がある。また，モノをつくるために必要な従業員の通勤や出張を通じて排出される GHG もスコープ3に含まれる。

（参考：資源エネルギー庁：https://www.enecho.meti.go.jp/about/special/johoteikyo/scope123.html）

◆ 「ビジネスと人権」はどこから来たのか

　「ビジネスと人権」の発端は国際連合にある。世界的に人々の生活向上や雇用創出等における企業の役割の重要性が認識される一方で，企業活動が社会にもたらす「負の影響」についても社会的な関心が高まったのは1970年代以降と言われている。第2次大戦後，戦勝国だけでなく，日本にはじめ多くの国々で戦争復興による高度経済成長期を迎え，アジア・アフリカでも植民地解放や独立を機会として大規模な開発投資が行われたその傍らで，公害の発生や自然破壊，過酷な労働環境など，企業活動がもたらした「**負の影響**」が散見されるようになった。そのため，とりわけグローバルな活動を行う企業（多国籍企業）に対して責任ある行動が強く求める声が登場するようになった。

　1976年いち早く OECD は，ソフト・ローである「多国籍企業行動指針」を策定し，多国籍企業に対して責任ある行動を自主的にとるよう勧告した。その内容は，「行動指針」の普及，「行動指針」に関する照会処理，問題解決支援のため各国に「連絡窓口」（NCP: National Contact Point）を設置することを求めるもので，わが国では外務省・厚生労働省・経済産業省の3者で構成する連絡

窓口が設置された。なお，その後 OECD は，2018年に「責任ある企業行動のためのデュー・ディリジェンス・ガイダンス」を策定しており，先の「多国籍企業行動指針」を実施するための実務的方法を提示している。

　当初は活動家や団体による草の根運動が中心であった人権問題も，次第にOECD に続き国連においても企業と人権尊重への関心が高まり，国連が議論の中心となり，その取組みの具体化が進められるようになった。こうしたなか，2011年に国連人権理事会において全会一致で合意された「ビジネスと人権に関する指導原則」は企業活動における人権尊重のあり方に関する基礎的な国際文書となっている。内容は，ビジネスと人権の関係を，①人権を保護する国家の義務，②人権を尊重する企業の責任，③救済へのアクセスの3つの柱に分類し，人権を保護する国家の義務を再確認するとともに，企業には，その企業活動及びバリューチェーン（サプライチェーン）において人権に関する諸権利を尊重する責任があることを明記し，人権尊重の具体的方法として「**人権デュー・ディリジェンス（人権DD)**」の実施も規定された。

　すでに述べたように，サプライチェーン全体で連帯する考え方により，すべての企業・事業者は，その規模を問わず，人権 DD により，取引先も含んだ人権尊重の状況についてリスクを特定し，適切な対策を講じる必要が生じた。企業活動における人権尊重は，いわゆる「**ESG 投資**」を構成する「環境（Environment)」「社会（Social)」「ガバナンス（Governance)」のうち，「社会」に区分される重要な要素の1つであるから，ここにリンクさせることにより，人権尊重は企業価値を高め，逆に人権侵害は企業価値を毀損するという構図ができあがった。そして企業は，人権分野の取組みと成果を情報開示することにより，投資家から ESG 資金調達を行い，多くのステークホルダーと対話することになった。

　これを受けて，企業の人権尊重を促す様々な政策により，立法によるハード・ローあるいはガイドラインや自主規制のようなソフト・ローで世界各国が取組みをみせ，いまや国境を越える活動を展開する企業（グローバル企業）は，事業を実施する国の国内法令を遵守するだけではなく，国際的な基準等に照らして行動することが企業価値として評価されるようになった。

　そこで，わが国においても，昨今の企業活動と人権に関する社会的要請の高

まりを踏まえ，日本企業のいっそうの取組みを促す観点から，2020年10月，日本政府として，「ビジネスと人権」に関する行動計画（以下，「NAP」という）を策定した。そこでは，企業活動における人権尊重は，社会的に求められる当然の責務であるだけでなく，経営上のリスクへの対処に資するものであり，さらには，国際社会からの信頼を高め，グローバルな投資家等の高評価を得ることにもつながると位置づけた。政府は，日本企業が人権尊重の責任を果たし，また，効果的な苦情処理の仕組みを通じて問題解決を図ることを期待して，そのような取組みを進める日本企業が正当に評価を得る環境づくりを目指すことになった。また，政府だけでなく業界団体等においても，会員企業に対する人権尊重の取組みの推進や，国際的なガイドラインの周知啓発など，「ビジネスと人権」に関する取組みを行うようになった。東証のCGコードにおける「ビジネスと人権」関連の項目もその一例である。

　政府は，2021年「日本企業のサプライチェーンにおける人権に関する取組状況のアンケート調査」において，人権尊重への取組が進んでいない企業の半数から，具体的な取組方法が分からないとの回答が寄せられたことや，ガイドライン整備を望む要望が多くあったことも踏まえ，政府は経済産業省において，検討会を立ち上げ，サプライチェーンにおける人権尊重のための業種横断的なガイドライン作りに取り組んだ。その結果，2021年9月13日，「責任あるサプライチェーン等における人権尊重のためのガイドライン」が，日本政府のガイドラインとして決定され，2023年4月には「責任あるサプライチェーン等における人権尊重のための実務参照資料」を公表された。

◆日本がソフト・ロー形式を採用した理由

　さて，本件につき，わが国において，ハード・ローで規制すべきか，ソフト・ローで取り組むべきかという選択については，日本政府はガイドラインというソフト・ロー形式で対応することに舵を切った。かたや欧州では，フランスをはじめいくつかの国々において人権DDをハード・ローで法的義務に位置づけている。

　わが国は立法化せず，企業の自発的取組みを促すことにしたのは，2020年に策定したNAPの流れによるものである。ソフト・ロー形式は柔軟性がある

ので，企業は，自社・グループ会社だけでなく国内外のサプライチェーンに包含されるあらゆる取引先・事業者に対して人権尊重の取組みをそれぞれの業種・業界にマッチした手法で実施することができる。これに対し，ハード・ロー形式では，人権DDの不遵守に対する罰則まで規定しているため，対象となる企業や行為が限定される。また，たとえ人権DDを義務化しても，人権侵害を受けた被害者に対する法的責任は人権DDの射程外である。こうしたことを鑑みて，わが国ではソフト・ロー形式のほうがむしろ実効性が高いと考えられている。

◆ 「責任あるサプライチェーン等における人権尊重のためのガイドライン」の解説

　ここからは2022年9月13日に策定された，わが国の「責任あるサプライチェーン等のおける人権尊重のためのガイドライン」（経産省）について解説していく。

　本ガイドライン本文は，総論として「企業による人権尊重の取組の全体像」をあげ，各論として「人権方針」「人権DD」最後に「救済」の構成となっている。

【序―人権尊重の意義】

　本文総論に入る前に，「人権尊重の意義」が述べられている。本来，（民間）企業もまた私人であるから，人権尊重を企業が担うことは，基本的人権の私人間効力という位置づけとなる。本ガイドラインは，企業が人権尊重を担う意義を説いている。

　まず，「人権尊重への取組は，企業が直面する経営リスクを抑制することに繋がる」と位置付けたうえで，「人権侵害を理由とした製品・サービスの不買運動，投資先としての評価の降格，投資候補先からの除外・資金投資およびその資金引き揚げの対象化等のリスクが抑制され得る。また，大企業のみならず，中小企業にとっても，人権侵害を理由に取引先から取引を停止される可能性は重大な経営リスクである。現在，欧州を中心として人権尊重に向けた取組を企業に義務付ける国内法の導入が進むほか，米国等で強制労働を理由とする

輸入差止を含む人権侵害に関連する法規制が強化されている。直接にこれら法令の適用を受ける企業はもちろん，適用を受けない企業も，適用を受ける企業からの要請を通じ人権尊重の取組の更なる強化が求められつつある。」として，中小企業にとっても，欧米で事業活動を行う企業にとっても，「人権尊重の取組を進めることは，これら法令（欧米の立法）への対応の更なる強化や，グローバル・ビジネスにおける予見可能性の向上にも繋がる。」とした。

　そして，「企業がその人権尊重責任を果たすことの結果として，企業は，企業経営の視点からプラスの影響を享受することが可能となる。」とし，その理由として，「企業のブランドイメージの向上や，投資先としての評価の向上，取引先との関係性の向上，新規取引先の開拓，優秀な人材の獲得・定着等に繋がり，国内外における競争力や企業価値の向上が期待できる。このように，人権尊重に向けた取組は，企業がその責任を果たすという点だけでなく，その結果として，経営リスクの抑制や企業価値の向上という視点でも企業にとって大きな意義を持つ。」とした。本ガイドラインは，人権尊重の取組みが，経営にプラスに働くこと，すなわち企業価値の向上に直結し，逆に人権尊重の取組みを行わない企業はマイナスに動くことを浮き彫りにしている。

　さらに，「多くの日本企業は，ESGを意識した企業経営やSDGsの達成に向けた取組を行うとともに，自社・グループ会社だけでなく，特にアジア諸国のサプライヤーを含む関係企業と協力して，労働者の技能開発や，労働安全衛生の向上，建設的な労使関係の構築に取り組み，信頼関係を築いてきている。このような**ディーセント・ワーク（いきがいのある人間らしい仕事）**や建設的労使関係等の取組は，国際スタンダードの求める「負の影響」の防止・軽減・救済に資するものであり，日本企業がサプライチェーンを通じて深く結びつくアジア地域等にも展開され，これら地域の社会的・経済的な進歩に貢献しており，日本企業の持つ強みといえる。日本企業が構築してきた信頼関係を土台に，サプライヤーを含む関係企業と共に人権尊重の取組を実施・強化していくことは，強靱で包摂的な国際競争力のあるサプライチェーン構築にも繋がる。」と述べ，本ガイドラインはディーセント・ワークとサプライチェーンという独特のキーワードを登場させ，企業における人権尊重の意義を説明している。

　なお，本ガイドラインでは，「サプライチェーン」を「自社の製品・サービ

スの原材料や資源，設備やソフトウェアの調達・確保等に関係する「上流」と自社の製品・サービスの販売・消費・廃棄等に関係する「下流」を意味するものと定義している。また，「その他のビジネス上の関係先」は，「サプライチェーン上の企業以外の企業であって，自社の事業・製品・サービスと関連する他企業」，具体的には，たとえば，「企業の投融資先や合弁企業の共同出資者，設備の保守点検や警備サービスを提供する事業者等」を挙げている。したがって，本ガイドラインにおいて，「サプライヤー等」という表現はかなり広範な範囲に及んでいることになる。もはや，企業が気配りすべき人権尊重は自社・自社グループにとどまらないことを，企業は改めて意識しなくてはならない。

【企業による人権尊重の取組みの全体像】

まず，「人権」「負の影響」「ステークホルダー」「救済」の用語が定義づけられている。

(1) 人　　権

本ガイドラインにおいて，企業が尊重すべき「人権」とは，国際的に認められた人権をいう。国際的に認められた人権には，少なくとも，国際人権章典で表明されたもの，および，「労働における基本的原則及び権利に関するILO宣言」に挙げられた基本的権利に関する原則が含まれる。

具体的には，強制労働や児童労働に服さない自由，結社の自由，団体交渉権，雇用および職業における差別からの自由，居住移転の自由，人種，障害の有無，宗教，社会的出身，性別・ジェンダーによる差別からの自由等への影響について検討する必要がある。一般論としては，人権の保護が弱い国・地域におけるサプライヤー等においては，人権への「負の影響」の深刻度が高いと言われる強制労働や児童労働等には特に留意が必要であり，優先的な対応をすることも考えられる。また，国際的に認められた人権であるかどうかにかかわらず，各国の法令で認められた権利や自由を侵害してはならず，法令を遵守しなければならないことは当然であることに留意が必要である。

他方で，各国の法令を遵守していても，人権尊重責任を十分に果たしているといえるとは限らず，法令遵守と人権尊重責任とは，必ずしも同一ではない。

特に，ある国の法令やその執行によって国際的に認められた人権が適切に保護されていない場合においては，国際的に認められた人権を可能な限り最大限尊重する方法を追求する必要がある。

⑵ 「負の影響」

本ガイドラインでは，「負の影響」を3種類に分類している。

すなわち，企業は，①自ら引き起こしたり（cause），又は，②直接・間接に助長したり（contribute）した「負の影響」にとどまらず，③自社の事業・製品・サービスと直接関連する（directly linked）人権への「負の影響」についてまでを，人権DDの対象とする必要がある。すでに述べたGHG排出の「スコープ1・2・3」に近い分類である。また，実際に生じている「負の影響」だけでなく，潜在的な「負の影響」も人権DDの対象となる。人権への「負の影響」が実際に生じると，その被害の回復は容易ではなく，不可能な場合もあることから，事前に「負の影響」を予防すること，そして，実際に「負の影響」が生じてしまった場合にはその再発を予防することが重要である。

⑶ ステークホルダー

「ステークホルダー」とは，企業の活動により影響を受ける又はその可能性のある利害関係者（個人または集団）を指す。

たとえば，取引先，自社・グループ会社および取引先の従業員，労働組合・労働者代表，消費者のほか，市民団体等のNGO，業界団体，人権擁護者，周辺住民，先住民族，投資家・株主，国や地方自治体等が考えられる。企業は，その具体的な事業活動に関連して，影響を受けまたは受け得る利害関係者（ステークホルダー）を特定する必要がある。

⑷ 救　　済

本ガイドラインにおける「救済」とは，人権への「負の影響」を軽減・回復することおよびそのためのプロセスを指す。企業による救済が求められるのは，自社が人権への「負の影響」を引き起こしまたは助長している場合であるが，企業の事業・製品・サービスが人権への「負の影響」と直接関連するのみ

てあっても，企業は，「負の影響」を引き起こしまたは助長している他企業に対して，影響力を行使するように努めることが求められる。

【人権尊重の取組みにあたっての考え方】

　次に，人権尊重の取組みにあたっての考え方として，本ガイドラインでは，①経営陣のコミット面とがきわめて重要である，②潜在的な「負の影響」はいかなる企業にも存在する，③人権尊重の取組みにはステークホルダーとの対話は重要である，④優先順位を踏まえ順次対応していく姿勢が重要ある，⑤各企業は協力して人権尊重に取り組むことが重要である，以上の5点を挙げている。いずれも基本的なことであるが，④と⑤は注意を要する。④の「優先順位」とは，企業に深刻度が高い潜在的な「負の影響」が複数存在する場合，の対応である。そうした場合は，**トリアージ**を行い，まず蓋然性の高いものから対応することが合理的であると本ガイドラインは説く。⑤の企業同士の協力であるが，本ガイドラインの意図するのは，水平的関係あるいは垂直関係すなわちサプライチェーンの上流ないし下流にある企業が，互いに協力して人権尊重に取り組む姿である。ただし，こうした場合，下請法や独占禁止法に抵触しないよう注意を要することは言うまでもない。

【人権方針（各論）】

　本ガイドラインでは，企業はその人権尊重責任を果たすという経営陣の承認を経た「**コミットメント（約束）**」を，次の5つの要件を満たす人権方針を通じて，企業の内外に向けて表明するべきとし，こうした企業による「コミットメント（約束）」を，企業の行動を決定する明瞭かつ包括的な方針としている。

　5つの要件とは，①企業のトップにより承認されていること，②企業内外の専門的な情報・知見を参照したうえで作成されていること，③従業員，取引先，および企業の事業，製品またはサービスに直接関わる他の関係者に対する人権尊重への企業の期待が明記されていること，④一般に公開されており，全ての従業員，取引先および他の関係者（ステークホルダー）にむけて社内外にわたり周知されていること⑤企業全体に人権方針を定着させるために必要な事業方針および手続に，人権方針が反映されていること，である。

本ガイドラインでは，企業が，これらの **5 つの要件を満たす人権方針**を明らかにしたコミットメントを策定することを求めている。しかし，企業はそれぞれ事業や規模が様々であり，「負の影響」が生じる人権の種類やその深刻度もまちまちだ。そこで，まず自社が影響を与える可能性のある人権を把握することが最初の作業となる。その際，当該企業の社内各部門から知見を収集し，さらに社外のステークホルダーからも情報を収集し，場合によっては対話や協議を重ねてより実態に即した，当該企業の人権方針が策定されることになる。

本ガイドラインでは，企業の「人権方針は，人権を尊重するための取組全体について（当該）企業としての基本的な考え方を示すものであり，（当該）企業の経営理念とも密接に関わるものである」とし，「同業他社の人権方針を形式的な調整を行うのみでそのまま自社の人権方針として策定することなどは適切ではない」とする。人権方針は，各企業それぞれに違いがあって当然であり，当該企業の「人権方針と経営理念との一貫性を担保し，人権方針を社内に定着させること」につながっていくのである。

また，人権方針の策定は終わりではなく，始まりである。企業全体に人権方針を定着させ，その活動の中で人権方針を具体的に実践していくことが求められる。このためには，自社の人権方針を HP などで広く一般に「公開」するだけでなく，人権方針を社内に「周知」するために，自社の従業員に対して人権研修を実施する工夫が適切であると本ガイドラインは指摘している。さらに，当該企業の行動指針や調達指針等にも人権方針の内容を反映する必要がある。人権 DD の結果等をふまえ必要に応じて人権方針を改定することも有用であるとしている。

【人権 DD ―「負の影響」の対する取組み】

では，企業はどのように人権 DD に取り組めばよいのであろうか，本ガイドラインの解説は以下のとおりである。

⑴ 「負の影響」の特定と評価

「負の影響」の特定・評価の前提として，自社製品・サービスの追跡可能性を確保するべく，自社のサプライヤー等について把握しておく必要がある。本

ガイドラインは次の4つのポイントを挙げている。

（a）人権への「負の影響」が生じる可能性が高く，リスクが重大であると考えられる事業領域をまず特定する。この事業領域の特定にあたっては，OECDが業種・製品別（衣料品分野・鉱物資源分野・農業分野・金融証券取引分野）のガイドラインを公表しているほか，ILOやユニセフは地域リスクを公表しているので，参考にするとよい。

（b）「負の影響」の発生過程の特定については，自社のビジネスの各工程において，人権への「負の影響」がどのように発生するか（誰がどのような人権について「負の影響」を受けるか）を具体的に特定していく。前記（a）においてリスクが重大な事業領域を特定している場合には，その事業領域から特定を行っていく。

（c）「負の影響」と企業の関わりの評価については，適切な対応方法を決定するために，人権への「負の影響」と企業の関わりを評価する。特に，自社が「負の影響」を引き起こしたか（引き起こす可能性があるか），「負の影響」を助長したか（助長する可能性があるか），または，「負の影響」が自社の事業・製品・サービスと直接関連しているか（直接関連する可能性があるか）について評価する。

（d）優先順位付けについては，特定・評価された人権への「負の影響」の全てについて直ちに対処することが難しい場合には，対応の優先順位を検討することになる。

　人権の状況は常に変化するため，人権への影響評価（いわゆる人権DD）は，定期的に繰り返し，かつ徐々に掘り下げながら行うことになる。このような定期的な評価に加えて，例えば以下のような場合にも，影響評価を実施すべきである（非定期の影響評価）。たとえば，

・新たな事業活動を行おうとしまたは新たな取引関係に入ろうとする場合
・事業における重要な決定または変更（例：市場への参入，新製品の発売，方針変更，または事業の大幅な変更）を行おうとする場合
・事業環境の変化（例：社会不安の高まりによる治安の悪化）が生じていたり予見されたりする場合

　つまり，M&Aに際して財務情報DDは行われるが，人権DDは定期的な

DD だけでなく，上記のようなイベントがあれば実施する必要があり，継続的にDDを行うことになり，人権DDの頻度は高いことになる。

　人権への「負の影響」の評価にあたっては，脆弱な立場にあるステークホルダー（外国人・女性・子ども・障害者等），脆弱な立場に置かれ得る個人，すなわち，社会的に弱い立場に置かれまたは排除されるリスクが高くなり得る集団や民族に属する個人への潜在的な「負の影響」に特別な注意を払うべきである。そうした個人はより深刻な「負の影響」を受けやすいからである。

　特定された「負の影響」のすべてについて，直ちに対処することが困難である場合には，対応の優先順位付けを行う必要がある。そのような場合であっても，中長期的には，優先順位の低い「負の影響」についても対応していくことが最終目標として求められている。対応の優先順位は，人権への「負の影響」の深刻度により判断され，深刻度の高いものから対応することが求められる。同等に深刻度の高い潜在的な「負の影響」が複数存在する場合には，まず，蓋然性の高いものから対応することが合理的である。

　深刻度は，人権への「負の影響」の規模，範囲，救済困難度という3つの基準（規模・範囲・救済困難度）を踏まえて判断される。深刻度は，人権への「負の影響」の程度を基準として判断され，企業経営に与え得る「負の影響」（経営リスク）の大小を基準として判断されない。

(2)　「負の影響」の防止と軽減

　企業は，人権尊重責任を果たすため，企業活動による人権への「負の影響」を引き起こしたり助長したりすることを回避し，「負の影響」を防止・軽減することが求められる。また，企業がその影響を引き起こしまたは助長していなくても，取引関係によって企業の事業，製品またはサービスに直接関連する人権への「負の影響」については，防止・軽減に努めることが求められる。企業は，特定・評価された「負の影響」の防止・軽減について，経営陣の最終責任の下で，責任部署・責任者を明確にしたうえで，適切に取り組む必要がある。

　本ガイドラインでは，スコープ1・2・3の考え方と同様に，自社が人権への「負の影響」を引き起しまたは助長している場合，自社の事業が人権に「負の影響」に直接関連している場合に分けて，「負の影響」の防止と軽減に対応

することを求めている。いちばん厳しい対応が取引停止と事業撤退であろう。前者は，自社との関連性を解消することで「負の影響」を断ち切ろうとするものであるが，本来はサプライヤー等との関係を維持しながら「負の影響」の防止・軽減を求めることが望ましく，取引停止はあくまで最終手段と位置づけている。事業撤退についても，本ガイドラインは「責任ある撤退」を求めており，撤退による地域や労働者雇用への影響も人権DDで評価すべきとしている。

　本ガイドラインは「構造的問題」に対する企業の立場も記載している。「構造的問題」とは，企業による制御可能な範囲を超える社会問題等により広範に見られる問題でありながら，企業の事業またはサプライチェーン内部における「負の影響」のリスクを増大させているものをいう（たとえば，児童労働のリスクを増大させる就学難および高い貧困率，外国人，女性，マイノリティー集団に対する差別等）。もとより，（民間）企業は，社会レベルの構造的問題の解決に責任を負うわけではないことは当然である。しかし，ここにくさびを打ち込んだのが，ソフト・ローとしての「ビジネスと人権」である。企業による構造的問題への取組みが，人権への「負の影響」を防止・軽減する上で有効な場合もあり，可能なかぎり，企業においても取組みを進めることを本ガイドラインは期待している。

　具体的には，個社での取組みのほか，業界単位，さらに複数の業界が協働して取組みを行うことや，国際機関やNGO等よる支援事業に参加することが考えられる。

(3)　人権DD（取組の実効性の評価）

　人権に対する「負の影響」への取組みの実効性を評価する作業が，人権DDである。本ガイドラインでは，企業は自社が人権への「負の影響」の特定・評価や防止・軽減等に効果的に対応してきたかどうかを評価，つまり人権DDを行い，その結果にもとづいて継続的な改善を進める必要があるとした。

　評価（人権DD）にあたっては，その前提として，たとえば，自社内の各種データ（苦情処理メカニズムにより得られた情報を含む）のほか，「負の影響」を受けたまたはその可能性のあるステークホルダーを含む，企業内外のステーク

ホルダーから情報を収集しなくてはならない。その具体的な方法は，企業の事業環境や規模，対象となる「負の影響」の類型や深刻度等を考慮して選択する。自社従業員やサプライヤー等へのヒアリング，質問票の活用，自社・サプライヤー等の工場等を含む現場への訪問，監査や第三者による調査等の方法がある。

　一方，人権尊重の取組は，M&A における財務情報 DD と異なり，適切に数値化して評価することが困難な場合も多い。そこで，本ガイドラインでは，実効性の評価は，質的・量的の両側面から適切な「指標」にもとづき行われるべきとし，「指標」として，たとえば，「負の影響」を受けたステークホルダーのうち「負の影響」が適切に対処されたと感じているステークホルダーの比率や，特定された「負の影響」が再発した比率等が挙げている。

　人権 DD が作成されただけでは終わらない。本ガイドラインは，企業は，実効性の評価手続を関連する社内プロセスに組み込むことを求めている。ルーティン化である。これによって，人権尊重の取組を企業内に定着させることができる。関連する社内プロセスとして，たとえば，環境や安全衛生の視点から従前実施していた監査や現地訪問といった手続きに，人権の視点を取り込むことが想定されている。

　企業は，こうした人権 DD の結果を活用することで，企業が実施した対応策が人権への「負の影響」の防止・軽減に効果があったか，また，より効果のある対応策があるかを検討することができるようになる。それらの対応策に効果がないか，またはその効果が不十分との人権 DD の結果がでた場合，評価の過程で得られた各種情報を分析すれば，なぜ効果が得られなかったのかを把握することができ，人権尊重の取組みを改善していくために有用となる，と本ガイドラインは指摘している。

⑷　説明と情報開示

　本ガイドラインは，企業は，自身が人権を尊重する責任を果たしていることを説明することができなければならないとする。企業が人権侵害の主張に直面した場合，なかでも「負の影響」を受けるステークホルダーから懸念を表明された場合は特に，その企業が講じた措置を説明することができることは不可欠

であろう。この点が不備・不十分のまま、経営トップが記者会見で紋切型の謝罪と再発防止を表明して、頭を下げればすむ時代は終わったのである。

　本ガイドラインは、人権尊重の取組みについて情報を開示していくことは、仮に人権侵害の存在が特定された場合であっても、企業価値を減殺するものではなく、むしろ改善意欲があり透明性の高い企業として企業価値の向上に寄与するものであり、また、ステークホルダーから評価されるべきものでもあり、企業による積極的な取組が期待されるとしている。

　各企業が実際に行う情報開示の内容や範囲は、それぞれの状況に応じて、各社の判断に委ねられるが、すでに第11章で学習したように、CGコード（2021年改訂）は「原則2－3」において上場会社が適切な対応を行うべきと規定する「社会・環境問題をはじめとするサステナビリティを巡る課題」に、人権の尊重も含むことを明記した（補充原則2－3①）。また、同コードの「基本原則3」及び同原則の「考え方」は、上場会社に対して、ガバナンスや社会・環境課題に関する事項（いわゆるESG要素）を含む非財務情報についても、法令に基づく開示を適切に行うとともに、法令にもとづく開示以外の情報提供にも主体的に取り組むべきであるとしている。たとえ人権侵害した当該企業は上場会社でなくても、その取引先が上場会社であれば、人権尊重はCGコードのレベルが求められることになる。

　人権DDでは、不断の改善プロセスを踏んでいることが重要であり、どういうプロセスを踏んだかを開示していくことが重要であると本ガイドラインは指摘している。

【救　済】

　最後に、本ガイドラインは、救済について言及している。すなわち、自社が人権への「負の影響」を引き起こし、または、助長していることが明らかになった場合、企業は救済を実施し、または、救済の実施に協力すべきであるとする。また、サプライチェーンのなかで、人権に対する「負の影響」を引き起こしまたは助長した自社以外の他企業に働きかけることにより、その「負の影響」を防止・軽減するよう努めるべきであるとしている。こうした適切な救済の種類または組み合わせは、「負の影響」の性質や影響が及んだ範囲により異

なり，人権への「負の影響」を受けたステークホルダーの視点から適切な救済が提供されるべきであるとしている。具体例としては，謝罪，原状回復，金銭的又は非金銭的な補償のほか，再発防止プロセスの構築・表明，サプライヤー等に対する再発防止の要請等が挙げている。

　本ガイドラインは，救済の仕組みを大きく2つに分けて，企業を含む国家以外の主体によるものと国家によるものとがあるとしている。実際に，企業およびステークホルダーは，それぞれの仕組みの特徴を踏まえて，個別具体的な場面に応じて，適切な仕組みを選択して利用することになる。

(1)　（企業を含む国家以外の主体による）苦情処理メカニズム

　本ガイドラインは，苦情への対処が早期になされ，直接救済を可能とするために，企業は，企業とそのステークホルダーに関わる苦情や紛争に取り組む一連の仕組みである苦情処理メカニズムを確立するか，または，業界団体等が設置する苦情処理メカニズムに参加することを通じて，人権尊重責任の重要な要素である救済を可能にするべきとしている。

　人権侵害の当事者である個人や集団は，上記のような「苦情処理メカニズム」を通じて，当該企業から受ける「負の影響」について，懸念を表明したり，苦情を申し立てたりすることができ，また，救済を求めることができることになる。企業にとっては，「苦情処理メカニズム」を通じて得た情報や意見を，人権への「負の影響」の特定や，「負の影響」への対応に役立てることもできる。

　こうした苦情処理メカニズムは，利用者が苦情処理メカニズムの存在を認識し，信頼し，利用することができる場合に初めてその目的を達成することができるものである。したがって，本ガイドラインは，「苦情処理メカニズム」は，国連指導原則31にもとづいた要件（正当性・利用可能性・予測可能性・公平性・透明性・権利適合性・持続的な学習源・対話にもとづくこと）を満たすべきとしている。

(2)　国家による救済の仕組み

　企業は，自ら苦情処理メカニズムを設置するか，またはこれに参加するべき

であるが，同時に，国家も救済の仕組みを設けることを本ガイドラインは指摘している。

　具体的には，司法的手続としては裁判所による裁判が，非司法手続としては，厚生労働省の個別労働紛争解決制度やOECD多国籍企業行動指針にもとづき外務省・厚生労働省・経済産業省の3者で構成する連絡窓口（National Contact Point），法務局における人権相談および調査救済手続，外国人技能実習機構における母国語相談等が存在する。

　本書の射程は企業であるので，国家による救済の仕組みは本書の対象外かもしれない。しかし，国家も民間企業における人権尊重問題，いわゆる「ビジネスと人権」につき取組みを有していることを企業は認識しておく必要がある。そして，「ビジネスと人権」が国連指導原則に端を発していることが，国家がコミットする理由である。

〈参考文献〉
「責任あるサプライチェーン等における人権尊重のためのガイドライン」（経産省）
　　https://www.meti.go.jp/policy/economy/business-jinken/index.html
日弁連「ビジネスと人権に関する行動計画に盛り込むべき具体的な事項・施策に関する意見書」（2019年11月21日）
経団連「企業行動憲章　実行手引き「第4章人権尊重」の改訂および「人権を尊重する経営委のためのハンドブック」の策定（2021年12月14日）
ジェトロ海外調査部「サプライチェーンと人権」に関する政策と企業への適用・対応事例（改訂第六版）（2022年）
「特集トランスナショナルな企業活動と公益」法律時報95巻1号（2023年）
「特集1ビジネスと人権・SDGsの最新実務」ビジネス法務2023年1月号
「特集サプライチェーンの人権尊重を巡る法的問題 ——「人権尊重ガイドライン」を契機に」ジュリスト1580号（2023年）
福原あゆみ「責任あるサプライチェーン等における人権尊重のためのガイドライン」実務参照資料の速報解説」ビジネス法務2023年8月号
蔵元左近「EU人権・環境デューディリジェンス法案の全貌」NBL1218号（2022年）
渡邉純子「人権・環境デューデリジェンスに関するEU新法案の概要と日本企業への影響」ビジネス法務2022年8月号

第15章

ジェンダーと企業

◆ジェンダー・ギャップ指数が示す日本の現状

　世界各国の男女格差を測る国際的指標には，世界経済フォーラム（World Economic Forum）が毎年公表するジェンダー・ギャップ指数（Gender Gap Index）があり，わが国が芳しくないのは周知のとおりである。ジェンダー・ギャップ指数は，世界各国の男女格差を「経済」「教育」「健康」「政治」の 4 分野で評価し，国ごとのジェンダー平等の達成度を指数で表わす。「0」が完全不平等，「1」が完全平等を示し，数値が小さいほどジェンダー・ギャップが大きいことになる。

　世界経済フォーラムは，2023 年 6 月 21 日，「Global Gender Gap Report 2023」（世界男女格差報告書）を発表し，ジェンダー・ギャップ指数の世界平均は 0.684，14 年連続世界 1 位のアイスランドの指数は 0.912 であり，ほぼ完全平等に近い数値となった。ところが，わが国のジェンダー・ギャップ指数は 0.647（世界平均より低い），順位は 146 か国中 125 位であり，前年（146 か国中 116 位）から 9 ランクダウンし，2006 年の公表開始以来，過去最低を更新した。G7（主要 7 か国）の順位をみると，ドイツ（6 位），英国（15 位），カナダ（30 位），フランス（40 位），米国（43 位），イタリア（79 位）と続き，日本だけ異様に低い。アジアでもフィリピン（16 位），シンガポール（49 位），ベトナム（72 位），タイ（74 位）などが上・中位につけ，日本は韓国（105 位）や中国（107 位）も下回った。分野別スコアでは，わが国は，経済 0.561（123 位），政治 0.057（138 位），教育 0.997（47 位），健康 0.973（59 位）であり，とくに経済分野と政治分野の低さが目立つ。

コロナ禍以前の「Global Gender Gap Report 2020」に発表された日本のジェンダー・ギャップ指数は0.652，順位は153か国中121位であり，分野別スコアでは，経済0.598（115位），政治0.049（144位），教育0.983（91位），健康0.979（40位）であった。政府・自治体はもちろん，企業や市民レベルでも，男女共同参画のキャンペーンを行っているにもかかわらず，悪化の傾向にあるのはまことに残念なことである。

　本章では，ジェンダー問題（あるいは女性活躍推進）に対して企業はどのように向き合っているのか，を取り上げる。SDGsにおける「誰一人も取り残さない」の理念はもちろん，すでに学んだCGコードや人権DDにおいても，ジェンダー問題への取組みが言及されている。こうしたソフト・ローの取組みのほか，わが国には「女性活躍推進法」というハード・ローもある。一方，欧米諸国では，会社法の視点から企業における女性役員クォータ制を立法化する国も多く，とくに欧州ではEU全体で女性役員クォータ制を立法化する動きに進んでいる。わが国はこの方面では，かなりの遅れをとっていると言わざるを得ない。今後，わが国では企業に対して女性活躍推進のキャッチアップを目指した工夫が求められることが想定される。本章では，まず，会社法とSDGsのゴール5にも関連する「女性役員登用」から学習してゆこう。

◆会社法上の役員制度と「女性活躍推進」の接点

　「女性役員登用」の検証の前提条件として，わが国における「女性活躍推進」の建付けと会社法上の役員制度につき俯瞰しておこう。そもそも，「女性活躍推進」と会社法の間に接点はないからである。

(1)　女性活躍推進法の登場

　2013年6月に公表された政府の「日本再興戦略」には，女性役員登用の拡大に向けた取組みを実施する記載がみられるほか，内閣府男女共同参画推進本部は，「社会のあらゆる分野において，2020年までに指導的地位に女性が占める割合が少なくとも30％程度になるよう期待する」という目標を設定し，2015年には10年間の時限立法として「女性の職業生活における活躍の推進に関する法律」（以下，**女性活躍推進法**）が成立した。続いて第4次男女共同参画

基本計画（同年12月閣議決定）では「上場企業役員に占める女性の割合を５％（早期），さらに10％（2020年）を目指す」旨の数値目標を示した。しかし，政府は，2020年７月，指導的地位に占める女性の割合を30％にするという目標「２０３０（にいまるさんまる）」を断念し，「20年代の可能な限り早期に」「30％程度」の先送り方針に変更せざるを得なかった。

　2016年には，女性活躍推進法により，労働者300人を超える事業者を対象として，一般事業主行動計画の策定が義務付けられた。2019年には女性活躍推進法が改正され，情報公表の強化が求められる一方，対象事業者を労働者100人超の一般事業主に拡大した。

　厚生労働省は，これらの女性活躍推進法にもとづく行動計画の策定・届出を行った企業のうち，女性の活躍推進に関する取組み（５つの認定基準：①採用，②継続就業，③労働時間等の働き方，④管理職比率，⑤多様なキャリアコースの各評価項目につき，申請する当該企業の実績値が厚労省のもとめる基準値を満たしていること）の実施状況等が優良な企業は，都道府県労働局への申請により厚生労働大臣の認定を受けることができる制度（えるぼし認定）を導入した（https://www.mhlw.go.jp/stf/seisakunitsuite/bunya/0000091025.html）。認定企業は「えるぼし」のロゴマーク使用ができる。また改正法後は，従来のえるぼし認定より水準の高い，特例認定制度（プラチナえるぼし認定）を創設してインセンティブを強化している。

⑵　ESG 投資と「なでしこ銘柄」制度

　一方，経済産業省と東京証券取引所は，いち早く2012年度から「なでしこ銘柄」制度を導入している。「なでしこ銘柄」制度とは，女性活躍推進に優れた上場企業を，「中長期の企業価値向上」を重視する投資家にとって魅力ある銘柄として紹介することを通じて，東証上場企業各社の女性活躍推進の取り組みを加速化しようとする制度である。

　すでに学習したように，非財務的情報である ESG 情報を投資判断に用いる「ESG 投資」が機関投資家を中心に浸透しているので，なでしこ銘柄はそうした投資家の投資意欲に合致する。内閣府調査（2019年）によると，機関投資家は，投資において活用する情報として，「女性取締役の比率」（機関投資家の

48.7％が着目）と「女性管理職の比率」（同43.7％）をあげており，「なでしこ銘柄」制度はこうしたニーズに応えるものである。

　2023年度は，東京証券取引所のプライム市場・スタンダード市場・グロース市場に上場している全ての企業（外国株を含む）（約3,900社）を対象に「なでしこ銘柄」の募集が開始された。とくに，企業価値向上につながる女性活躍を推進するために，「採用から登用までの一貫したキャリア形成支援」と「共働き・共育てを可能にする男女問わない両立支援」を両輪で進めることが不可欠であると位置づけ，こうした取組みを両輪で進める企業を「なでしこ銘柄」として最大30社程度選定するとしている。毎年秋，経産省で募集が行われ，翌年4月に「なでしこ銘柄」の選定が公表されることになる。このほか「共働き・共育てを可能にする男女問わない両立支援」に関する取組みが特に優れた企業を，新たに「Next なでしこ共働き・共育て支援企業」として20社程度選定されることになる（https://www.meti.go.jp/policy/economy/jinzai/diversity/nadeshiko.html）。

　このような「なでしこ銘柄」あるいは「Next なでしこ」は女性活躍推進の進展状況を「可視化＝見える化」するものである。企業が「なでしこ銘柄」あるいは「Next なでしこ」の選定を受けるためのスクリーニング要件には，キャリア形成支援の推進状況に関する項目として，①役員等における女性の活躍状況，②会社全体における女性の活躍状況，③女性管理職比率の経年変化がある。

　ここでポイントになってくるのは，「女性役員登用」の実態である。会社役員には社外・社内があるが，女性役員の多くは「社外役員」であり，つまり女性従業員が「社内役員」に登用されるケースはかなり稀と言われている。つまり，①の数値が高くても，社内の女性従業員を含む②・③の数値はかなり低いことになる。「女性役員登用」とは，社外役員への女性登用を意味することになってしまった。

　「なでしこ銘柄」制度の当初のスクリーニング要件は女性役員登用を前提としていたため，なでしこ銘柄報告書には選定された企業各社別の女性役員数が記載されることになった。この点，東証コーポレート・ガバナンス報告書の取締役に関する開示項目には性別記載がないので，「女性役員登用」の実態デー

タとしてなでしこ銘柄報告書は一定の役割を果たしていた。しかし，企業の「女性活躍推進」とは外部の弁護士・公認会計士，大学教員など有識者，経営コンサルタント，実業家など，いわゆる高度専門職に従事する一部の女性を「女性社外役員」に積極的に登用するだけで，当該企業の女性従業員の活躍推進ではなかったという反省が生じることになった。そこで，当該企業はもちろん社会全体で女性活躍推進を実現するには，「女性役員登用」に際し，女性従業員が社内役員に登用されなくてはならない。そのために，従業員のキャリア形成という視点が必要であり，2023年度のスクリーニング要件では上記②・③の項目が設定されている。さらに，2023年度のスクリーニング要件には，推進状況に関する項目，経営戦略と紐付いた共稼ぎ・共育て（両立支援）に向けた取組に関する項目が加わっている。今後，「なでしこ銘柄」および「Nextなでしこ」制度を通して当該企業をだけでなく，日本の企業社会全体での「女性活躍推進」が期待されている。

⑶ CG コードと「女性活躍推進」

　第11章で学んだ東証「コーポレートガバナンス・コード（CGコード）」において，「女性活躍推進」，わけても「女性役員登用」に関連する部分は，【原則2－4　女性の活躍推進を含む社内の多様性の確保】，と【原則4－11　取締役会・監査役会の実効性確保のための前提条件】，このふたつであると考えられる。このほか，【原則4－8　独立社外取締役の有効な活用】として，プライム市場上場会社に対して，取締役の少なくとも3分の1以上に独立社外取締役の選任を求めた部分も影響している。

　原則2－4では，明確に社内における「女性活躍推進」を打ち出し，その根拠としてSDGsを意識した「会社の持続的な成長」に求めている。しかし，社内の女性人材を役員・執行役（員）に登用する実例がいまだ少ないことは，「なでしこ銘柄」の部分で述べたとおりである。

　原則4－11では，取締役の人材として「知識・経験・能力を全体としてバランス良く備え，ジェンダーや国際性，職歴，年齢の面を含む多様性」をあげ，監査役の人材としては「適切な経験・能力及び必要な財務・会計・法務に関する知識を有する者」をあげている。いずれも，「女性」という表現を用い

てはいないが，「ジェンダー」「多様性」という文言は「女性」を含む表現である。また，「知識・経験・能力」の文言からは，社外の高度な専門職に従事する者を想起させる。「プライム市場上場会社はそのような資質を十分に備えた独立社外取締役を少なくとも3分の1（その他の市場の上場会社においては2名）以上選任すべき」とした原則4-8に加え，会社法改正により上場会社に対する社外役員（取締役につき会337条の2，監査役につき会335条3項）の要請も相俟って，社外役員として「社外の高度な専門職に従事する女性」を登用する傾向が今後も継続されることになろう。

⑷　会社法と企業の実情

　すでに述べたように，会社法上の役員制度と「女性活躍推進」に接点は直接存在しない。わが国の会社法は2005年に単行法となったが，商法典第二編会社の時代から，組織法として出資者たる株主と会社機関（その構成員たる役員を含む）の関係を律するものの，会社従業員との雇用関係や会社役員の性別や年齢を定める規定は存在しないからである。もっとも会社法は，役員（とくに取締役）に対して，法令順守義務（会355条）や，委任関係にもとづき民法644条の定める善管注意義務（会330条），株式会社およびその子会社の内部統制の整備義務（会348条3項4号）を定めているので，この文脈で会社の取締役は女性活躍推進法を法令として遵守し，かつ遵守することに善管注意義務を負い，「女性活躍推進」を目指す内部統制を構築する義務を負っているという解釈は成り立つ。

　つぎに，第1部で学習した株式会社の機関設計と役員（等）の役割について確認しておきたい。会社法上，株式会社の機関設計の形態は，主なものとして①監査役（会）設置会社，②指名委員会等設置会社，③監査等委員会設置会社の3つがある。

　①では，株主総会において，業務執行を行う取締役と取締役の職務執行を監査する監査役がそれぞれ選任される。監査役会が構成される場合，監査役は3人以上でしかもその半数以上は社外監査役でなくてならない（会335条3項）。令和元年の会社法改正により，監査役会があり上場会社（有価証券報告書の提出を義務付けられている会社）は，社外取締役の選任が義務づけられた（会327

条の2）。①はわが国の株式会社の機関設計の伝統的な形態であるため，上場している監査役会設置会社は，少なくとも社外監査役2名に加え，社外取締役の選任が義務付けられたことになる。

これに対し，②と③の形態では，監査役は存在せず，株主総会は取締役のみを選任する。②では，取締役会が選任した執行役が会社の業務執行の決定と執行にあたり，取締役会はその監督機能を担う。このため取締役会には指名委員会・監査委員会・報酬委員会が設置され，各委員会の委員の過半数は社外取締役で占められる。すなわち多くの社外取締役の選任を要するのが②のパターンの特徴である。欧米諸国の株式会社の形態に近いため，国際的な事業活動を行う企業に採用されている。

③では，監査機関として監査等委員会が設置され，その委員の過半数は社外取締役である。監査等委員である取締役は，会社の業務執行を行うことはできない。③のパターンでは，社外取締役の選任が必要であること，監査等委員である取締役と業務執行を行う取締役の兼任禁止が特徴となる。

なお，執行役・執行役員については，②の場合の取締役会によって選任される会社法上の「執行役」と，①（あるいは③）の場合であっても株式会社の社内人事制度により従業員の役職名として「執行役員」を設定している企業がある。CGコードの開示報告など役員に関する実態データを読む場合は，この点紛らわしいので注意を要する。いずれも，従業員の昇進の結果を示すが，「執行役」は会社法上の制度にもとづく機関であるが，「執行役員」は企業内の任意的な人事制度にすぎない。

整理すると，一口に取締役といっても①と②・③ではその役割が異なること，上場会社はいずれも「社外取締役」が選任されていること，監査役会設置会社の場合はさらに「社外監査役」が選任されていることになる。

これにより，「女性役員登用」状況を検証する際は，まず株式会社の機関設計のパターンが①，②または③のいずれかであるかを確認する必要がある。つぎに，会社法上の役員制度の理解が必須であり，「女性役員」としてひとくくりにせず，少なくとも役員については「取締役」・「監査役」の区別，さらに「社外」・「社内」の区別を行い，その属性として「性別」が明らかにされていなくてはならない。さらに執行役が存在する場合は，任意の執行役員と同様

に，社内人材の重用（女性従業員の昇進）の点で員数・性別の確認が必要である。

(5) 国際比較の落とし穴とクォーター制

「女性活躍推進」「女性役員比率」に関しては，わが国のジェンダー・ギャップ指数が芳しくないこともあって，つねに国際比較がついて回る。しかし，会社法制度は世界各国各様であり，単純な国際比較は実態を隠してしまうこともある。たとえば，監査役制度はわが国特有の制度とされる一方，欧米社会では伝統的に性別を問わず従業員出身の役員が少なく，複数企業の役員を兼務するエリート層が存在しており，さらに女性役員クォーター制の法制化を導入している国もある。とりわけ従業員・労働者層と役員・経営者層は社会的に分断しているといってよい。したがって，「女性活躍推進」も，従業員・労働者層と役員・経営者層とそれぞれ別個に位置づけられる。その結果，そもそも役員人材を社外に求めている欧米では，1人の女性が複数企業の役員を兼務することで，統計上，女性役員比率の高い数値を表していることもある。

これに対し，わが国の場合は，高度成長期の終身雇用制度の名残りもあって，男性従業員のキャリア形成の延長線上に役員（社内）が存在してきた。「たたき上げ」という表現があるが，新卒社員が40年後は代表取締役社長というイメージがあり，従業員層と社内役員層の分断は欧米に比べ小さい。わが国の場合，「女性役員登用」を女性従業員のキャリア形成のゴールとして位置付けることが可能であると考えられる。そのためには，まず，女性を多く採用し，女性管理職が増員され，その中から自社の役員に就任するといったイメージを描くことができよう。このように考えてみれば，企業が採用・管理職昇進にあたって地道に取り組めば，多数の女性社内役員の誕生も夢ではなく，そこに女性社外役員が加われば，わが国の女性役員比率の少なさも早晩解消できるのはなかろうか。

一方で，「クォーター制」は，性別に関係のない能力の評価や機会均等を歪めてしまう場合もあるので，十分な検討が必要となる。なぜなら，優秀であれば性別を問わず登用することこそジェンダー平等の本質であるという，性別を積極的に考慮しない考え方が多くの企業で採用されているからである。「女性

らしさ」「女性ならでは」といった表現や男女別人数の統計を集計することは性差を意識するとして，否定する立場も存在している。ジェンダーフリーなのか，あるいは性差を意識したうえで30％，40％といったジェンダー・バランスをとること —— パリテ（parité，同一・平等（仏語）） —— 以外の望ましい比率，黄金比率はいまだ不明であるにもかかわらず —— ，いずれが正しいのか，結論のないまま，取締役会の構成において，ジェンダー・バランスに配慮した女性取締役比率の向上が求められていることは確かである。

★ Plus　女性役員数の推移の国際比較

　女性役員数の関するいくつかの統計を紹介する。

　①　東証上場会社コーポレート・ガバナンス白書データ編（2023年）に記載された2021年の諸外国の女性役員割合は，韓国8.7％，日本12.6％，中国13.8％，アメリカ29.7％，カナダ32.9％，ドイツ36.0％，イギリス37.8％，スウェーデン37.9％，イタリア38.8％，フランス45.3％である（https://www.jpx.co.jp/equities/listing/cg/tvdivq0000008jb0-att/cg27su0000007u5u.pdf（図表89，49頁））。

　②　各国の主要インデックス構成企業の女性取締役比率（2022年）の比較によると，ジェンダー・バランスのクォーター制を立法化しているフランス（44％）が1位である。以下，イタリアと英国（39.8％）・スウェーデン・オーストラリア・オランダ・スペイン・カナダ・南アフリカ・アイルランド・米国・ドイツ・スイスと30％台が続き，シンガポール（24.2％）・インド（18％）・香港（15.8％）・ブラジル（15.2％）である。ロシア（12.7％），日本（日経225）は12.5％であり，20か国中19位を示す。20位はUAEの6.3％（統計数値の出所：須磨美月「取締役会のジェンダー多様性に向けた取組み」［図表1］商事法務2319号29頁参照）

　③　内閣府男女共同参画局・女性役員情報サイトによると上場企業の女性役員は，2006年以降横ばいで推移してきたが，2018年は1705人（4.1％）であったが，2012年の630人（1.3％）から10年間で5.8倍に増加した。2022年7月には，女性役員数は前年から599人増加し3654人となった。人数的にはうなぎのぼりの増加を示すが，役員全体に占める女性の割合は9.1％にとどまっている。一方，女性役員をいまだに登用していない東証プライム市場上場企業数は，2022年時点で，1837社中344社（18.4％）あった。なお，2021年以前は東証第一部市場上場企業全体に占める割合のデータとなるが，2017年は1253社（62.0％）の企業に女性役員がいなかった。その後，2018年には1215社（57.8％），2019年には1047社（48.7％），2020年には918社（42.3％），2021年には732社（33.4％）

と女性役員のいない企業は徐々に減っている（作成データの出所は東洋経済新報社「役員四季報」及び日本取引所グループホームページによる。「役員」とは，取締役，監査役及び執行役をいう。社内・社外の区別は不明。https://www.gender.go.jp/policy/mieruka/company/yakuin.html.）。

　業務執行取締役と非業務執行取締役の女性比率の国際比較（2022年）（統計数値の出所：須磨前頁・Plus内30頁）によると，わが国の場合，役員全体の女性比率9.1％，業務執行取締役の女性比率1.7％，非業務執行取締役の女性比率24.5％となっている。この数値はわが国の「女性活躍推進」の実態を良くも悪くも可視化しているとえる。そもそも，業務執行取締役は社内役員（従業員出身者），非業務執行取締役は社外役員（外部の高度専門職者や経営者）が務めることが多い。つまり，役員全体の女性比率が伸びていても，それは外部の高度専門職従事者が社外役員となって女性比率を高めているにすぎないことを示している。肌感覚が数値で確認されたことになる。したがって，個別企業のCG報告書や有価証券報告書等で確認できる役員の属性により，業務執行取締役の女性比率が高い企業は，女性従業員のキャリア形成が成功していることになる。一方，「女性活躍推進」を「女性役員登用」に特化すれば，単純に社外役員として外部の女性高度専門職従事者を登用することになり，逆に，社内の女性従業員の人材活用と分断を産むことになるまいか。業務執行取締役（社内役員）における女性比率の増加こそ，真の「女性活躍推進」，ジェンダーの克服になるのではないだろうか。

　さて，40％を超える世界1位の女性役員比率を誇るフランスも，じつはわが国と同じような実態があるとされる。クォータ制を法制化しているフランスにおいて，非業務執行取締役のじつに48.6％が女性である。これに対し業務執行取締役のうち女性は10％にとどまる。これを合わせて約45％という数字をたたき出しているにすぎない。すでに述べたように，フランス社会は，性差ではなく社会階層の分断があるため，専門家として非業務執行取締役を担う社会階層では女性人材が豊富であり，フランス会社法上，複数の会社の取締役兼任が可能なことも相俟って，1人の女性が複数の会社の非業務執行取締役を兼任す

る例も少なくない。

　以上のことから，国際比較する場合は，統計数値の裏にある，それぞれの国々の法制度や文化・歴史・風土も読み説く必要がある。わが国の数値が芳しくないことに変わりはないが，欧米諸国はすべて解決済みであり，お手本とすべしとするには拙速と思われる。

◆女性役員登用と企業価値

　ではなぜ，企業は女性役員数を増やすべきなのか？　基本的人権の保障やSDGs，女性活躍推進法，あるいは東証CGコード，これらの要請に応えるためであろうか？

　そもそも株式会社は利潤を求める存在であるから，企業価値の向上は会社の存在意義である。直接的な表現であるが，女性役員を登用すれば企業は「儲かる」のか，時価総額が上がるのか？企業価値や企業のパフォーマンスと「女性役員登用」の関係を検証してみよう。

⑴　「なでしこ銘柄」選定企業のパフォーマンス

　『令和元年度なでしこ銘柄報告書』（2020年，経産省産業政策局経済社会政策室）では，女性活躍推進の経営効果についても分析が行われている。2010年1月末の株価終値を100として，2020年1月末までの「なでしこ銘柄」46社とTOPIXのそれぞれの株価指数の推移を比較する折れ線グラフ（報告書3頁の図表1参照）によると，変動の波は双方とも同じであるが，常に「なでしこ銘柄」選定企業46社の株価指数のほうが高く，しだいにその差が広がってきている。

　同報告書は，「なでしこ銘柄」の業績パフォーマンスを確認するため，令和元年度（2019年度）選定企業46社を対象に，令和元年3月末時点の売上高営業利益率と，配当利回りを算出し，それを東証一部銘柄の平均値と比較して，棒グラフを表わしている。売上高営業利益率（営業マージン）は，「なでしこ銘柄」の方が9％と市場平均値6.5％より高い傾向がみられている（同4頁の図表2参照）。配当利回りについても，「なでしこ銘柄」のほうが2.7％以上と市場平均値2.3％より高い傾向がみられている（同4頁の図表3参照）。

　以上のことから，2020年当時ではあるが「なでしこ銘柄」のほうが，一般

的な東証一部銘柄より，投資対象として好ましいことを示している。

⑵　コーポレート・ガバナンス白書

　東証では，東証に上場する企業に対し，女性の活躍状況の開示や役員への女性登用に関する現状を「ステークホルダーの立場の尊重に係る取り組み状況」と位置付けて，CG報告書への任意的記載事項としてきた。したがって，東証が公表する「コーポレート・ガバナンス白書」のデータからもわが国の資本市場における女性活躍状況の「見える化」を読み解くことができる。ここでは，⑴で取り上げた，『令和元年度なでしこ銘柄報告書』と同期に作成された『東証上場会社コーポレート・ガバナンス白書2019』（以下，白書）を用いて検討してみよう（市場区分は当時のままである）。

　まず，女性活躍状況の「見える化」に関する記述をコーポレート・ガバナンス報告書に記載した企業の分布状況であるが，①市場区分別では，JPX日経400の企業の50.6％，東証一部（当時）の企業の28.5％，東証二部（当時）とJASDAQ（当時）の企業がそれぞれ11％，マザーズ（当時）の企業の9.4％が，女性活躍状況の言及を行っている（白書38頁，図表33参照）。②連結従業員数別では従業員数1,000人以上の企業では31.7％，100人未満では9.6％と従業員数が多い企業ほど女性活躍状況の記述をしている（白書38頁，図表34参照）。③連結売上高別では，1兆円以上の企業の66.7％，1,000億円以上1兆円未満の企業の31.7％，100億円以上1,000億円未満の企業の18.3％，100億円未満の企業の9.5％が女性活躍状況の記述をしている（白書38頁，図表35参照）。以上のことから，いわゆる大企業，従業員数，売上高の大きい企業ほど，女性活躍状況に関する報告書への記述が行われていることがわかった。

　なお，会社の持続的な成長を確保するための，女性活躍推進を含む社内の多様性の確保の推進について定めるコーポレートガバナンス・コードの原則2－4の実施率は99.6％（白書37頁）であり，東証上場会社のほぼすべてが「多様性」を意識している。

　つぎに，コーポレート・ガバナンス報告書の「ステークホルダーの立場の尊重に係る取り組み状況」の「その他」における補足説明で，役員（本社と子会社の取締役，監査役，執行役，執行役員）への女性の登用に関する現状の記載が

あった企業は東証上場会社全体の7.7％にあたる276社となる。①市場区分別では，JPX日経400の企業の19.3％，東証一部（当時）の企業の10.6％，東証二部（当時）とJASDAQ（当時）の企業がそれぞれ約3.3％，マザーズ（当時）の企業の5.5％が女性役員を登用している（白書39頁，図表36参照）。②業種別（27業種分類）では，保険業の30.8％，電気・ガス業の29.2％，銀行業の23.8％，空運業の20.2％の企業が女性役員の登用を行っているが，サービス業では6.1％にとどまる（白書39頁，図表37参照）。これは，同業者数の少ない業種や大企業の寡占的傾向のある業種ほど登用比率が高く算出されるのではないか。たとえば，東証に上場する保険業は13社，電気・ガス業は24社しかないが，サービス業の企業数は無数にあると推測される。③連結売上高別では，1兆円以上の企業の32％，1,000億円以上1兆円未満の企業の9.8％，100億円以上1,000億円未満の企業の6.7％，100億円未満の企業の3.75％が女性役員を登用している（白書38頁，図表35参照）。以上のことから，業種に多少の偏りはあるものの，いわゆる大企業，売上高の大きい企業ほど，女性役員を登用していることがわかった。

　白書には，このほか，上場企業の女性役員数の伸びに関する内閣府のデータが記載されている（白書42頁，図表39参照）。それによると，2012年から2018年の6年間にわが国の上場会社の女性役員数は630人（1.6％）から1,705人（4.1％）に増加している。なお，2020年発表の数値は2124人（5.2％）であるから，着実に地道に増加している。もう少し詳しくみてみると，2019年7月末の時点で，役員の女性比率が10％超えた上場企業は全体の24％のみで，そのうち女性役員が1名以上の会社は上場企業の42％を占めていた。いずれにしろ，政府の数値目標である女性役員比率10％は最初から少々無理があったのでないかと思われる。

(3)　企業価値の向上との関連性

　さて，「女性活躍推進」と「女性役員登用」を行っている企業は，いわゆる大企業で，従業員数・売上高が大きく，かつパフォーマンスも高いという傾向が見えてきた。では，業績が優良な企業だから女性役員を登用が可能なのか，女性役員を登用したからパフォーマンスが向上したのか，所謂「鶏が先か卵が

先か」というスパイラルが生まれる。

　これにつき，社外役員経験者のある女性弁護士は，女性が取締役会の構成員となる効果として，社内の女性従業員のモチベーションの向上のほか，多様性が会議体の活性化とイノベーションの源泉である，と指摘している（金野志保「女性弁護士社外役員候補者名簿制度の背景と概要」自由と正義2020年4月号31頁以下参照）。機関投資家の多くが女性役員登用率を投資判断材料にするとされているが，（2）で参照した白書では，「イノベーション（男性中心だった職種に女性の視点が入ることによる見直しが新たな取り組みになる）」，「働き方改革による生産性の向上」，「人材の確保」，「ダイバーシティによるリスク低減（意思決定や判断までに多様性が浸透してきて早く気付くことがある）」の4点を女性役員登用によるパフォーマンスへのポジティブな理由としている。

　このほかにも女性役員比率と業績パフォーマンスの関連性を考察する先行研究を紐解くと様々な指摘がある。たとえば，「女性役員が会議体に加わることで，異質な第三者の目によりコンプライアンスが強化され不正が起きにくくなる」といった女性役員が客観性重視のガバナンスの一翼を担うこと，「消費の決定権の8割を女性が握るとされているので，女性が企業の意思決定層（役員レベル）に加わることで，市場ニーズに応える商品・サービスを開発できる」とする指摘があるが，いずれも抽象的な文脈にすぎない。

　一方，数値的な実証研究では，「取締役会における女性役員が業績に与える影響は，女性役員が存在する企業は，そもそも女性役員を登用するだけの環境を有していることが考えられる。そうした環境が整っており，女性役員が存在している場合」，計量経済学の分析方法の種類によって業績を高める効果がある場合（固定効果モデル）とその効果ない場合（操作変数法）があるという指摘がある（新倉博明・瀬古美喜「取締役会における女性役員と企業パフォーマンスの関係」三田学会雑誌110巻1号，2017年）。また，欧米諸国の最新データを分析して，取締役会のジェンダー多様性による企業パフォーマンスへのポジティブ効果を検証した研究（須磨・前掲「取締役会のジェンダー多様性に向けた取組み」2319号・2320号）もある。こちらは，諸外国の法制度や文化・歴史・風土も読み説く必要があるので，欧米企業の成果がわが国の企業にとってとって必ずしも正解といえない部分もあろう。

したがって，「女性役員登用」と業績パフォーマンスの関連性は，女性役員登用を推進した企業の多くがCGコードの縛りのある上場会社であったこともあり，企業価値の向上や業績パフォーマンスにポジティブ効果をもたらしているが，会社形態を問わず，すべての業界・業種にとって該当するかは，女性役員比率10％未満（2023年）の現状ではみえていない。

◆女性役員クォーター制を考える

　諸外国における役員に占める女性比率の推移をみると，役員の一定の数・割合を女性に割り当てるクオーター制を導入した国は，その導入以降，女性比率が大きく伸びたことはすでに学んだ。わが国では，2021年3月，経団連が「2030年までに役員に占める女性比率を30％以上にする」と宣言したのに続き，政府は2023年6月5日，男女共同参画会議で，女性活躍・男女共同参画の重点方針（女性版骨太の方針）の原案を示し，「東証プライム市場に上場する企業の女性役員の比率を2030年までに30％以上にする目標を設ける」とした。2023年の9.1％を7年足らずで3倍以上に引き上げることになる。もっともわが国の場合，あくまで「目標」であり，2023年の時点ではハード・ローによる法制化を目指してはいない。

　クォータ制をハード・ローで導入したEU諸国でも，モニタリングを担う非業務執行取締役（役員）には，いわゆる独立社外取締役として社外の専門家や経営者が選任されているので，女性役員登用比率を押し上げているのは，やはり「女性社外役員」の存在である。EUジェンダー平等研究所（European Institute for Gender Equality, EIGE）では「経営の意思決定における男女（Women and Men in Decision-making, Business)」の項でこうした統計を紹介しており，2020年上半期の統計によると，離脱した英国を除くEUの27加盟国の平均値は，いわゆる取締役会構成員（Board members）に女性の占める割合は28.7％であり，40％はおろか，33％にも及ばない。さらに，業務執行役員に女性の占める割合は27加盟国の平均値では18.8％となる一方，非業務執行役員では女性が30.5％を占めている。本章で取り上げた国別統計をみても，非業務執行取締役（役員）の女性比率はつねに業務執行取締役（役員）の女性比率より高いという結果である。やはり，わが国と同様，EUにおいても女性役員登用は女性社外役員が

主流なのである。

　こうした傾向をどのように評価すべきであろうか。たしかに，会社法やコーポレート・ガバナンスの視点では，企業の意思決定のプロセスにおける客観性・多様性という点で社外取締役（役員）の存在を高く評価しているので，ここに女性を登用することは理にかなっている。しかし，わが国の企業文化は，社内人材の活用を重視してきた。したがって，「女性活躍推進」を広義にとらえれば，業務執行取締役（役員），いわゆる社内取締役（役員）への女性登用が望ましかろう。この点，労使の共同決定法を法制化し，ある意味で労使一体となって戦後復興を成し遂げたドイツでは，2015年にモニタリング型取締役会（ドイツ法上の監査役会）の役員に女性クォータ制を法制化し，その後，2022年になって業務執行取締役ないし執行役（ドイツ法上の取締役）に女性クォータ制を導入している。今後，ドイツでは，女性従業員出身の役員の比率が飛躍的に向上し，社会階層に分断のない女性活躍推進が期待できるかもしれない。

　とはいえ，わが国の当面の課題は，社外取締役・社外監査役のカテゴリーを活用して，未達に終わった数値目標，女性役員登用率「10%」にまずはたどり着くことである。

★ Plus　諸外国の女性役員クォータ制

○フランス

　2011年に一部の企業を対象として義務的なクオータ制が導入された。2006年時点では，ジェンダー・ギャップ指数が115か国中70位だったものの，2008年に憲法改正を経て，2011年に取締役クオータ法が制定された。同法により，上場企業や，従業員，売上高等が一定規模以上の非上場企業等を対象とし，取締役会及び監査役会における男女それぞれの比率について，2014年1月1日までに20%，2017年1月1日までに40%を達成することとされ，達成できない場合，取締役や監査役への報酬の一部が停止されるといったペナルティがあった。この制度によって，女性役員比率は，非業務執行取締役の45%を超える水準まで上昇し，役員全体でも法定の40%をキープしている。

　さらに，従業員1,000人以上の企業を対象として，役員だけでなく，幹部社員（上級管理職，管理職等）に占める女性割合について，2027年までに30%，2030年までに40%を達成することが法制化される。対象企業は，一定の猶予期間を

経て達成できない場合には，罰金が科される。

○ドイツ

2001年に指導的立場の女性比率の向上について，政府と使用者団体が協定を結び，企業の自主的な取組を進めており，2011年の段階で取締役の女性比率が低い水準にとどまっている状況を受け，2015年に「女性の指導的地位法」が制定され，株式会社の監査役会にクオータ制が導入された。ドイツ法によるに監査役会は，わが国の監査役会と異なり，いわゆるモニタリング型取締役会として機能し，取締役の選解任などの権限がある。この監査役会の構成員として女性比率を向上させることで，業務執行者である取締役等への女性登用の増加につなげるという観点で，まず監査役会に女性のクオータ制が導入された。具体的には，上場大手108社を対象とし，2016年以降，新たに監査役を選出する場合には，男女の比率をそれぞれ30％以上とすることが義務付けられた。毎年，その遵守状況の報告義務があるほか，男女の比率それぞれ30％以上を満たせない場合には，空席を維持しなければならないというペナルティもある。この制度の実施により，2020年4月には監査役会の女性比率は35.2％まで上昇した。

さらに，最近の動向として，2022年1月から「第2次女性の指導的地位法」が施行され，その中では，①従業員数が2,000人超といった一定規模以上の上場企業に対し，取締役が3人以上の場合には少なくとも女性，男性をそれぞれ1人は選任すること，②政府が過半数の株式を保有する企業等にも対象を拡大する，といった内容が含まれている。

○ノルウェー

ノルウェーは世界で初めて企業役員への女性のクオータ制を導入した国である。2002年の時点では，上場企業に占める女性比率は6％だったが，2003年に法律を制定し，まずは国営企業について，取締役の女性比率を2005年7月1日までに40％という目標を設定し，企業が自発的に取り組むこととされ，2006年からは上場企業も対象となった。具体的には，2007年末までに40％を達成することが義務付けられ，それができない場合には，会社名の公表のほか，最終的には企業の解散といった厳しいペナルティも設けられた。国営企業については，2005年7月1日の時点では，取締役の女性割合は25％にとどまっていたが，罰則が施行される2008年には，すべての上場企業について，全体として女性役員比率40％が達成され，2021年には41.5％となった。

○イギリス

イギリスでは，企業役員のクオータを義務化するハード・ロー制度はない。イギリスは私的自治・契約の自由の伝統があり，ソフト・ローによる自主規制・ガイドラインが多い。すなわち，女性役員登用についても，政府の委員会が数値目標を設定し，その進捗をフォローするとともに，取締役の性別構成の情報開示を義務化すること等により企業の取組を促すという方法がとられている。具体的には，2011年に「デーヴィス・レビュー」によって，FTSE2100（FTSE

= Financial Times Stock Exchange Share Index　ロンドン証券取引所における株価指数の企業）を対象として，2015年までに取締役の女性比率を25％以上とする目標を設定し，その目標が達成された後，2016年に「ハンプトン・アレキサンダー・レビュー」によって，FTSE350の企業まで対象を広げた上で，2020年までに取締役の女性比率を33％にするという目標を設定した。これについても，2020年9月に，FTSE350の企業において，目標に未達の企業が約4割あったものの，対象企業全体の平均値で33％が達成された。また，ロンドン証券取引所では，2022年4月，新たな上場ルールが制定され，プレミアム市場等の企業を対象に，取締役の女性比率40％以上の確保や，毎年の情報開示，未達の場合の理由の説明などが盛り込まれている。

○アメリカ合衆国

アメリカでは，そもそも会社法が州法であり，連邦レベルでの企業役員のクオータ制はないが，証券取引所であるナスダックや，カリフォルニア州を始めとする各州法において取組が進められている。

ナスダックについては，2022年8月から順次，全上場企業を対象に，取締役について女性から少なくとも1人の選任，その情報開示，また未達・未実施の場合はその理由を説明することが義務付けられている。適切な開示がなされない場合には，最終的には上場廃止というペナルティがある。

州法レベルの一例として，カリフォルニア州が，2018年に取締役へのクオータ制を導入している。具体的には，カリフォルニア州に「本店」がある企業を対象とし，2019年末までに取締役に少なくとも女性1人の選任，また，2021年末までに，取締役の人数に応じた女性の選任が義務とされており，具体的には，取締役が6人以上の場合は3人以上の女性を，5人の場合は2人以上の女性を，4人以下の場合は1人以上の女性を選任することが求められた。これに違反した場合には罰金が科される制度となっている。

出典：内閣府男女共同参画局広報誌「共同参画」2022年6月号特集
(https://www.gender.go.jp/public/kyodosankaku/2022/202206/202206_02.html)

〈参考文献〉

上田廣美「上場会社における女性役員登用の再検証 ── 「令和元年度なでしこ銘柄報告書」をてがかりとして」亜細亜法学55巻1・2合併号（2021年）27-54頁

上田廣美「会社法とジェンダー・バランスの相克 ── 上場会社役員のジェンダー・バランス推進に関するEU指令案のてがかりとして」EU法研究4号（2018年）35-58頁

事 項 索 引

英 字

あ 行

か 行

著者経歴

上 田　廣 美（うえだ・ひろみ）

亜細亜大学法学部教授

1959年東京生まれ。1982年早稲田大学法学部卒業後，日本ビクター(株)入社。1996年早稲田大学大学院法学研究科修士課程修了，1999年同研究科博士課程単位取得，同年亜細亜大学法学部専任講師として着任。亜細亜大学法学部助教授を経て，2006年より同教授。パリ第1大学在外研究（2006〜2007年），特種東海製紙(株)社外監査役（2015〜2023年），日本EU学会理事，早稲田大学比較法研究所招聘研究員等。

〈近時の著作〉『EU政策法講義』中西優美子編（信山社，2022，第3章分担執筆），「ジャーナリストによるインサイダー情報の開示と報道の自由（Case C-302/20）」比較法学57巻2号（2023），「会社分割の残存債権者保護に国内法上の詐害行為取消権を認容した事例（Case C-394/18）」比較法学55巻3号（2022），「上場会社における女性役員登用の再検証 ──『令和元年度なでしこ銘柄報告書』をてがかりとして」亜細亜法学55巻1・2号（2021），「越境組織再編行為に関する指令の成立とBrexit」EU法研究8号（信山社，2020）等。

シン 会社法 プラス

2024（令和6）年4月10日　第1版第1刷発行
3581:P320 ¥3200E 012-010-002

著　者　上 田 廣 美
発行者　今井 貴・稲葉文子
発行所　株式会社 信 山 社
〒113-0033 東京都文京区本郷 6-2-9-102
Tel 03-3818-1019　Fax 03-3818-0344
info@shinzansha.co.jp
笠間才木支店 〒309-1611 茨城県笠間市笠間 515-3
Tel 0296-71-9081　Fax 0296-71-9082
笠間来柄支店 〒309-1625 茨城県笠間市来柄 2345-1
Tel 0296-71-0215　Fax 0296-72-5410
出版契約 2024-3581-4-01011　Printed in Japan

© 上田廣美編・著者, 2024　印刷・製本：藤原印刷
ISBN978-4-7972-3581-4 C3332 分類325.213 会社法

◆ 信山社新書 ◆

ウクライナ戦争と向き合う
　　― プーチンという「悪夢」の実相と教訓
　井上達夫 著

国際紛争の解決方法
　芹田健太郎 著

くじ引きしませんか？ ― デモクラシーからサバイバルまで
　瀧川裕英 編著

タバコ吸ってもいいですか ― 喫煙規制と自由の相剋
　児玉 聡 編著

危機の時代と国会 ― 前例主義の呪縛を問う
　白井 誠 著

婦人保護事業から女性支援法へ
　　― 困難に直面する女性を支える
　戒能民江・堀千鶴子 著

感情労働とは何か
　水谷英夫 著

侮ってはならない中国
　　― いま日本の海で何が起きているのか
　坂元茂樹 著

この本は環境法の入門書のフリをしています
　西尾哲茂 著

スポーツを法的に考えるI・II
　井上典之 著

年金財政はどうなっているか
　石崎 浩 著

東大教師　青春の一冊
　東京大学新聞社 編

信山社

信山社

法律学の森シリーズ

変化の激しい時代に向けた独創的体系書

イギリス憲法(第2版)／戒能通厚

憲法訴訟論(第2版)／新 正幸

フランス民法／大村敦志

物権法Ⅰ～Ⅲ／吉田克己

新契約各論Ⅰ・Ⅱ／潮見佳男

新債権総論Ⅰ・Ⅱ／潮見佳男

債権総論／小野秀誠

不法行為法Ⅰ・Ⅱ(第2版)／潮見佳男

新会社法(第6版)／青竹正一　2024.3最新刊

会社法論／泉田栄一

新海商法(増補版)／小林 登

新漁業法／辻 信一

刑法総論／町野 朔

国際人権法／芹田健太郎

韓国法(第3版)／高 翔龍

信山社

◆ 法律学の未来を拓く研究雑誌 ◆

ＥＵ法研究 中西優美子 責任編集

法と経営研究／上村達男・金城亜紀 責任編集

法と社会研究／太田勝造・佐藤岩夫・飯田高 責任編集

国際法研究／岩沢雄司・中谷和弘 責任編集

人権判例報／小畑郁・江島晶子 責任編集

憲法研究／辻村みよ子 責任編集

　〔編集委員〕山元一・只野雅人・愛敬浩二・毛利透

行政法研究／行政法研究会 編集

民法研究 第2集／大村敦志 責任編集

民法研究／広中俊雄 責任編集

消費者法研究／河上正二 責任編集

環境法研究／大塚直 責任編集

医事法研究／甲斐克則 責任編集

社会保障法研究／岩村正彦・菊池馨実 編集

ジェンダー法研究／浅倉むつ子・二宮周平 責任編集

法と哲学／井上達夫 責任編集

メディア法研究／鈴木秀美 責任編集

法の思想と歴史／石部雅亮 責任編集

法と文化の制度史／山内進・岩谷十郎 責任編集

信山社

EU 政策法講義　中西優美子編著

【目　次】

信山社